使用ボディ…ねんどろいどどーる archetype：Girl（cream）
ねんどろいどどーる archetype：Boy（cream）
使用ヘッド…エミリ / リョウ / アリス / ホワイトラビット / マッドハッター
クイーンオブハート　全てグッドスマイルカンパニー製

制服 designed by QP（岡 和美）

1 Boy How to make … p.22 型紙 … p.98

2 Girl How to make … p.30 型紙 … p.100

セーラー服

designed by M・D・C（思い当たる）

3 Boy

How to make ……p.38

型紙 ……p.102

4 Girl

How to make ……p.44

型紙 ……p.104

ゴシックロリータ

designed by M・D・C（思い当たる）

5 Boy

How to make ……p.46
型紙 ……………………p.106

6 Girl

How to make ……p.52
型紙 ……………………p.108

巫女

designed by 蛍の森工房（尾園 一代）

7 巫女

How to make …… p.58
型紙 …………………………… p.110

着物

designed by 蛍の森工房（尾園 一代）

8 Boy

How to make …… p.62
型紙 …………………………… p.114

9 Girl

How to make …… p.66
型紙 …………………………… p.116

デニムスタイル

designed by QP（岡 和美）

10 Boy

How to make …… p.70
型紙 ……………………… p.118

11 Girl

How to make …… p.76
型紙 ……………………… p.120

コート

designed by QP（岡 和美）

12 Boy

How to make …… p.82
型紙 …………………… p.122

13 Girl

How to make …… p.90
型紙 …………………… p.126

Lumière
Lumière
Green apple

How to make

基本的な用具や素材、小さな服作りならではのコツや、
本書に掲載されている作品の作り方を解説します。

用具について

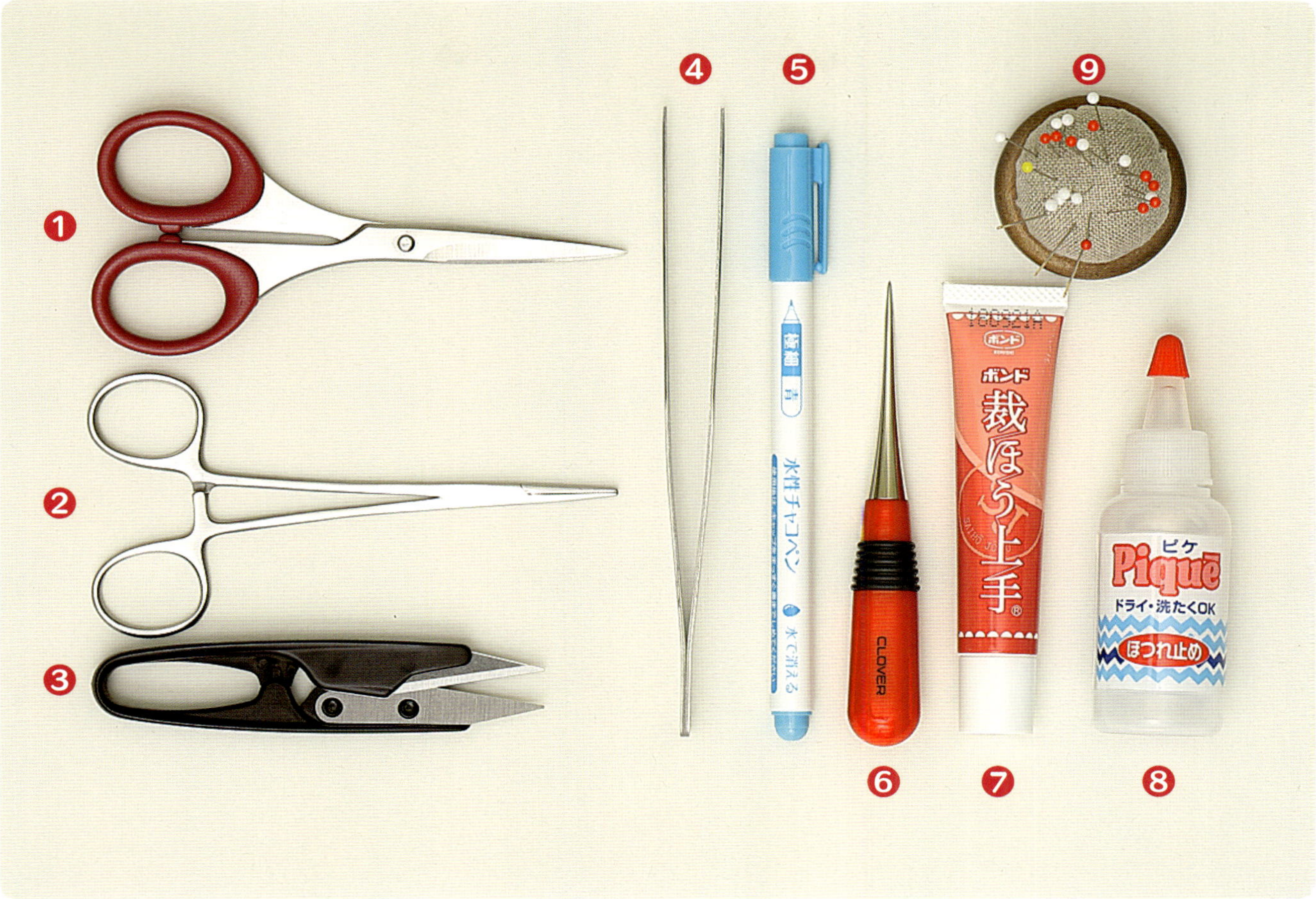

❶ 手芸用はさみ
布を裁つときに使用。細かいパーツが多いので、パッチワーク用などの小さなはさみが使いやすいです。紙を切ると刃が傷むので、紙用のはさみは別に用意しましょう。

❷ 鉗子《かんし》
袖やパンツの裾などをひっくり返すときに使用。

❸ 糸切りばさみ
糸切り、布に切り込みを入れるときなどに便利。先端まで切れ味のいいものを選びましょう。

❹ ピンセット
細かいパーツを置くときや、レースにリボンを通すときなどに使用。先の細いものが使いやすいです。

❺ チャコペン
印つけに使用。水で消えるものや、アイロンの熱で消えるものなど色々な種類があります。黒い布の場合、白いシャープペンシルタイプのものがおすすめ。

❻ 目打ち
ミシンで布を送るときに使用。小さな人形服はミシンが進みづらいため必須です。他にも角を出すとき、縫い目をほどくときなどに使用します。

❼ 布用接着剤
細かいパーツをミシンで縫う前に、仮留めに使用。

❽ ほつれ止め液
縫い代の始末に使用。基本的に全てのパーツに塗りましょう。

❾ 待ち針 / 縫い針
待ち針はパーツをはぎ合わせるときや、仮留めをするときに使用。縫い針は手縫いのときに使用。いずれも、パッチワーク用などの細いものを選びます。

※別途、紙を切るはさみまたはカッターも用意します。

型紙の使い方

この本の巻末には、縫い代込みの実物大型紙がついています。
コピーまたは薄い紙に書き写して使用してください。

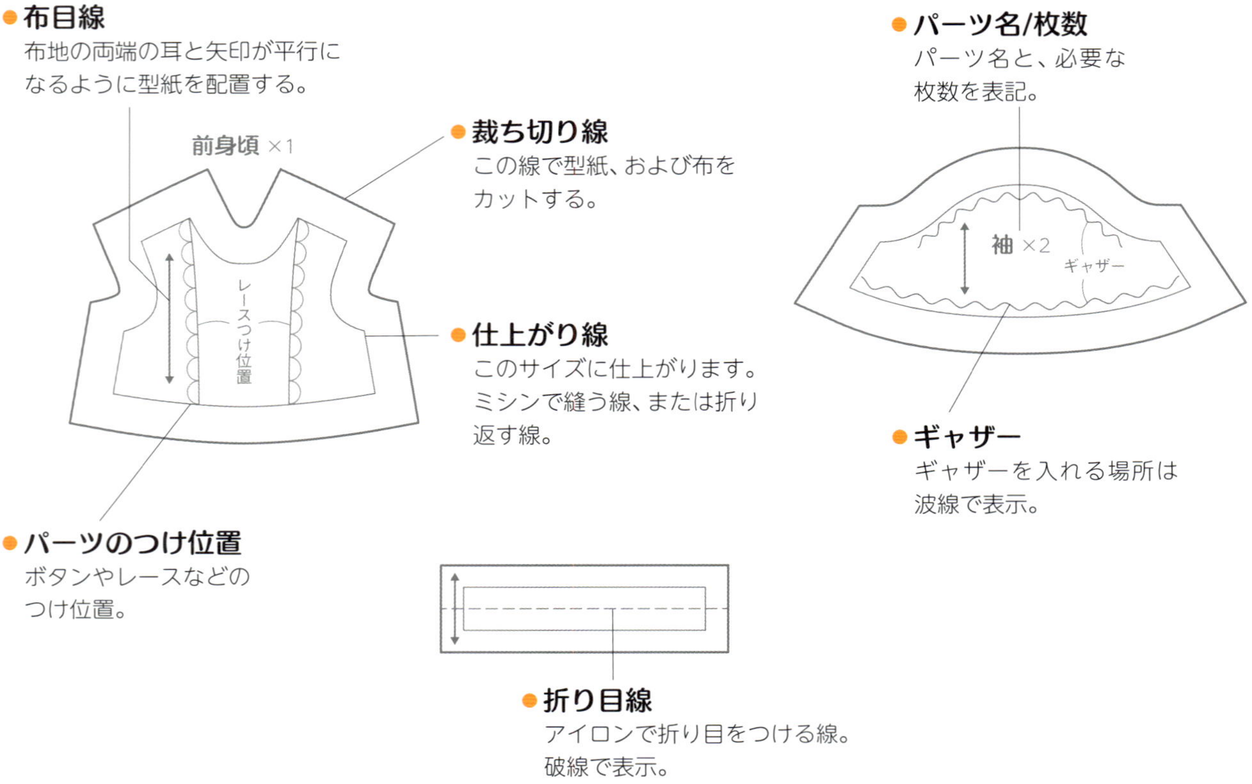

布目線
布地の両端の耳と矢印が平行になるように型紙を配置する。
前身頃 ×1
レースつけ位置
裁ち切り線
この線で型紙、および布をカットする。
仕上がり線
このサイズに仕上がります。ミシンで縫う線、または折り返す線。
パーツのつけ位置
ボタンやレースなどのつけ位置。
パーツ名/枚数
パーツ名と、必要な枚数を表記。
袖 ×2
ギャザー
ギャザー
ギャザーを入れる場所は波線で表示。
折り目線
アイロンで折り目をつける線。破線で表示。

型紙の写し方

型紙をコピーまたは薄い紙に書き写し、裁ち切り線でカットして布の上に配置する。裁ち切り線を布に書き写す。

図のように、内側の仕上がり線の中をはさみやカッターで切り抜く。仕上がり線を布に書き写す。

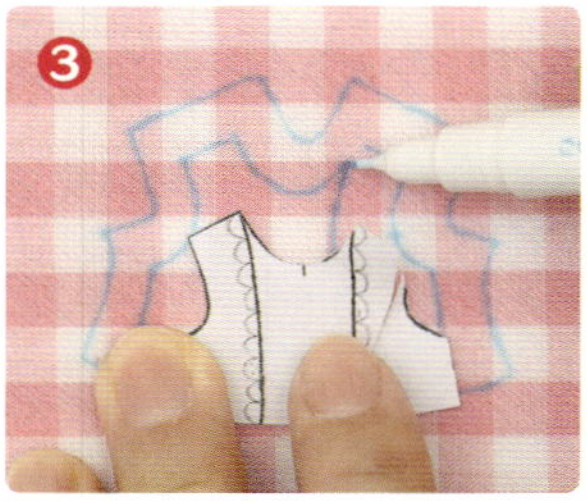

レースつけ位置やボタンつけ位置などをよく確認しながら書き写す。

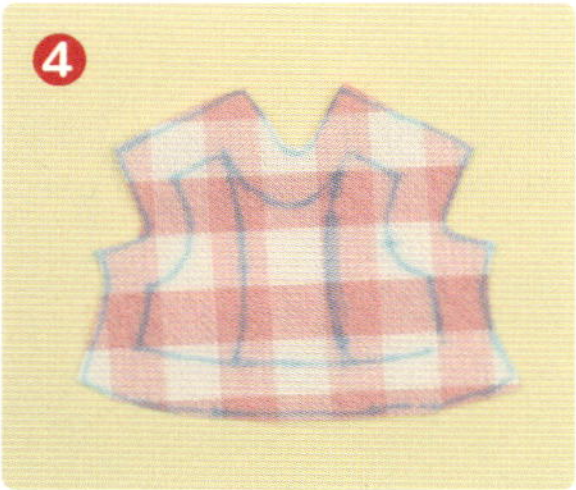

布を裁ち切り線でカットし、布端にほつれ止め液を塗る。

素材について

小さなどーる服作りでは、素材選びも重要になってきます。
このページでは、本書に掲載されている作品に実際に使用された生地や糸、針を紹介します。

布

布はなるべく薄地のものを使用します。柄の入った生地の場合、小さな服に合うものを選びましょう。

T/C ブロード

テトロン・コットンの混紡生地。適度にハリがあり、ボリュームのある服に適している。

綿ブロード

薄地で柔らかく使いやすい。写真は先染めのチェック生地。

綿ボイル

後ろが透けるほど薄い生地。主に裏地に使用。

天竺ニット

伸縮する生地。カットソーやニットなどに使用。ごく薄いものは靴下などにも使える。

カツラギ生地

本書では帽子（p.74）に使用。ハリがあり、型崩れしにくいので小物に適している。

デニム生地

シャツ用に作られたデニム生地など、できるだけ薄地のものを選ぶ。

シーチング

着物や袴に使用。綿ブロードに比べるとやや目が粗いが、和服らしい風合いが出る。

ちりめん

凹凸のある生地。着物に使用。特徴のある生地を衣装の一部に使うとデザインのアクセントになる。

ミシン糸

なるべく細いものを使用します。ミシン針や布地に合ったものを選びますが、本書のプロセスページでは、全て「フジックス　シャッペスパン　90 番」を使用しています。　※わかりやすいように糸の色を替えていることがあります。

ミシン針

薄地用の７号～９号を使用します。

手縫いの基本

ミシンを持っていないという人は、手縫いでも衣装を作ることができます。
手縫いできれいに作るコツは、同じ間隔でていねいに縫っていくこと。
ミシン派の人も、細かい部分や立体的なところは手縫いのほうが早く・きれいに出来るところもあるので、手縫いを併用しながら進めましょう。

● 針

細いキルティング針などを使いましょう。

● 糸

小さな服なので、ミシン用の細い糸で縫っても問題ありません。
厚い生地が重なっているところや、丈夫にしたいところは手縫い用の糸を使用しましょう。

並縫い

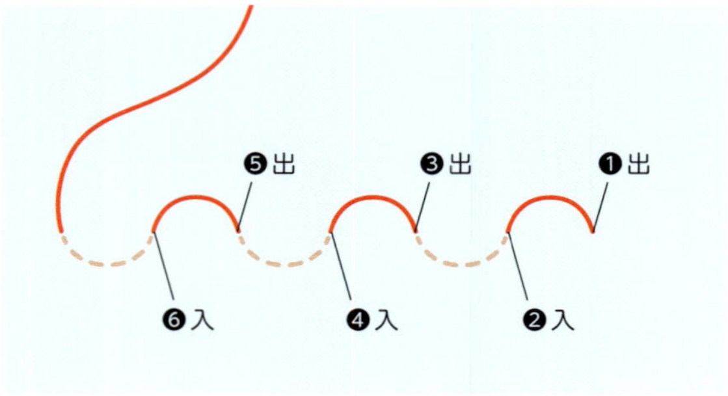

一般的な縫い方。パーツをはぎ合わせるときに行う。

本返し縫い

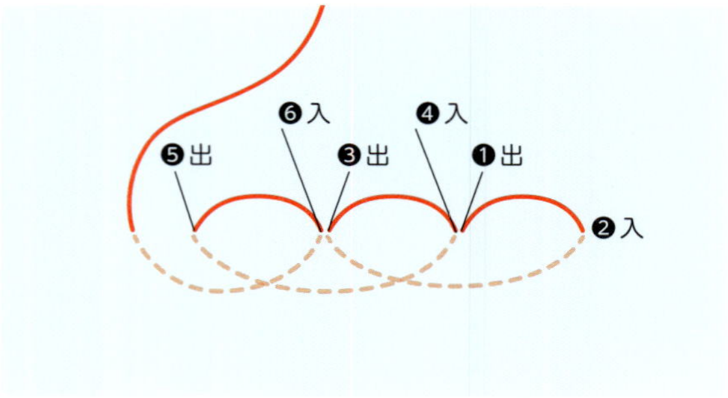

表から見るとミシンのような縫い目になる。丈夫な縫い方なので、股下や脇などに。

半返し縫い

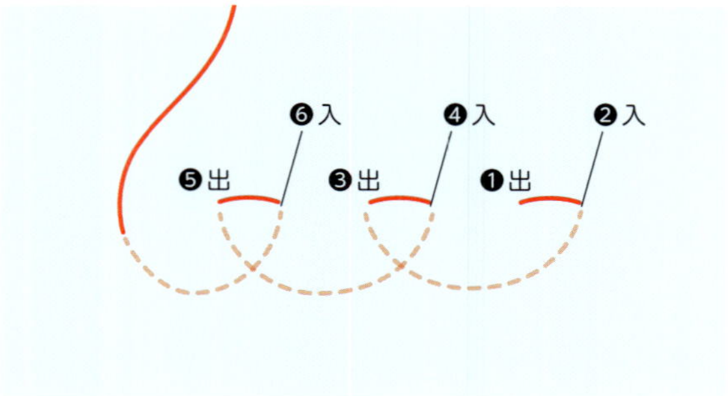

伸縮性のある生地に適した縫い方。ニット素材や靴下などにおすすめ。

小さなどーる服作りのコツ

小さな衣装作りならではのコツやテクニックを紹介します。
どの衣装にも共通するのは、一針をていねいに入れていくことです。
小さな服作りでは 1㎜のズレが仕上がりを大きく左右するので、慎重に縫っていきましょう。

縫い代はこまめにカット！

厚みをなるべく出さないように、縫い代はミシンで縫ったあと３㎜ほどカットしておきます。

生地を倒したい側の縫い代のみ短くカットすると厚みがおさえられてすっきり仕上がる。

縫い代を避けて縫う！

表に返したとき、布が引きつれないように縫い代を避けて縫います。
縫い代まで縫ったら返し縫いをして一度針を抜き、縫い代を避けてまた針を入れ直して縫い始めます。

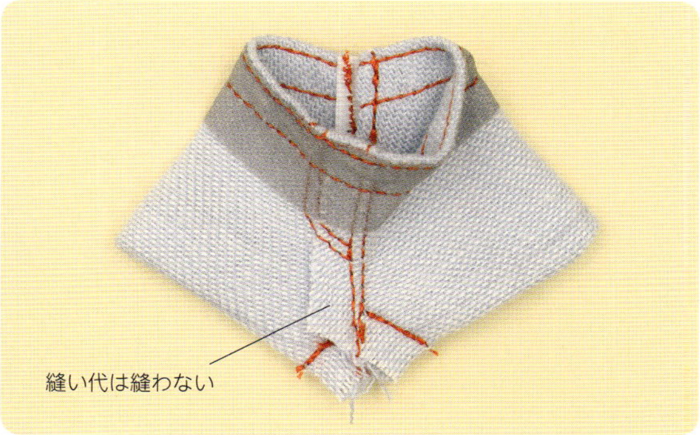

縫う角度が鋭角になるような、パンツの股下（写真）や脇下を縫うときに縫い代を避けて縫う。

返し縫いはせずに糸を引き抜いて結ぶ！

靴下のつま先など、とくに厚みを出したくないところをミシンで縫ったときは、返し縫いはせずに糸を引き抜いて結んで始末します。

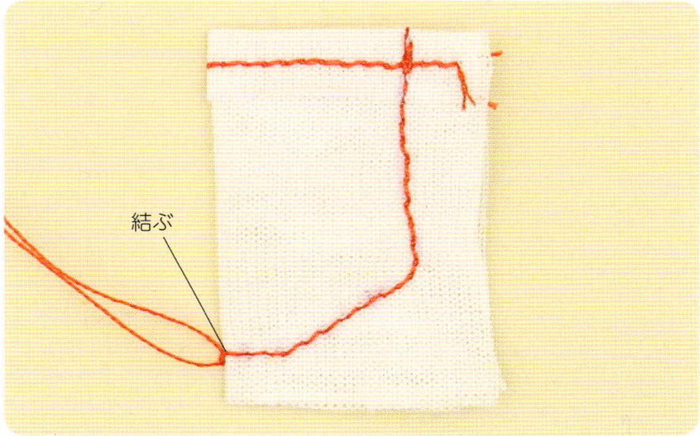

２本の糸をまとめて結んだあと、短くカットする。

小さくて縫いづらいものは後からカット！

面ファスナーなど、小さくカットしてからだと指で押さえにくく、ずれてしまって縫いづらいこともあります。その場合、大きいまま縫いつけて後からカットするという方法もあります。

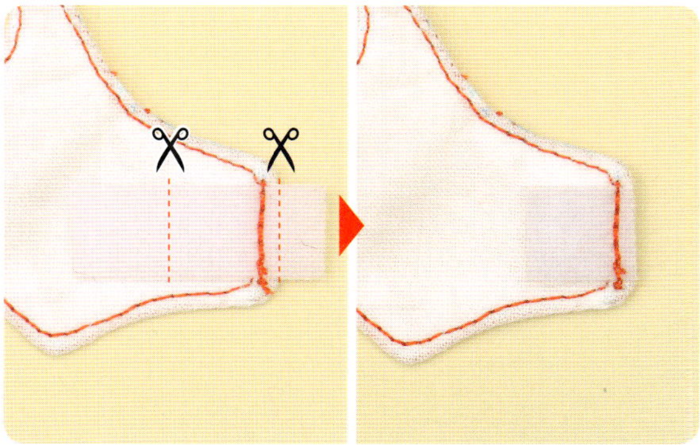

面ファスナーを長めにとって縫い、あとから余分をカットする。

1 制服 ―Boy―

Photo → p.4
型紙 → p.99

どのアイテムも着回しのきく、ベーシックな形です。ハーフパンツのチェック柄は、縫い合わせるときに柄を合わせるのがポイント。襟や肩まわりなどの曲線部分は、しつけ糸で手縫いしてからミシンで本縫いすると失敗が少ないです。ネクタイの作り方は小さな衣装ならでは。いろんな色で作っても楽しそう。

材料

ブレザー
- 綿ブロード…20×15cm
- 接着芯…４×２cm
- 直径４mmボタン…２個
- 面ファスナー…0.8×３cm
- ６mm幅サテンリボン…10cm

シャツ
- 綿ローン…18×10cm

ベスト
- 天竺ニット…20×10cm
- 接着芯…3.5×１cm
- 面ファスナー…0.8×2.5cm

パンツ
- 綿ブロード…15×７cm
- 接着芯…７×1.5cm
- 面ファスナー…１×１cm

靴下
- 天竺ニット…８×３cm

シャツを作る

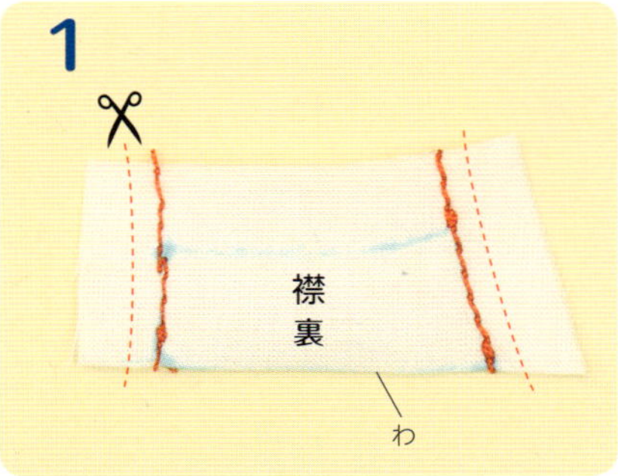

襟を中表に合わせて二つ折りにし、両端を縫う。縫い代を半分にカットする。

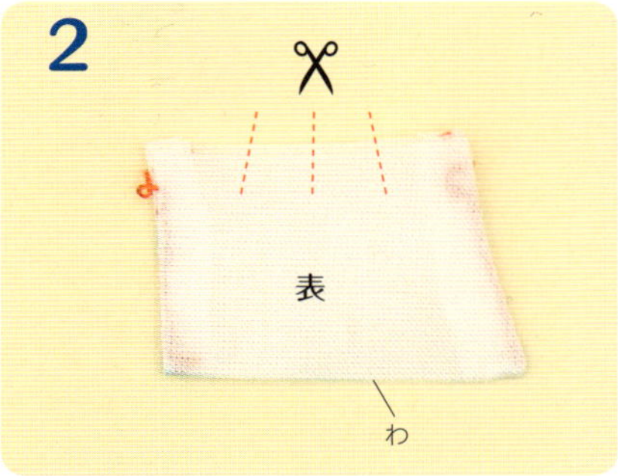

表に返して、アイロンで形を整える。襟ぐり側に切り込みを入れておく。左右同様に、合計 2 枚作る。

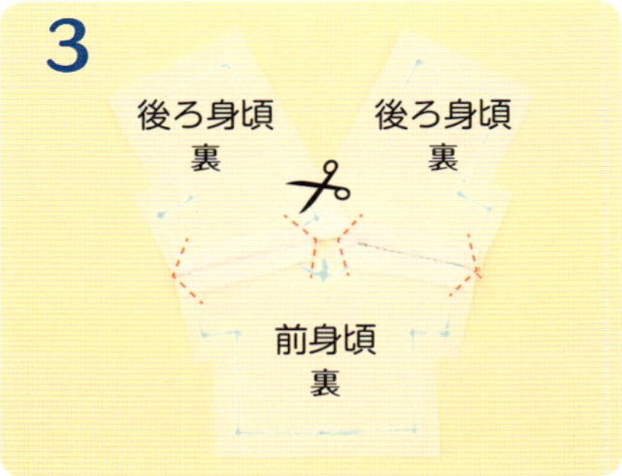

前身頃と後ろ身頃の肩を中表に合わせて縫う。縫い代をアイロンで割り、縫い代の角をカットする。

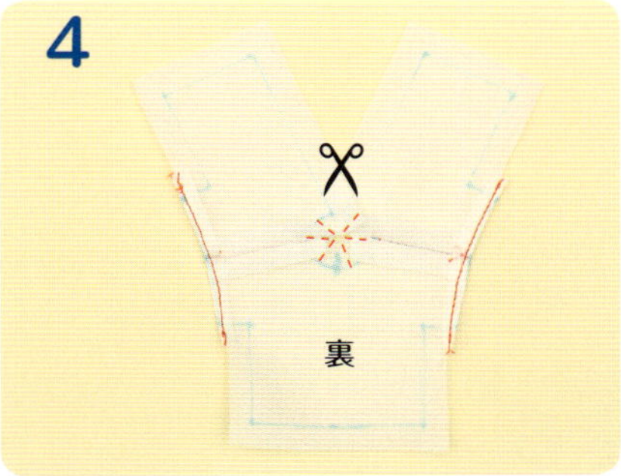

袖口を仕上がり線で折ってミシンで縫う。襟ぐりに切り込みを入れておく。

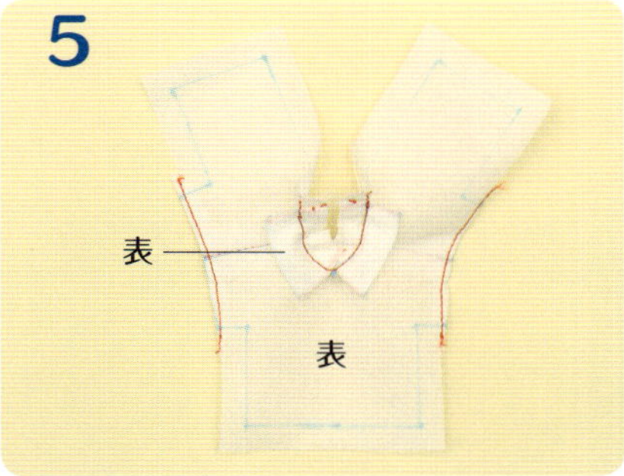

襟を縫いつける。手縫いでしつけてから本縫いをすると失敗が少ない。

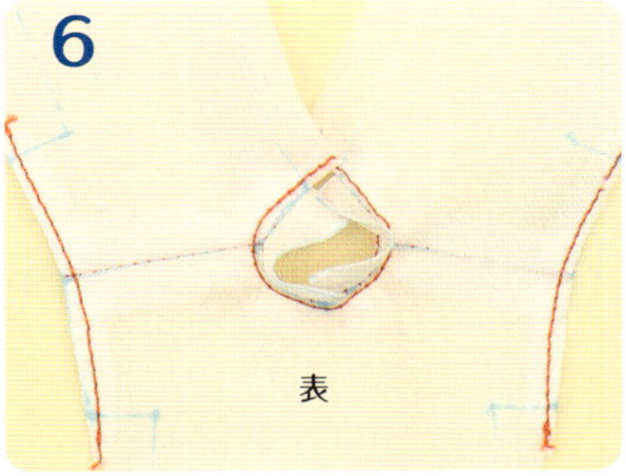

襟を立てて、縫い代を身頃側に倒す。表から押さえミシンをかける。

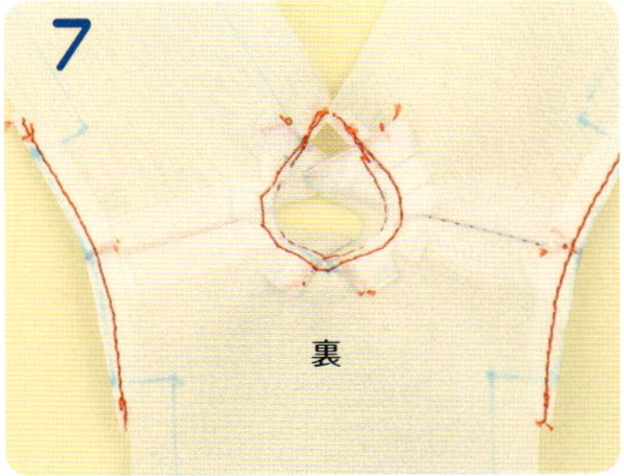

裏から見たところ。

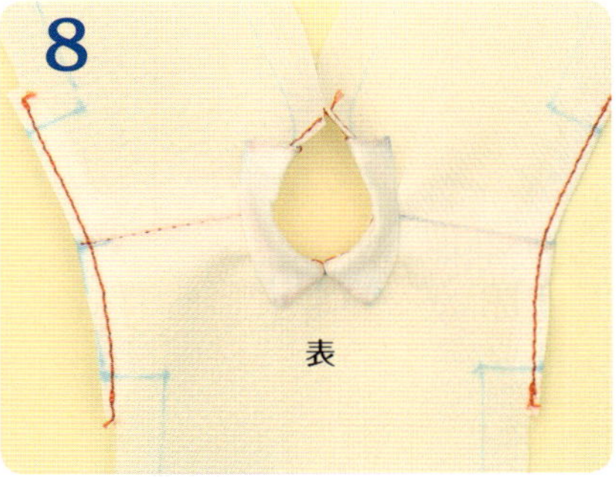

襟の形をアイロンで整える。

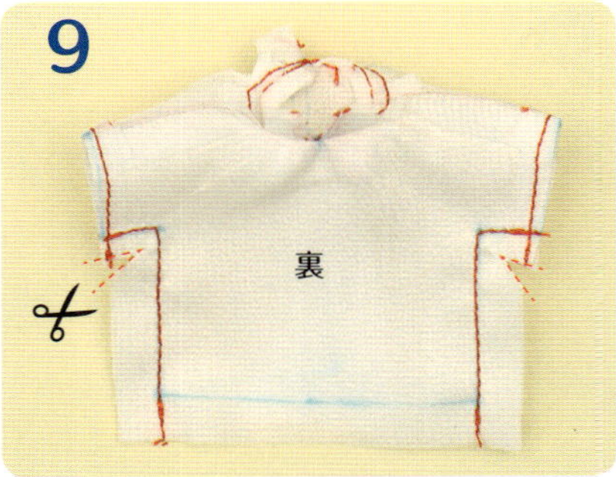

身頃を中表に合わせて脇を縫う。脇下に、写真のようにＶ字の切り込みを入れる。

裾を仕上がり線で折り、縫う。

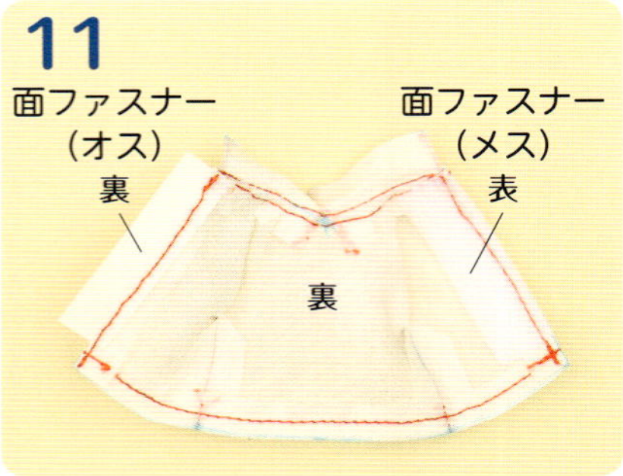

後ろ身頃の縫い代を仕上がり線に合わせて内側に折り、面ファスナーを写真のように縫いつける。

✿ ネクタイを作る

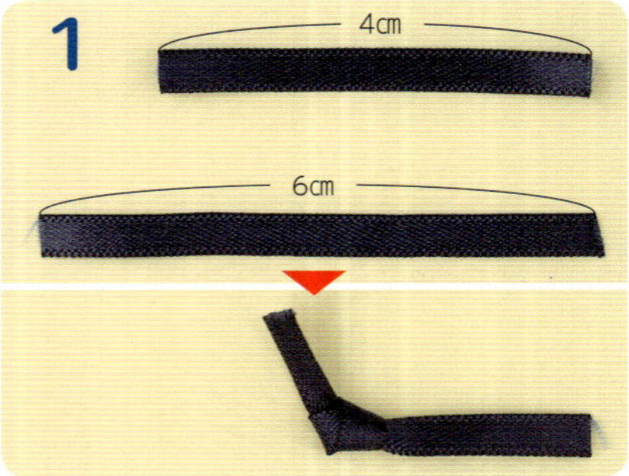

ネクタイを作る。6㎝、4㎝にカットしたリボンを用意する。6㎝のリボンを、1/3 の位置で1回結ぶ。

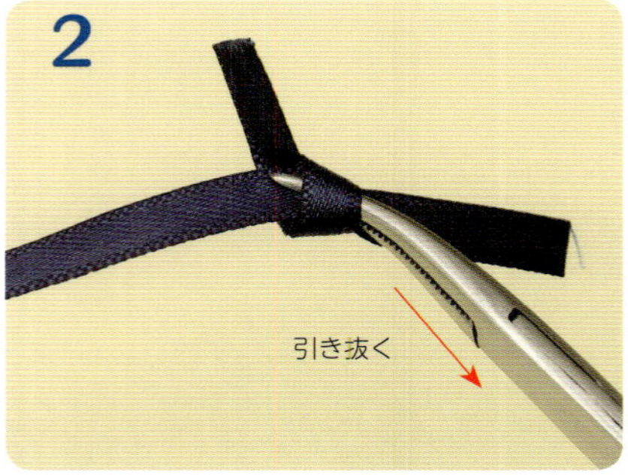

４㎝のリボンを、ピンセットまたは鉗子を使って６㎝のリボンの結び目に通す。

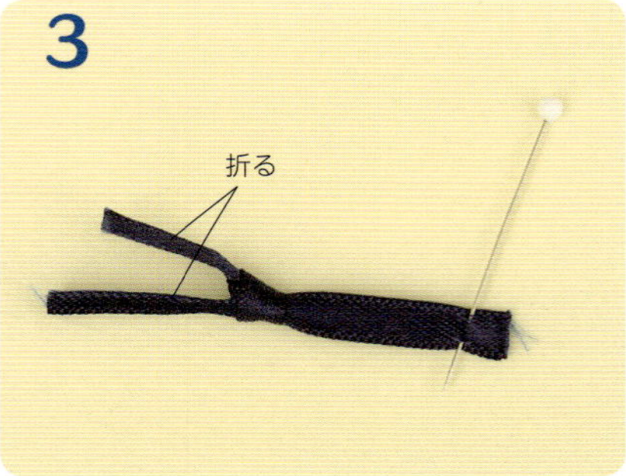

首側のリボンを、縦に２つに折って接着剤で留める。

結び目を手縫いで固定する。

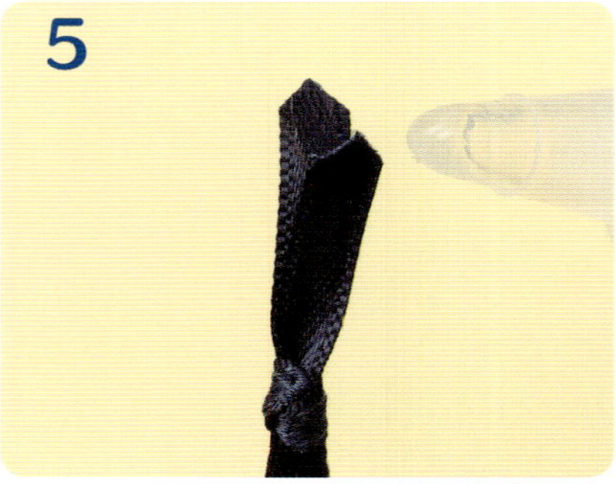

先端をネクタイの形にカットしてほつれ止め液を塗る。

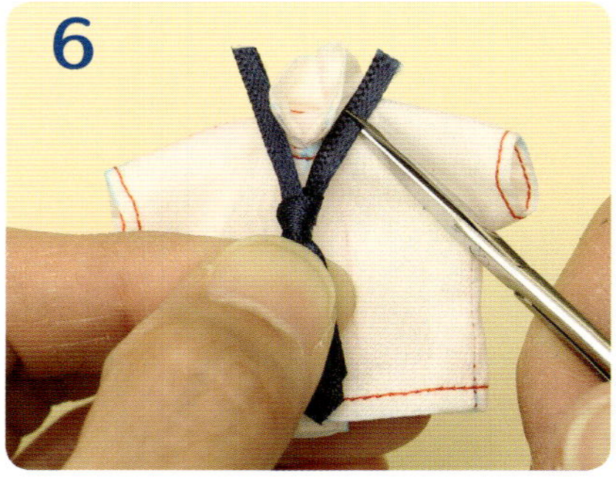

シャツの襟に合わせて余分をカットし、手縫いでつける。

パンツを作る

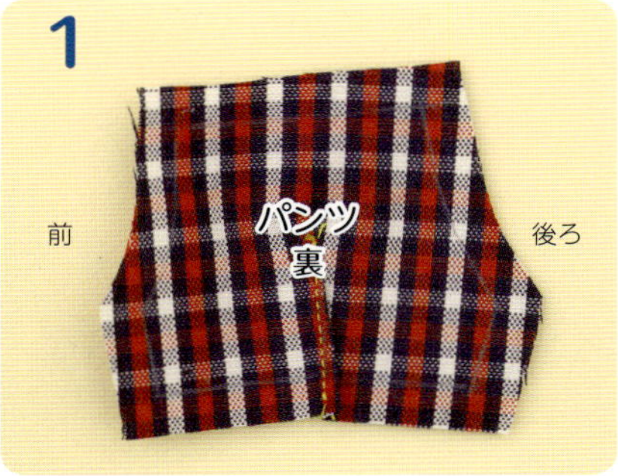

脇のダーツを縫い、後ろ側にアイロンをかけて倒しておく。

裾を縫う。左右同様に 2 枚作る。

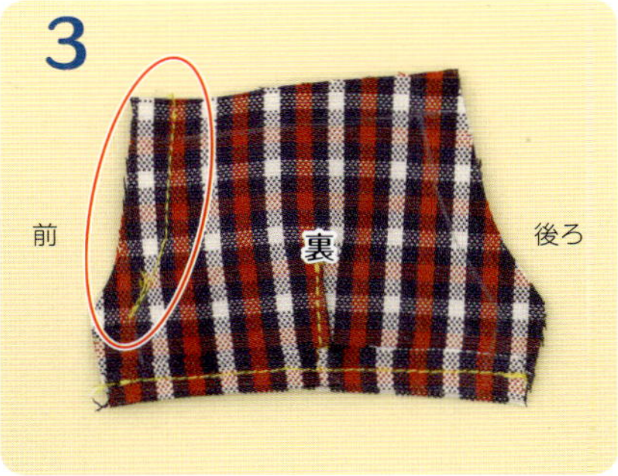

左右パンツの前股上を中表に合わせて縫う。

3を開き、縫い代をアイロンで割り、縫い代の角をカットする。

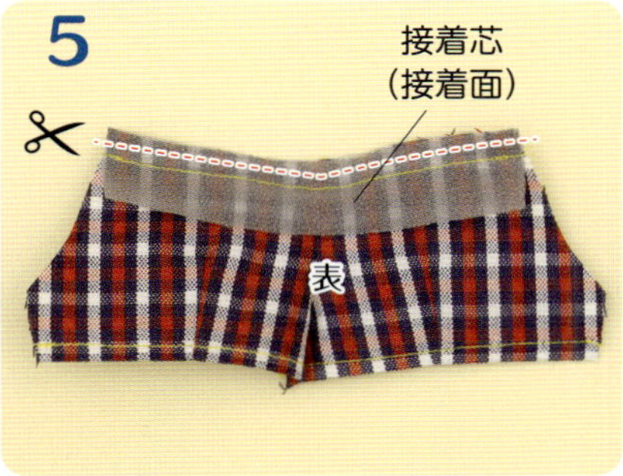

表側から、ウエストに接着芯をのせて縫う。縫い代の半分をカットする。

縫い代ごと裏側に折り返し、接着芯をアイロンで接着し、ウエストにステッチを入れる。

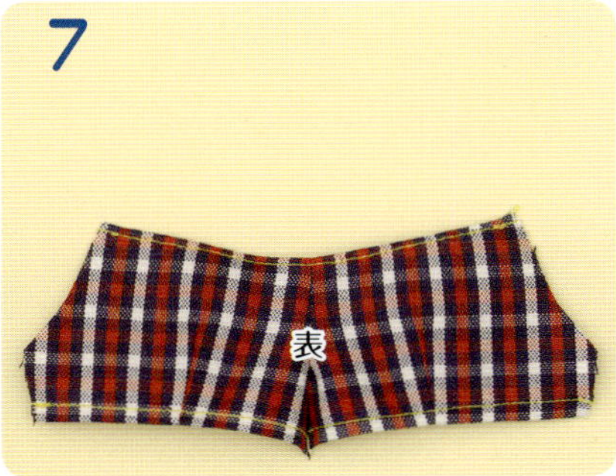

表から見たところ。

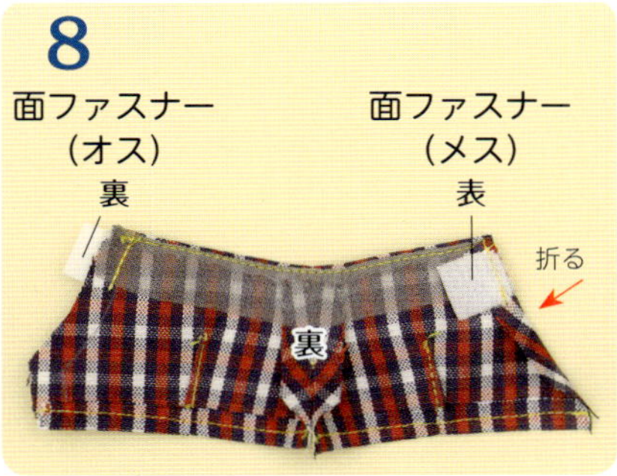

右側の縫い代は仕上がり線に合わせて内側に折り、面ファスナーを写真のように縫いつける。

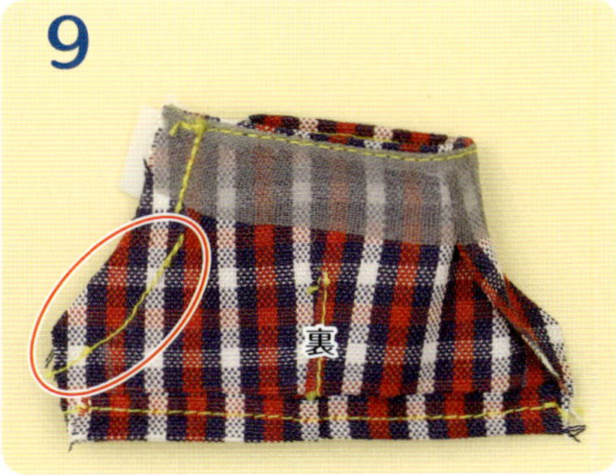

中表に合わせ、後ろ股上を縫い合わせる。

10

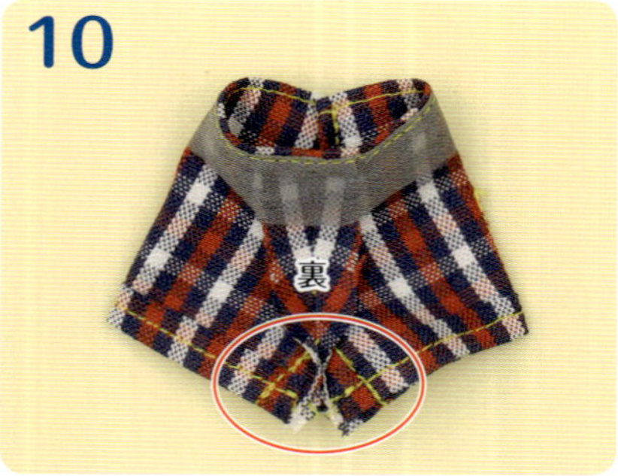

9を開いて股下を合わせる。股上がつれないように、縫い代を避けて股下を縫う(p.21 参照)。表に返して完成。

✿ ベストを作る

1

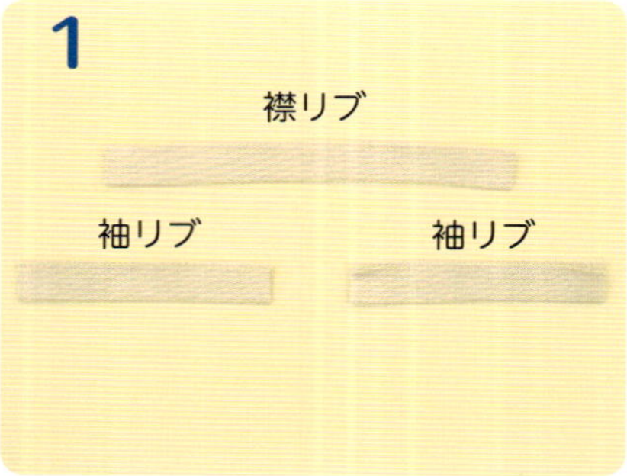

襟リブ、袖リブをアイロンで二つ折りにする。布用接着剤で軽く留めておく。

2

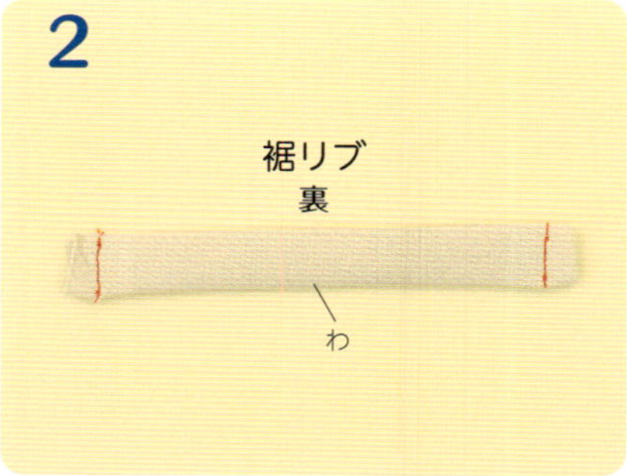

裾リブは二つ折りにして、両端を中表に縫う。

3

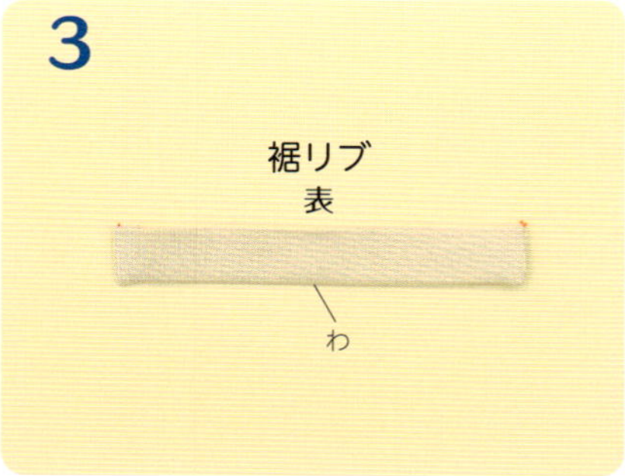

表に返してアイロンで形を整える。

4

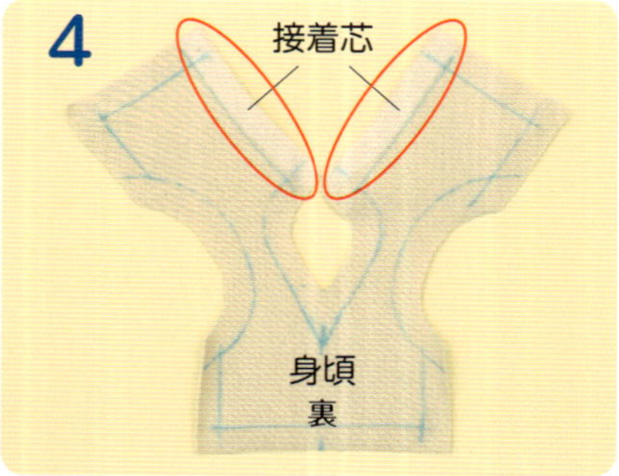

後ろ中心の縫い代に、接着芯をアイロンで貼っておく。

5

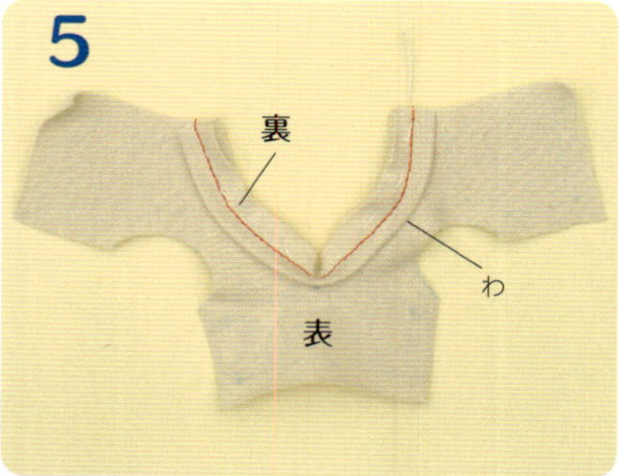

襟リブと身頃を中表に合わせて縫う。天竺ニットは丸まりやすいので、手縫いでしつけてからミシンをかける。

6

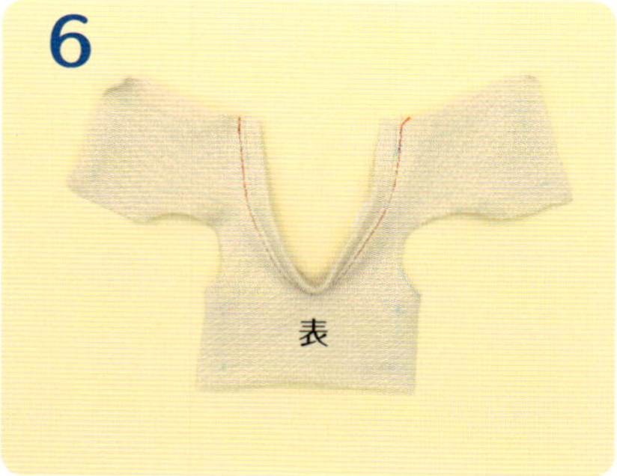

縫い代を身頃側に倒し、表側から身頃の襟ぐりのきわに押さえミシンをかける。縫い代を半分カットする。

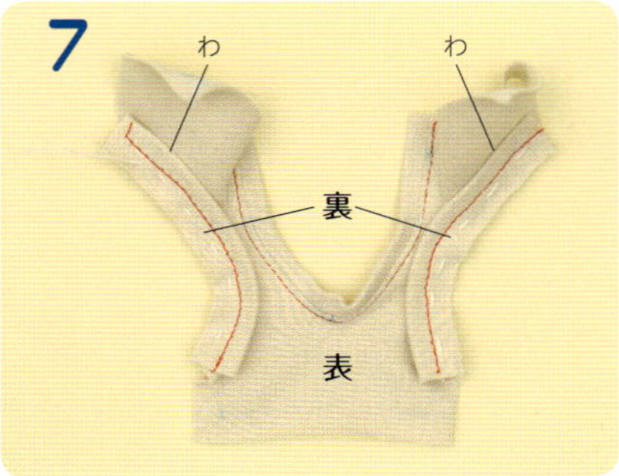

袖リブと身頃を中表に合わせて縫う。5 同様、手縫いでしつけてからミシンをかける。

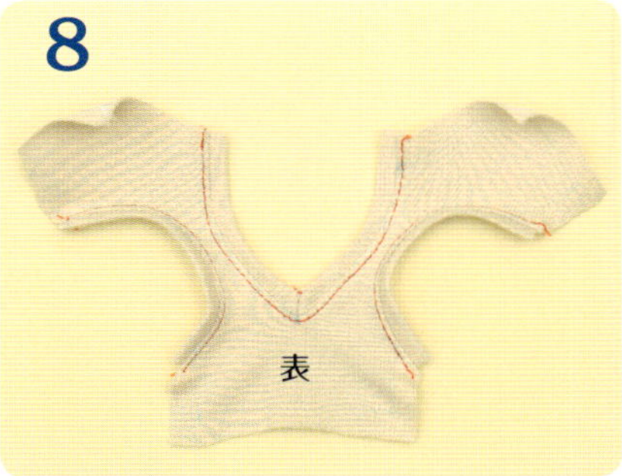

縫い代を身頃側に倒し、表側から身頃の袖ぐりのきわに押さえミシンをかける。縫い代を半分カットする。

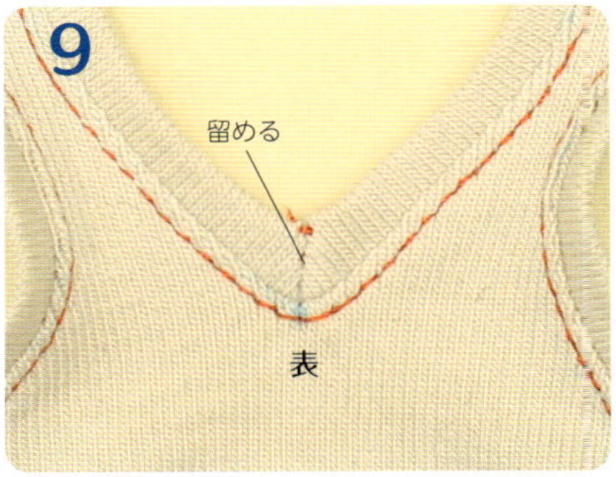

V ネックの中央をつまんで手縫いで留める。

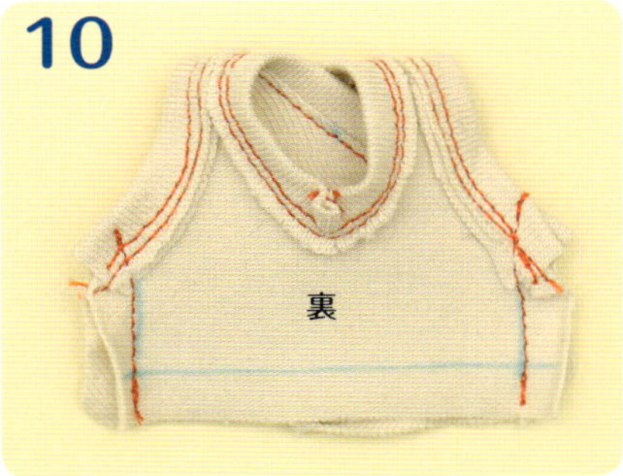

身頃を中表に合わせて両脇を縫う。

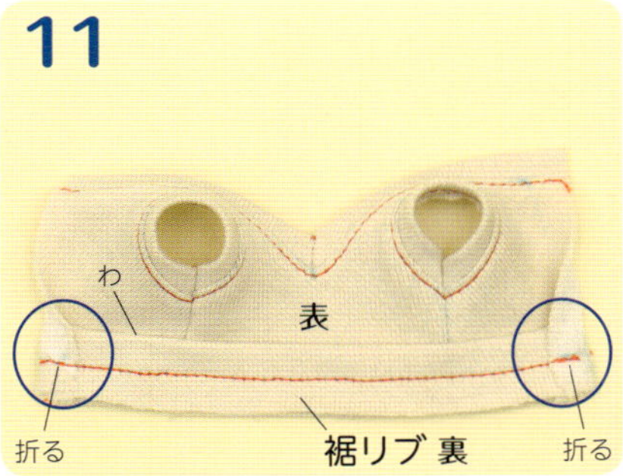

身頃の後ろ端の下部分を仕上がり線に合わせて折り、裾リブを中表にして重ねて縫う。

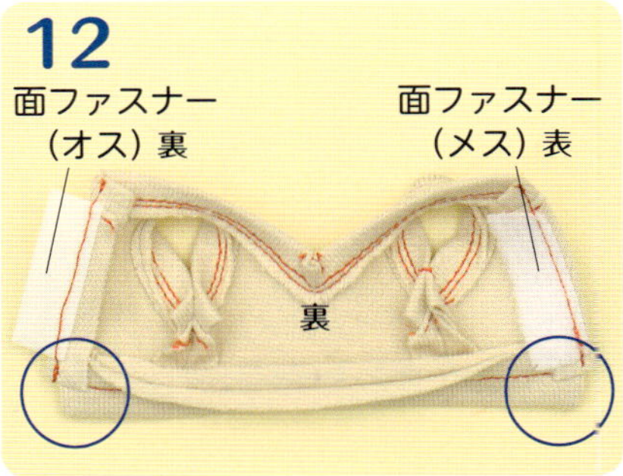

11 で折ったところを表に返し、身頃の後ろ端を仕上がり線で折り、写真のように面ファスナーを縫いつけて、完成。

ブレザーを作る

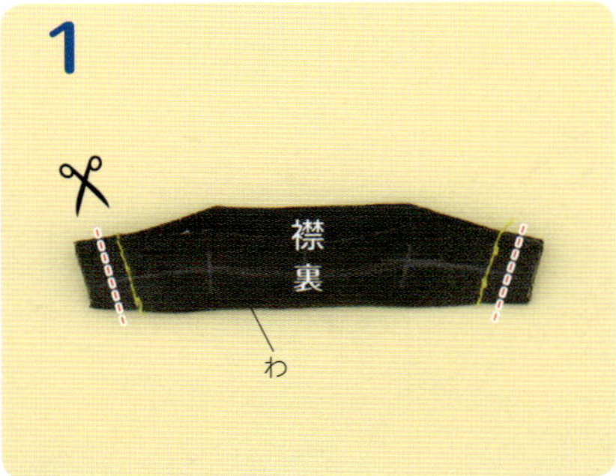

襟を中表に折り、両端を縫う。縫い代を半分にカットする。

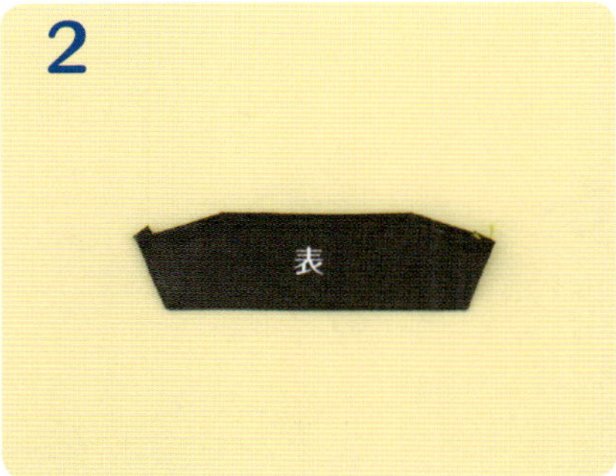

表に返し、目打ちで角を出し、アイロンで形を整える。

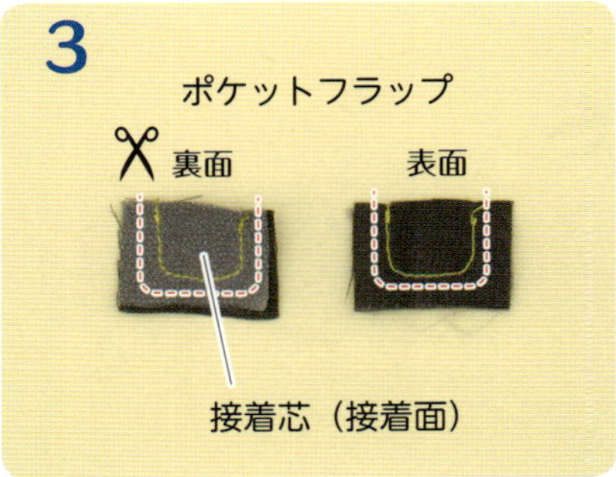

ポケットフラップを作る。接着芯と生地を 2 枚重ねて縫う。縫い代を半分にカットする。

表に返し、目打ちで角を出す。アイロンで接着し、形を整える。

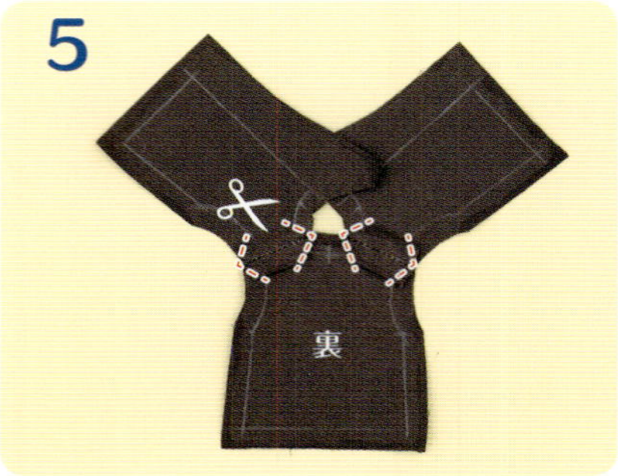

身頃を中表に合わせ、肩を縫い合わせる。縫い代をアイロンで割り、縫い代の角をカットする。

襟をつける。手縫いでしつけてから本縫いをする。このとき、前端を仕上がり線に合わせて折り、一緒に縫い込む。

表に返す。先ほど折った前端部分はブレザーの襟になるので、目打ちなどで角を出してアイロンで形を整える。

袖を作る。袖口を内側に折ってミシンで縫う。肩部分をしつけ糸で並縫いし、糸を少し引いて丸みをつける。

袖を身頃に中表に縫いつける。立体的で縫いづらいため、手縫いでしつけてからミシンをかけるとやりやすい。

脇を縫う。袖がつれないように、縫い代を避けて袖下を縫う（p.21 参照）。

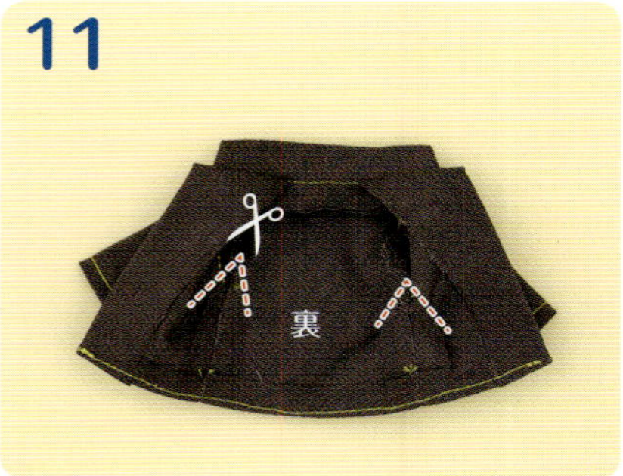

脇の縫い代をアイロンで割り、写真の位置をカットする。袖を表に返してから、裾を縫う。

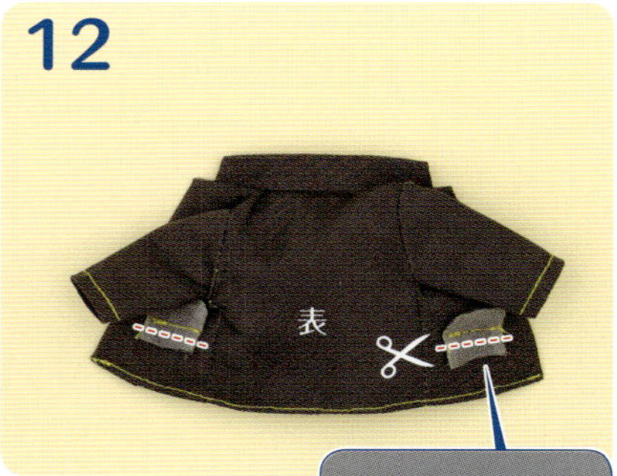

ポケットフラップを写真のように縫いつけ、下側の縫い代を半分カットする。

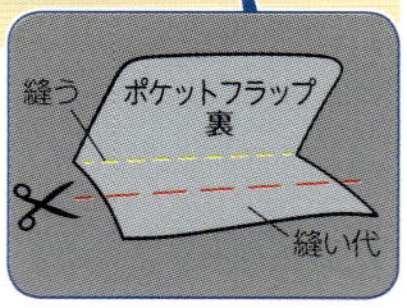

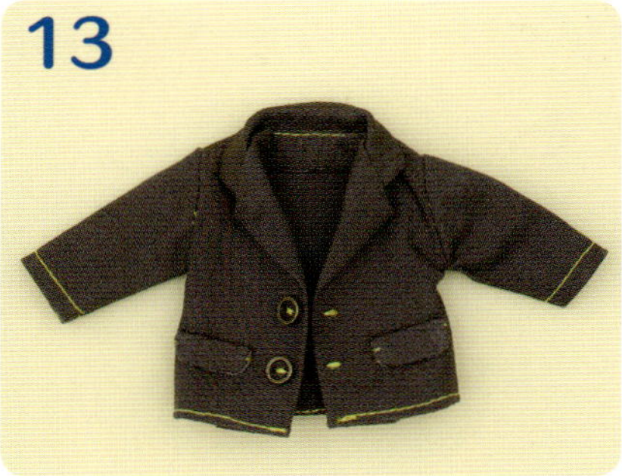

13 ポケットフラップを手縫いで固定する。ボタン、ボタンホール風の縫い目を手縫いでつけ、完成。

靴下を作る

1 履き口を折り返して縫う。

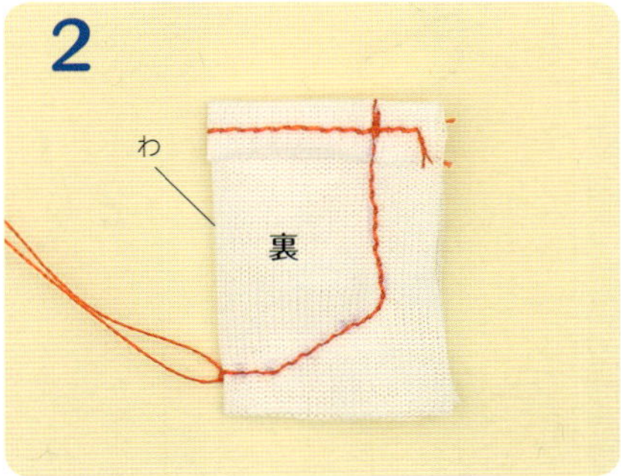

2 中表に合わせ、仕上がり線にそってつま先が縫い終わりになるように縫う。つま先は厚みを出したくないため、糸を引き抜いて結ぶ（p.21 参照）。

3 縫い代を３㎜にカットし、表に返して、完成。

2 制服 ―Girl―

Photo → p.4
型紙 → p.100

丸襟にジャンパースカート、ベレー帽に三つ折り靴下がクラシカルな雰囲気の学校制服。スカート部分はプリーツになっているので、アイロンをしっかりかけましょう。カーディガンの装飾は、ビーズをボタンにしたり、アイロンプリントと刺繍でアーガイル模様を作るなどの小さい服に使えるアイデアが詰まっています。

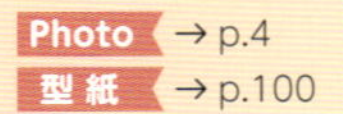

材料

ジャンパースカート
- 綿ブロード（チェック）…30×15㎝
- 綿ボイル（無地）…10×10㎝
- 面ファスナー…0.8×3.5㎝

ブラウス
- 綿ローン…18×10㎝
- 面ファスナー…0.8×3㎝
- 6㎜幅サテンリボン…10㎝

カーディガン
- 天竺ニット（ピンク）…15×15㎝
- 天竺ニット（白）…15×10㎝
- 1.5㎜幅サテンリボン…10㎝
- 1.5㎜幅ビーズ…3個
- アイロンプリント…1×2㎝
- 刺繍糸…適量

ベレー帽
- コットンネル生地…20×10㎝
- 5㎜幅グログランテープ…15㎝

三つ折り靴下
- 天竺ニット…8×3㎝

ブラウスを作る

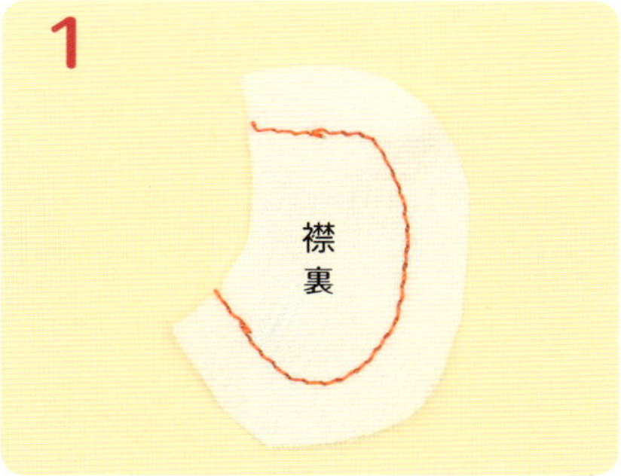

襟の表地と裏地を中表に合わせて縫う。

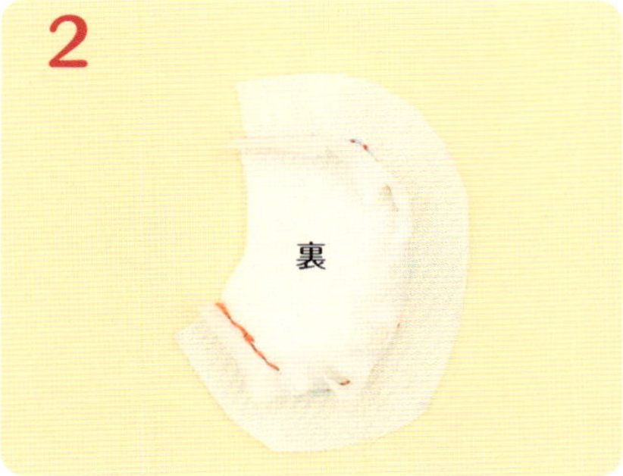

片方の縫い代のみアイロンをかけて内側に折る。縫い代も半分カットする。こうすることで、きれいに表に返しやすくなる。

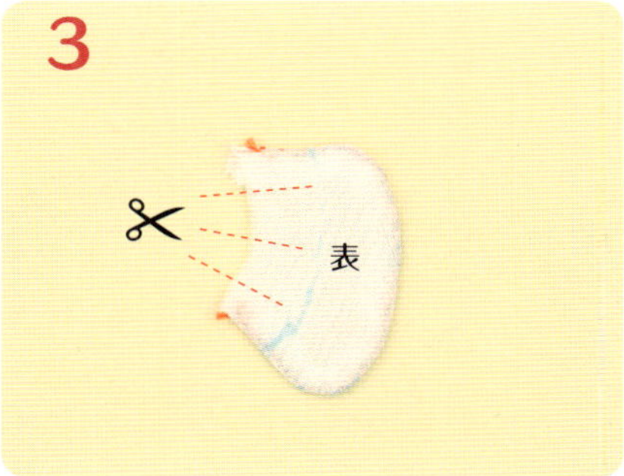

表に返し、アイロンで形を整える。以降は、**制服 — Boy —**「シャツを作る」**3〜11**（p.23、24）と同様。

リボンを作る

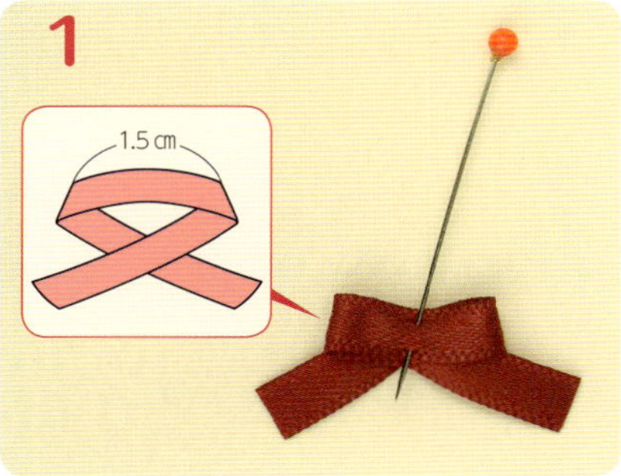

図のようにリボンをたたみ、中心を待ち針で留める。

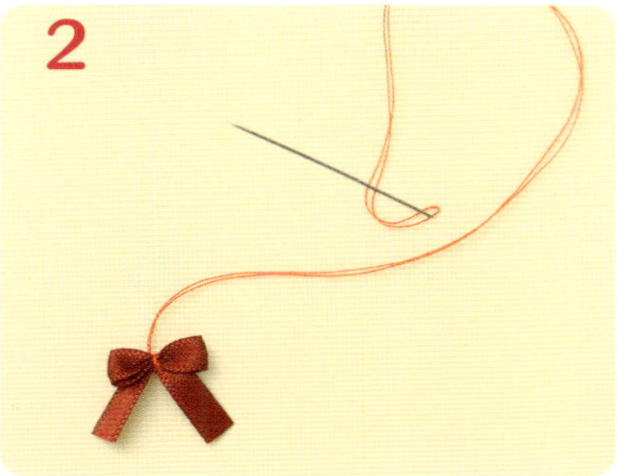

中央に糸をぐるぐると巻き付け、手縫いで固定する。

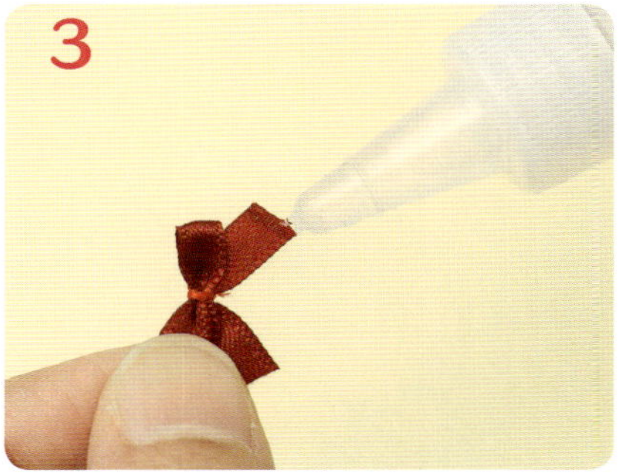

ちょうどいい長さにカットし、ほつれ止め液を塗る。シャツに手縫いで縫い付けて、完成。

ジャンパースカートを作る

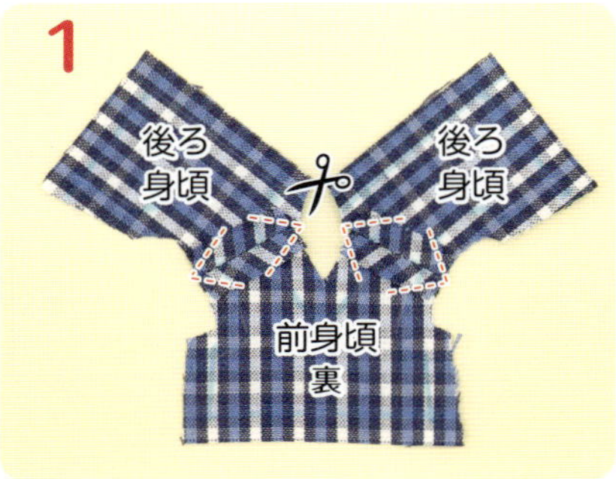

前身頃と後ろ身頃の肩を中表に合わせて縫う。縫い代の角をカットする。

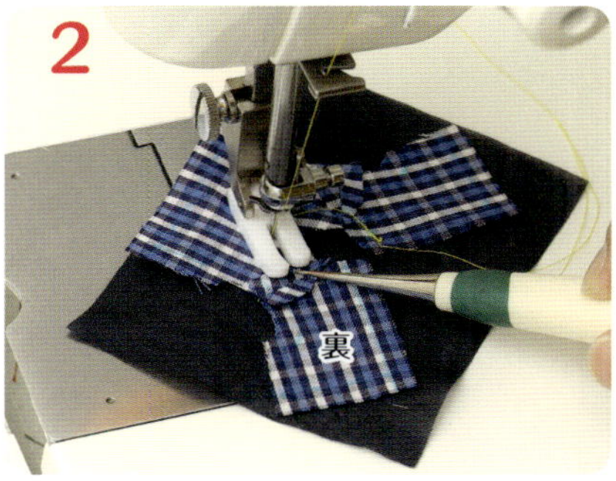

身頃部分に裏地をつける。綿ボイル生地の布目をバイヤス地に四角くカットし、中表に合わせて、襟ぐり・袖ぐりのみを縫う。

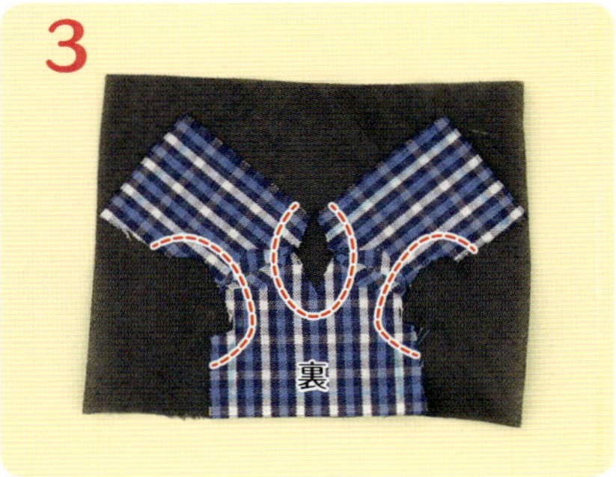

縫い終わったところ。

4

綿ボイルを、身頃に合わせてカットする。襟ぐり、袖ぐりの縫い代を半分にカットする。

5

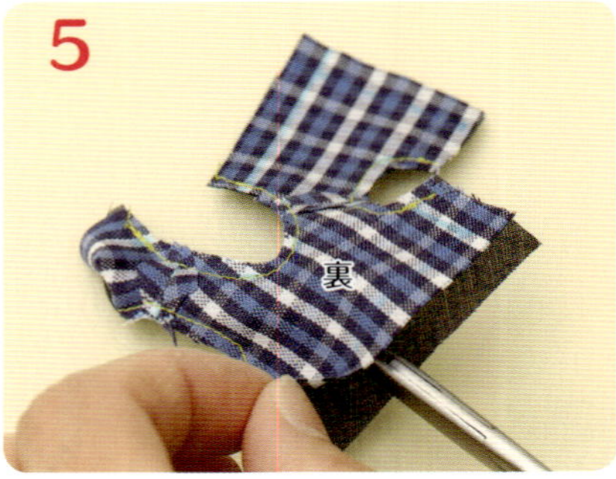

鉗子を使って、表に返す。

6

表に返したところ。

7

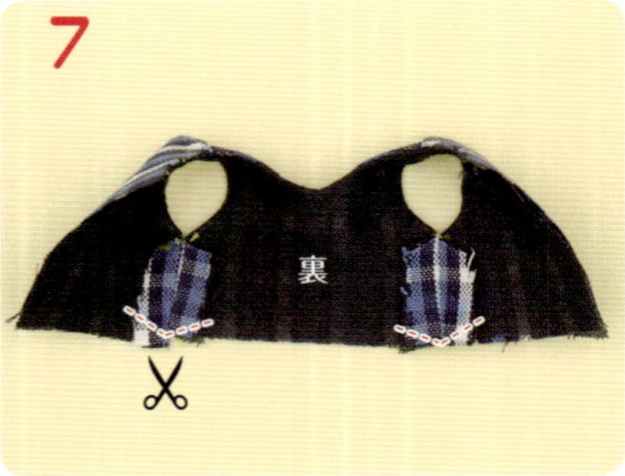

脇を縫う。縫い代をアイロンで割り、角をカットする。

8

スカート部分を作る。裾を仕上がり線に合わせて折り、ミシンで縫う。

9

型紙の指定通りにアイロンでプリーツの折り目をつける。

10

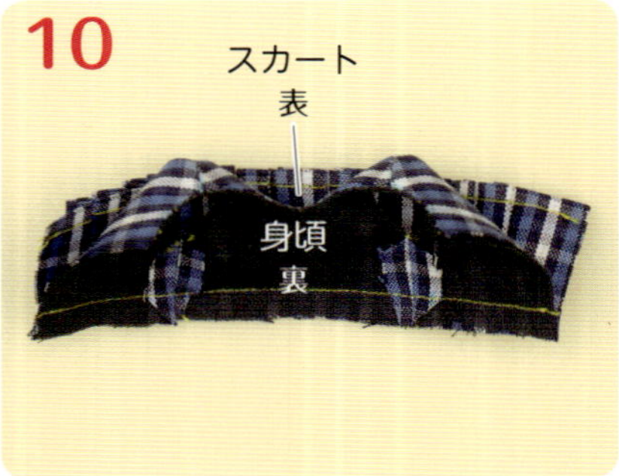

身頃とスカートを中表に合わせてウエスト部分を縫う。

11

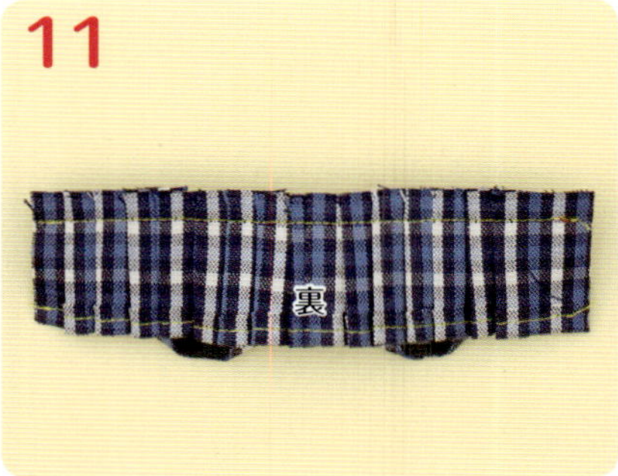

スカート側から見たところ。

12

スカートを下方向に倒し、身頃のきわに押さえミシンをかける。

13

面ファスナーを写真のようにつける。右身頃側は、仕上がり線で折って縫う。左身頃は折らずに、面ファスナーの端を仕上がり線に合わせて縫う。

14

中表に合わせて、後ろスカートのあき止まりから裾までを縫う。表に返して完成。

point しっかり折り目をつけるには

小さな布では、アイロンで細かく折り目をつけるのが難しいこともあります。
そんなときは、1㎜ほど切り込みを入れるときれいに折れて折り目がつきやすくなります。
今回、ジャンパースカートのプリーツを作るときも切り込みを入れて折り目をつけています。

✿カーディガンを作る

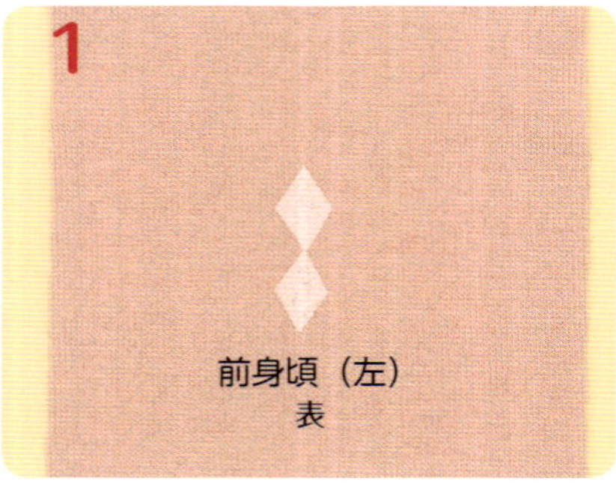

胸部分のアーガイルは、生地をカットする前に作っておくと指定位置からずれにくい。アイロンプリントをカットして接着する。

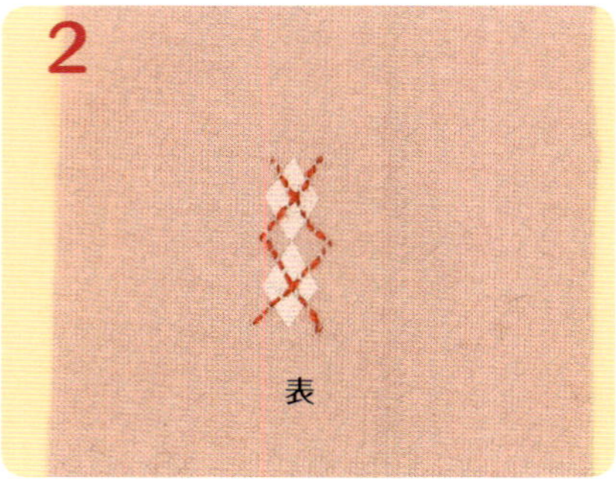

手縫いで刺繍を入れる。

型紙を置き、生地を断裁する。型紙に、アーガイル部分の穴を開けてカットする。

袖を作る。左袖は、指定位置に0.2㎝幅のリボンを縫いつけ、余分をカットする。

袖口のリブを二つに折り、写真のように中表に合わせて縫う。

縫い代を上に倒し、アイロンで形を整える。右袖も同様にリブをつける。

袖、前身頃、後ろ身頃を中表に合わせて縫う。縫い代をアイロンで割り、角をカットする。

脇と袖下を続けて縫う。

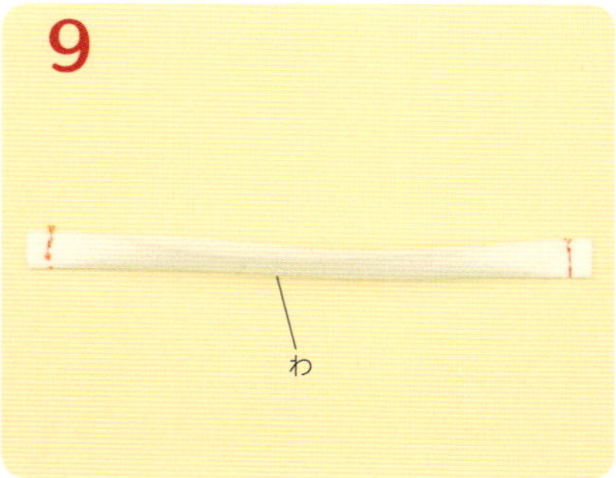

裾のリブを作る。二つ折りにして両端を縫う。

10

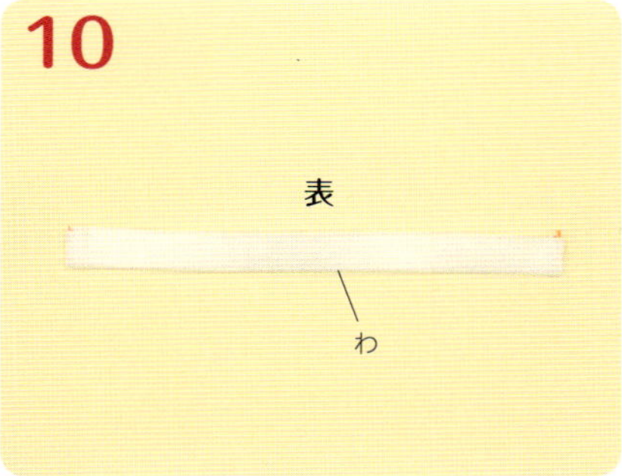

表に返し、アイロンで形を整える。前身頃のリブも同様に作る。

11

裾のリブを中表に合わせて縫う。

12

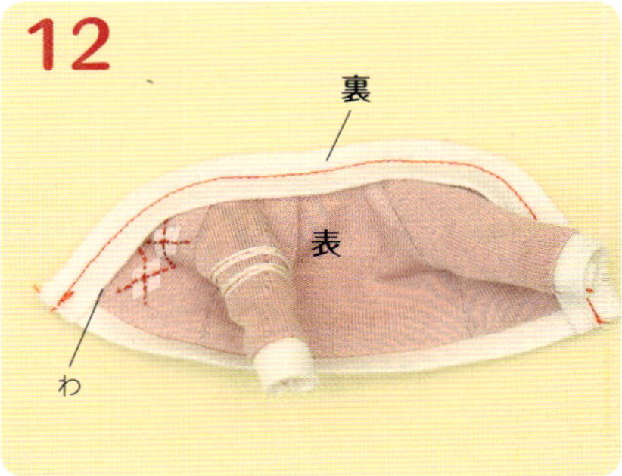

前身頃のリブを中表に合わせて縫う。

13

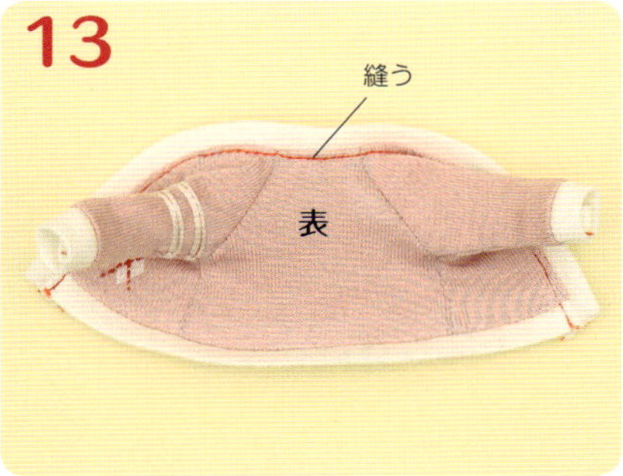

縫い代を身頃側に倒し、アイロンで形を整える。前身頃のきわには、表から押さえミシンをかける。

14

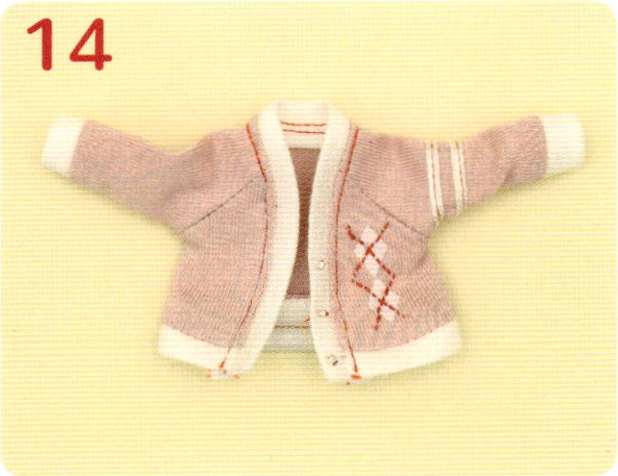

ボタン位置にビーズを手縫いでつけて、完成。

point アイロンプリント

刺繍や編み込みをするのは難しいけれど、柄やポイントマークをつけたいときに便利なのがアイロンプリントです。カーディガンではひし形に切って使いましたが、ほかの形にして使うこともできる便利なアイテム。はさみで切って布にあて、アイロンをかけるだけでプリントできます。

ベレー帽を作る

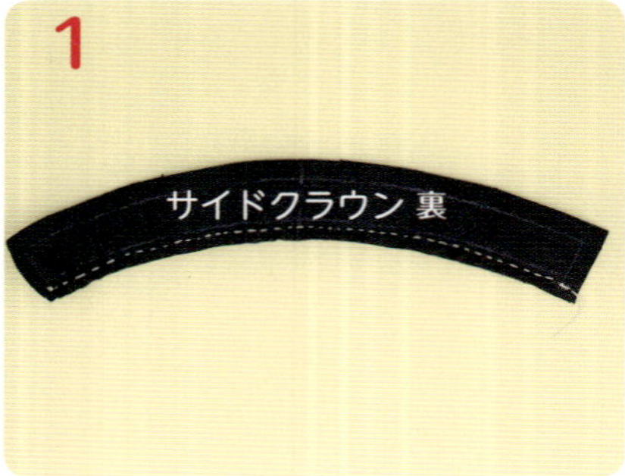

サイドクラウンの片側をしつけ糸で並縫いし、糸を引いて丸みをつける。

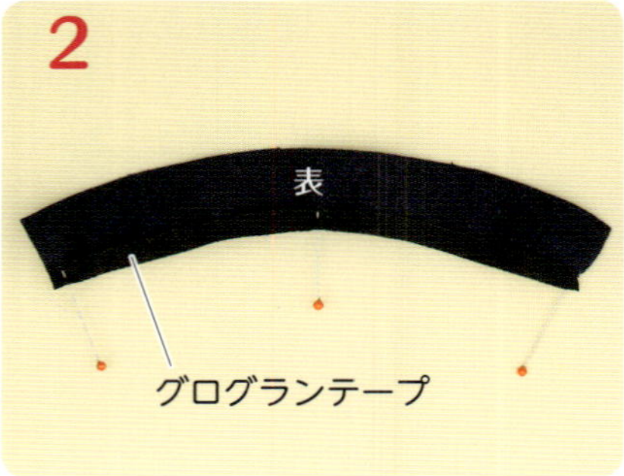

15㎝にカットしたグログランテープを表側に待ち針で留める。

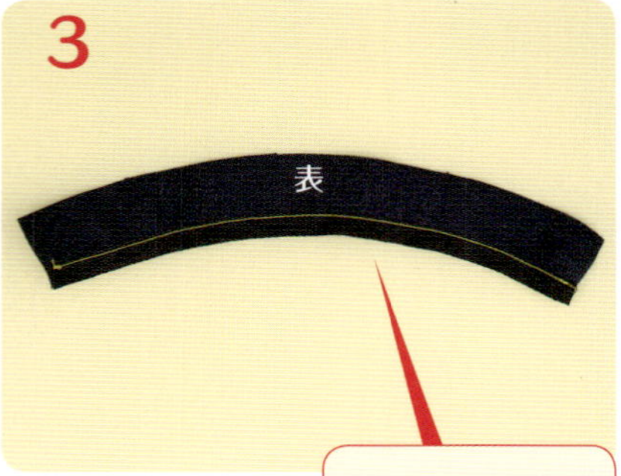

グログランテープの上側をミシンで縫う。

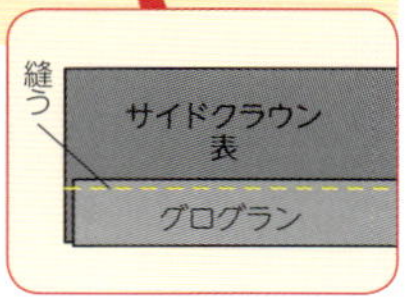

裏側から見たところ。ミシンで縫い終わったら、しつけ糸をはずす。

グログランテープ、縫い代を内側に倒し、アイロンをかけて形を整える。

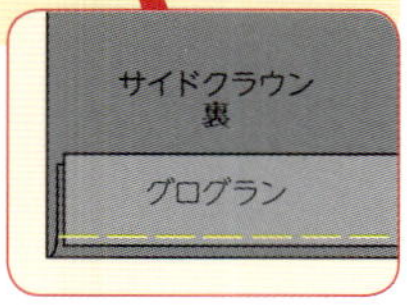

両端を中表に合わせて縫い、縫い代をアイロンで割る。縫い代の角をカットする。

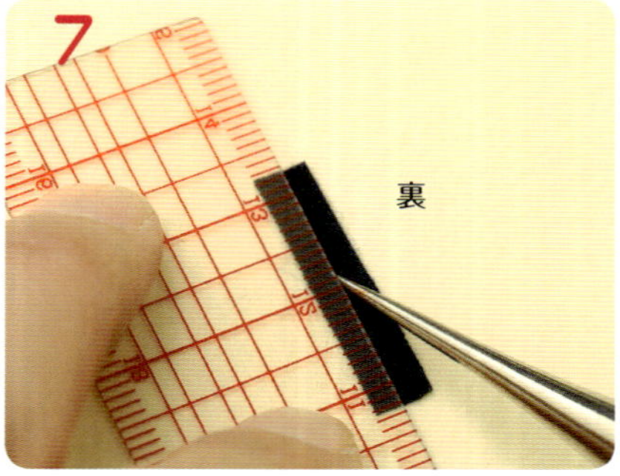

トップのつまみ部分を作る。目打ちで折り目をつける。

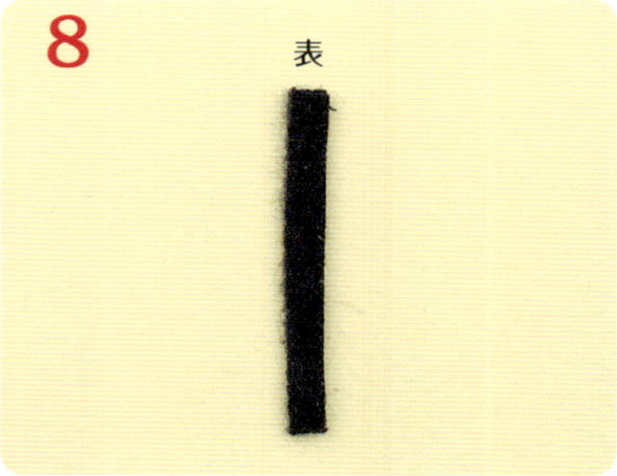

半分に折り、布用接着剤で留める。

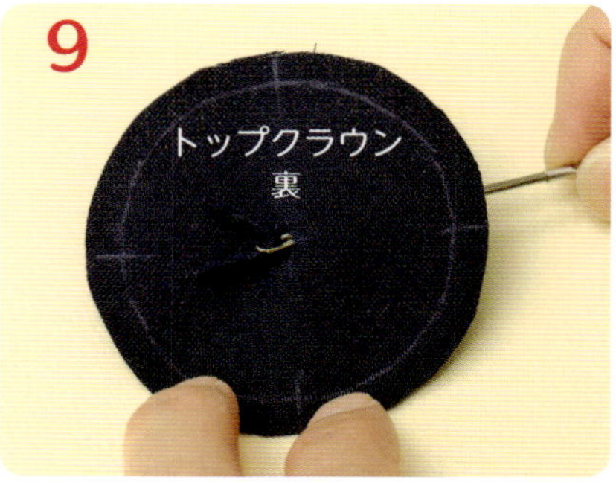

トップクラウンの中央に目打ちで穴を開け、つまみを返し棒などで引き抜く。

つまみを 0.5㎝ほど引き出す。

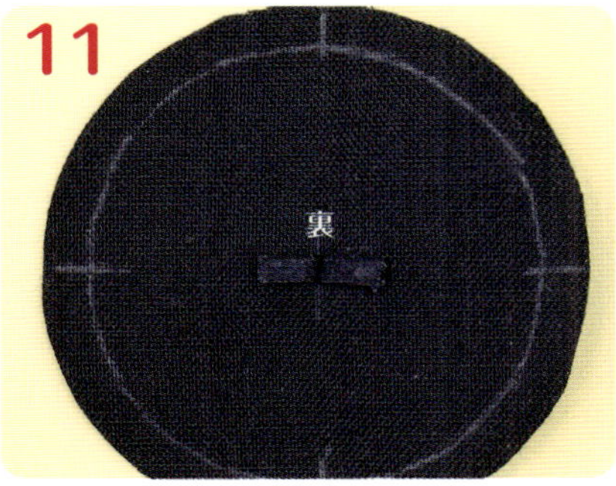

裏側で写真のように左右に開き、布用接着剤で留める。

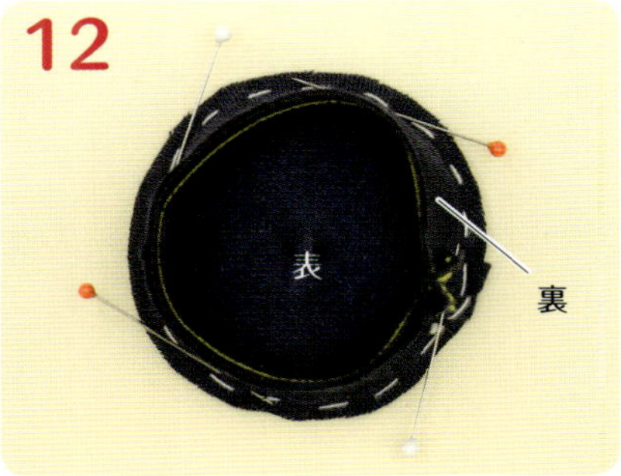

サイドクラウンとトップクラウンを中表に合わせる。待ち針で留め、ミシンで縫う前に手縫いでしつけておく。

ミシンで縫い終わったところ。

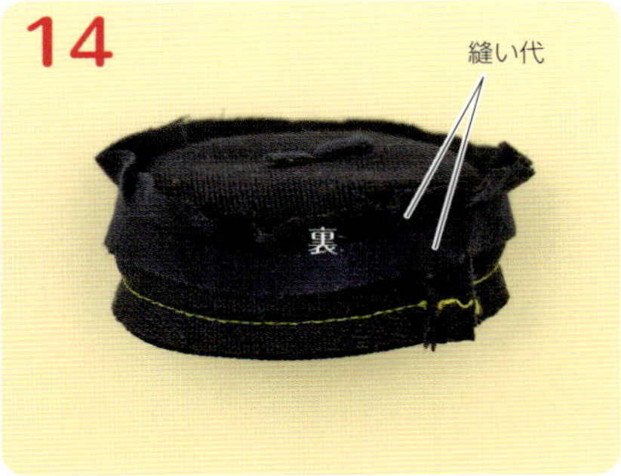

縫い代を割る。表に返して、完成。

三つ折り靴下を作る

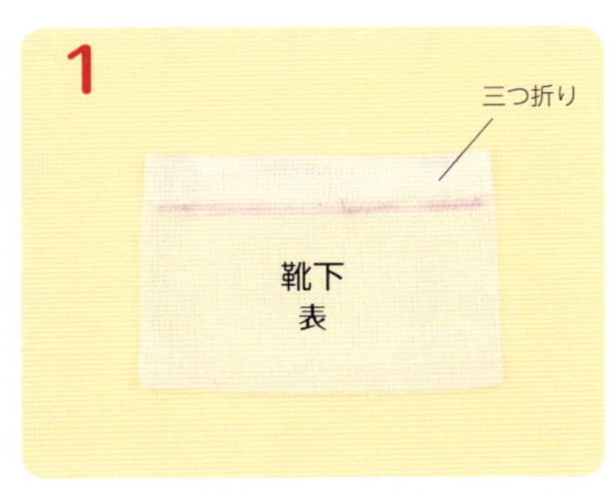

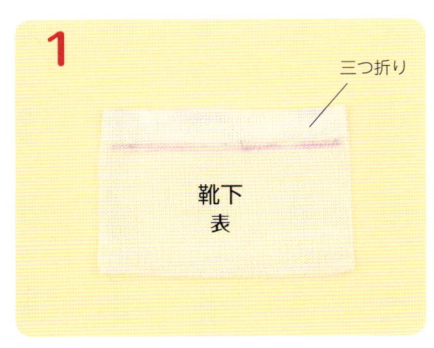

履き口を、表側に見えるように三つ折りにする。

以降は、**制服 ー Boy ー**「靴下を作る」**2 ～ 3**（p.29）と同様。

3 セーラー服 ―Boy―

Photo →p.6
型紙 →p.102

セーラー服は、襟やラインの色を変えると雰囲気が大きく変わります。今回はラインと生地を同系色にし、クラシカルな雰囲気に。ギャザーをたっぷり寄せた袖が、どことなくアンティーク人形のような雰囲気です。

セーラートップス

Back

ハーフパンツ

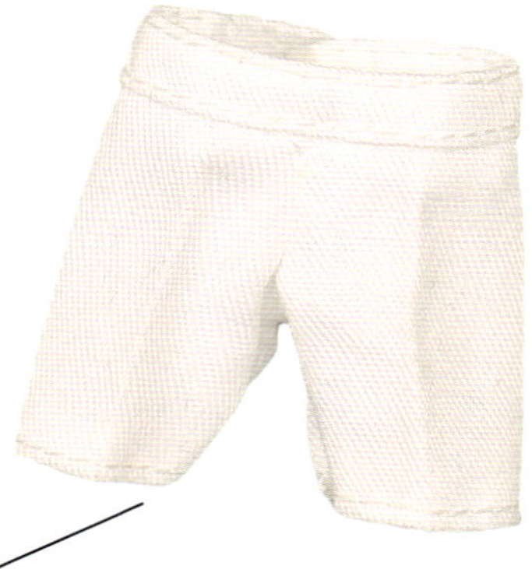

Back

靴下

材料

セーラートップス

- Ｔ／Ｃバーバリー（表地用）…20×20㎝
- 綿ローン（襟の裏地用）…６×５㎝
- ２㎜幅サテンリボン…30㎝
- 直径４㎜ボタン…３個
- リボン（刺繍用）…10㎝
- 面ファスナー…0.5×２㎝

ハーフパンツ

- Ｔ／Ｃバーバリー…15×10㎝
- 面ファスナー…0.8×１㎝

靴下

- 天竺ニット…８×４㎝

セーラートップスを作る

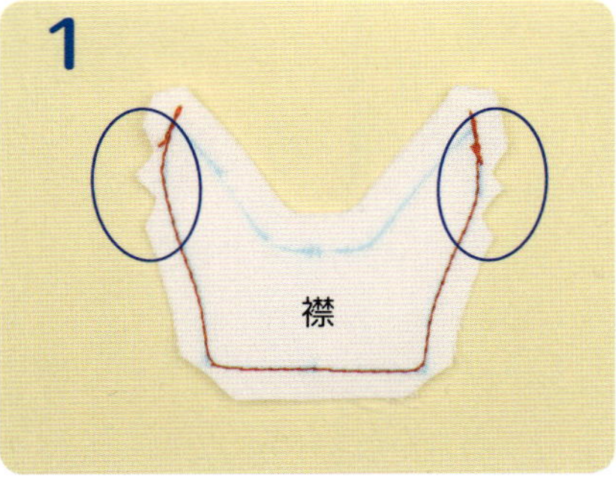

襟の表地と裏地を中表に合わせて縫う。カーブ部分は写真のようにカットしておく。

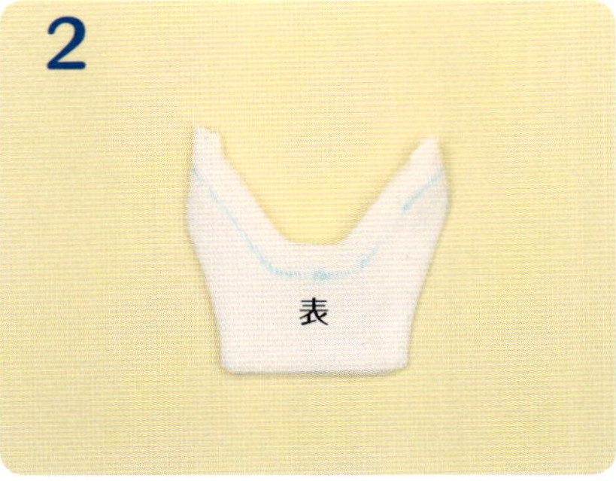

表に返し、角を目打ちで出して、形を整える。

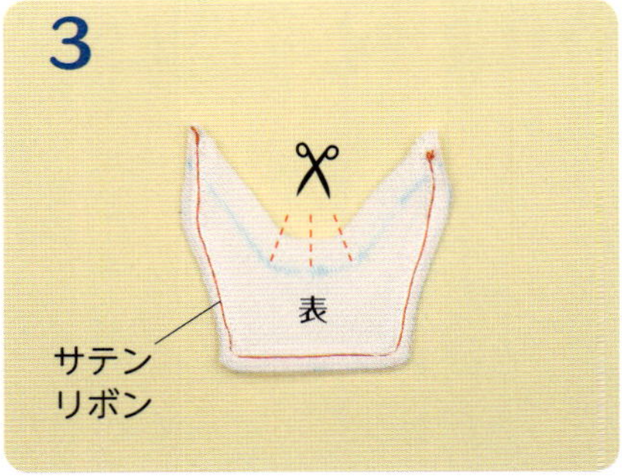

サテンリボンを縫い付ける。襟ぐりの縫い代に切り込みを入れる。

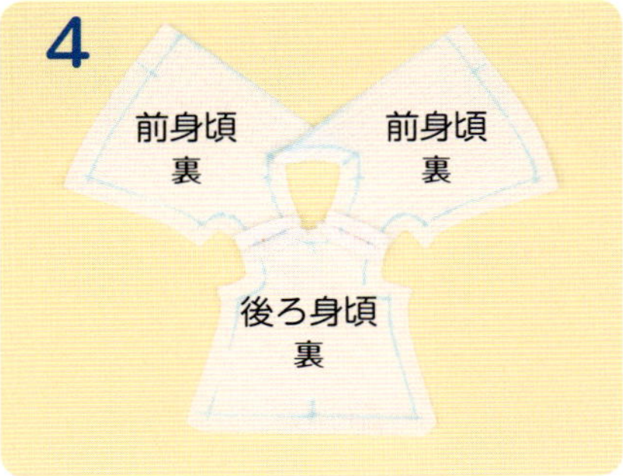

後ろ身頃と前身頃の肩部分を中表に合わせて縫う。縫い代をアイロンで割り、半分にカットする。

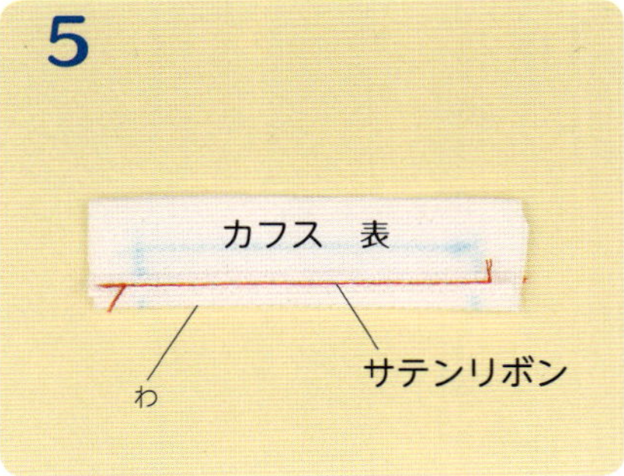

袖を作る。カフスを二つ折りにして、サテンリボンを縫い付ける。

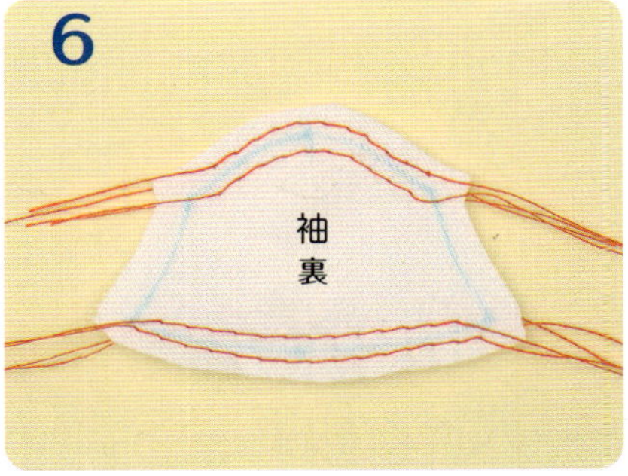

袖部分は、肩側とカフス側にギャザー用のミシンを２本ずつ入れ、ギャザーを寄せる。

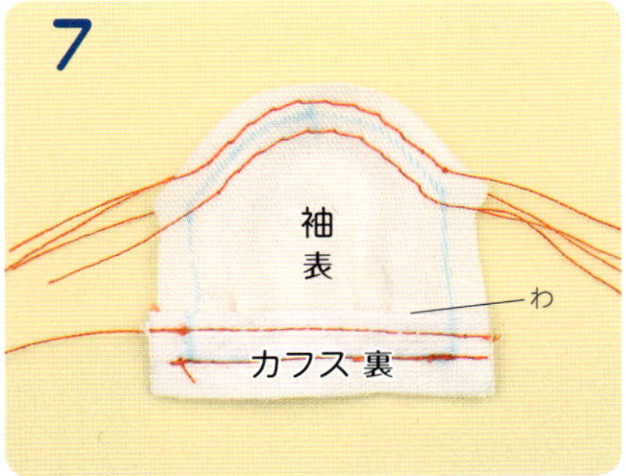

袖とカフスを中表に合わせて縫う。

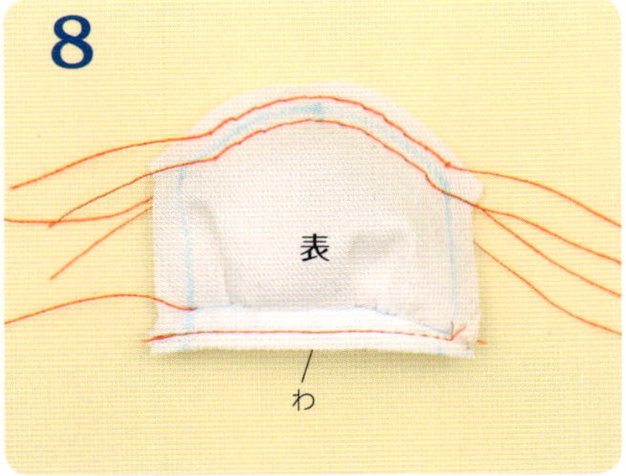

カフスの縫い代を袖側に倒し、アイロンで形を整える。

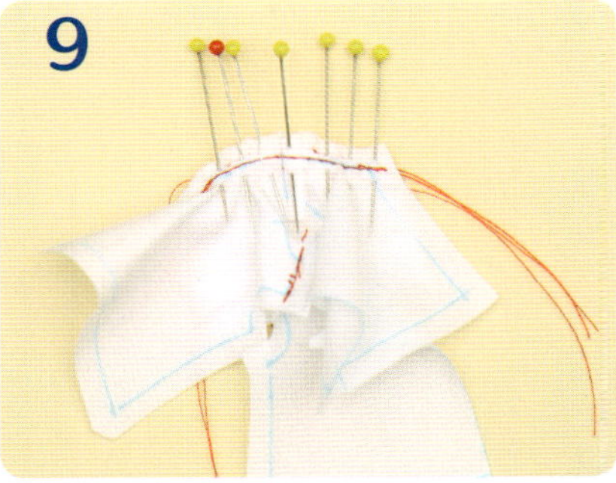

袖と身頃の肩部分を中表に合わせて縫う。写真のように待ち針を細かく打って縫う。

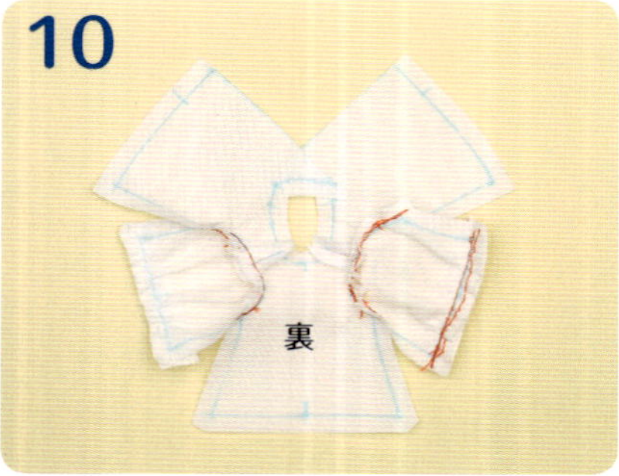

両袖を縫い合わせたところ。縫い終わったら、ギャザー用のミシンはほどく。

表から見たところ。

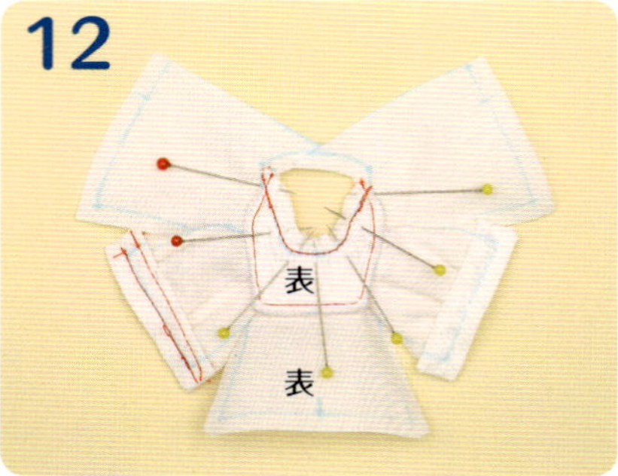

襟を待ち針で留めて縫う。

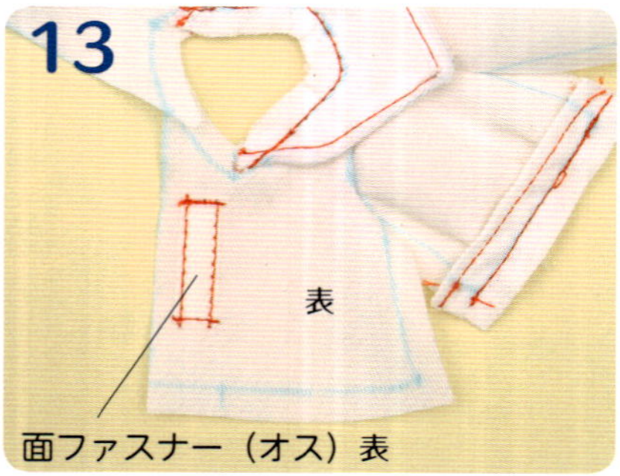

左前身頃に面ファスナーを写真のようにつける。

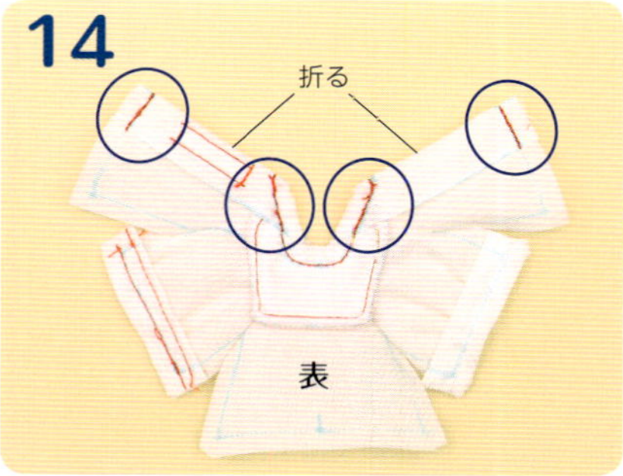

前身頃の前端を仕上がり線に合わせて表に折り、写真の位置を縫う。

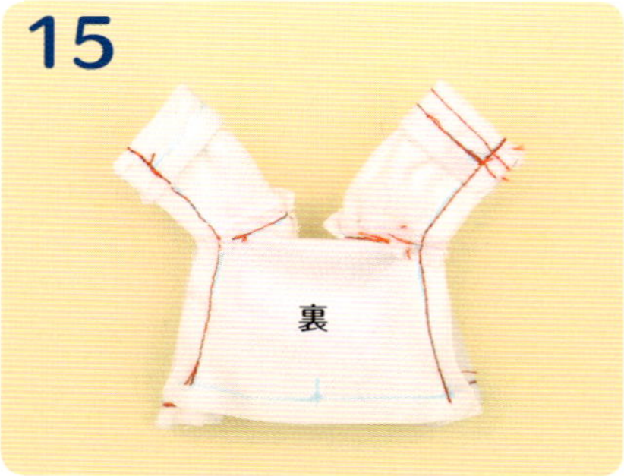

脇、袖下を中表に合わせて縫う。

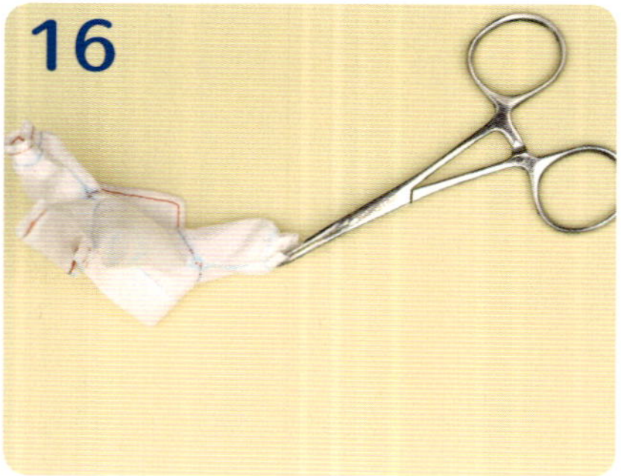

鉗子で袖を表に返す。

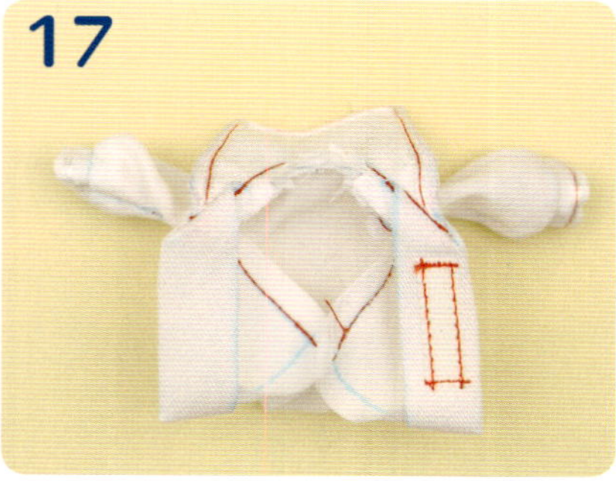

身頃の前端も表に返す。角を目打ちで出して、アイロンで形を整える。

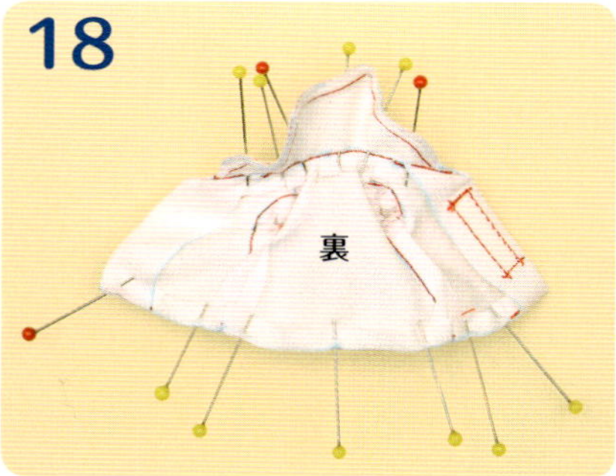

裾を仕上がり線に合わせて折り、待ち針で留める。襟の縫い代も身頃側に倒して待ち針で固定する。

身頃のまわりを、ぐるりと一周縫う。

裾にサテンリボンを縫い付ける。

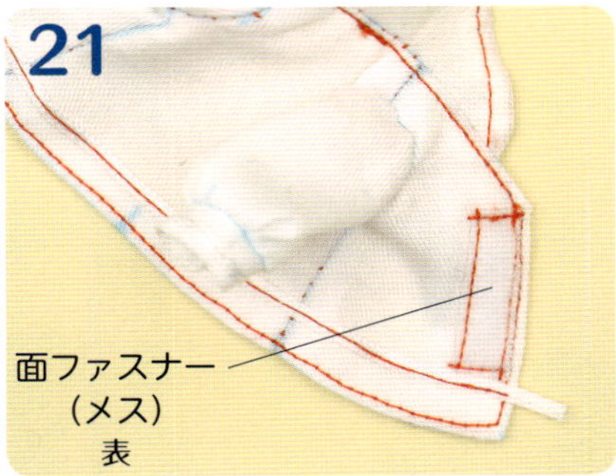

右前身頃の前端に、写真のように面ファスナーをつける。

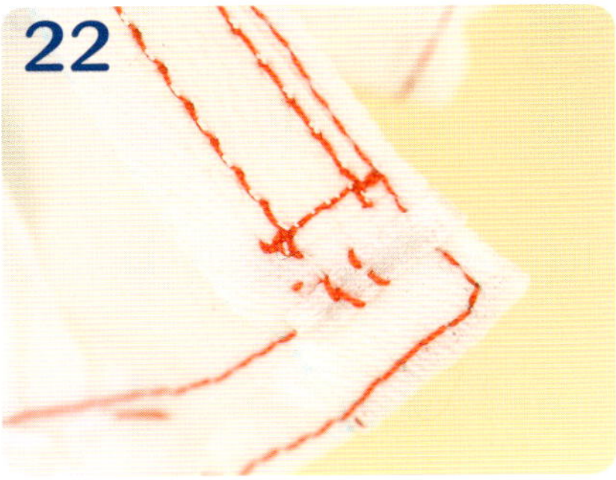

サテンリボンの端は写真のように内側に折り込み、手縫いで留める。

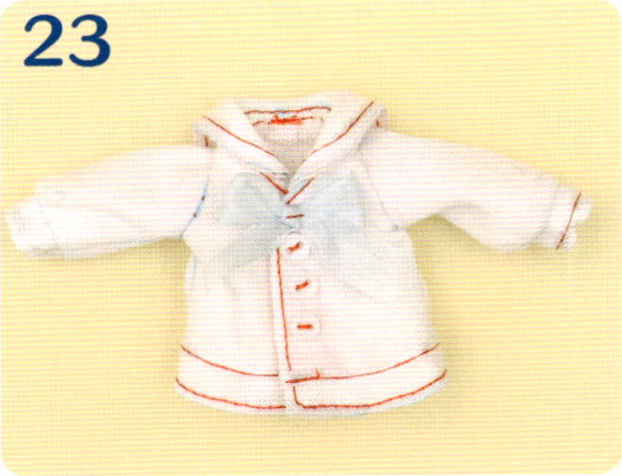

刺繍用のリボンを蝶結びにして手縫いで縫い、ボタンをつけて完成。

point 小さなパーツを縫いつけるとき

サテンリボンや面ファスナーなどの小さなパーツをミシンでつけるときは、目打ちで押さえながらミシンをかけると指が届かない場所でもスムーズに縫うことができます。

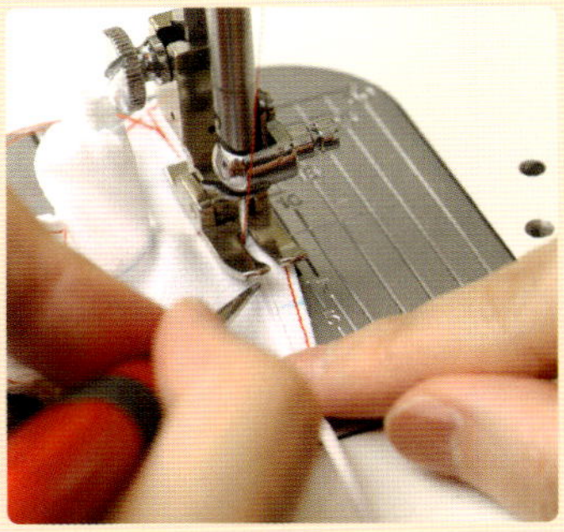

point 小さなリボンの素材

リボン刺繍用のリボンは柔らかいので、ハリが出すぎず、きれいな蝶結びを作ることができます。あらかじめ長めのリボンから蝶結びを作り、後から余分をカットするとやりやすいです。

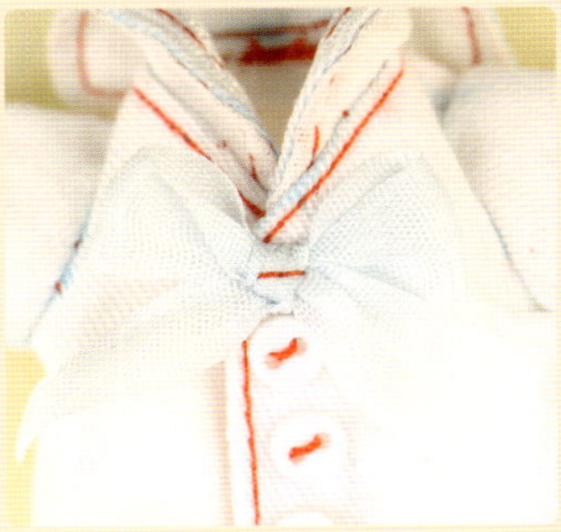

ハーフパンツを作る

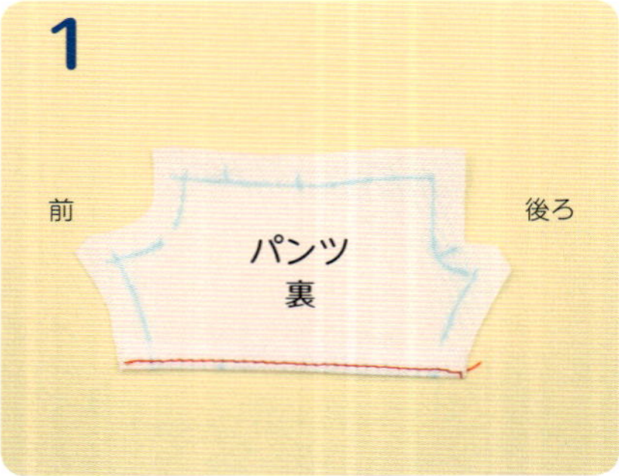

裾を仕上がり線に合わせて折り、ミシンで縫う。

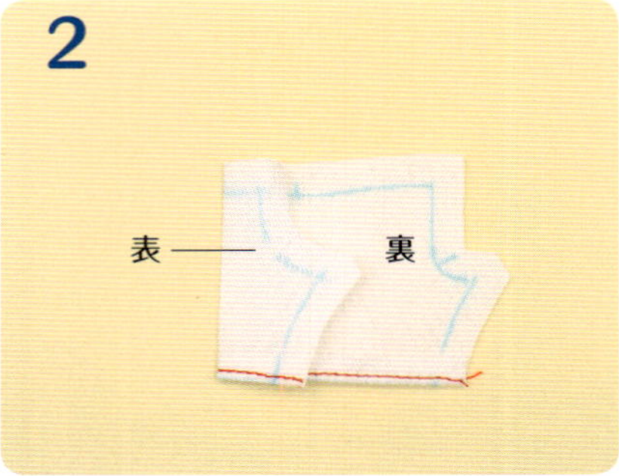

アイロンでセンタープレスの折り目をつける。左右同様に作る。

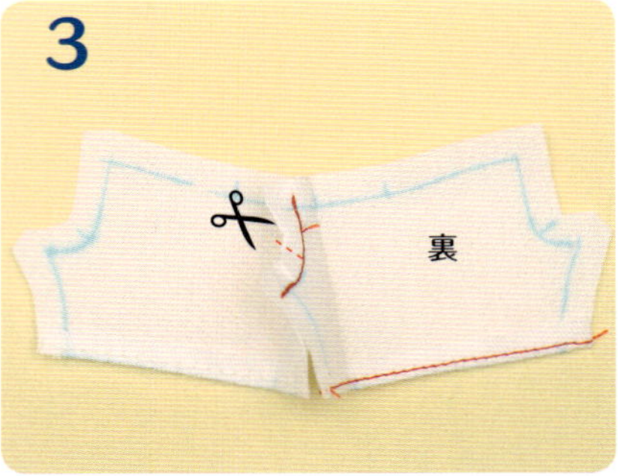

前股上を中表に合わせて縫う。縫い代に切り込みを入れる。

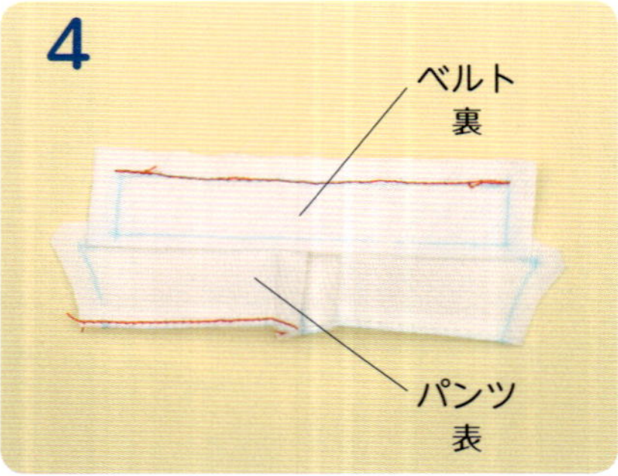

ベルトをつける。パンツと中表に合わせて縫う。

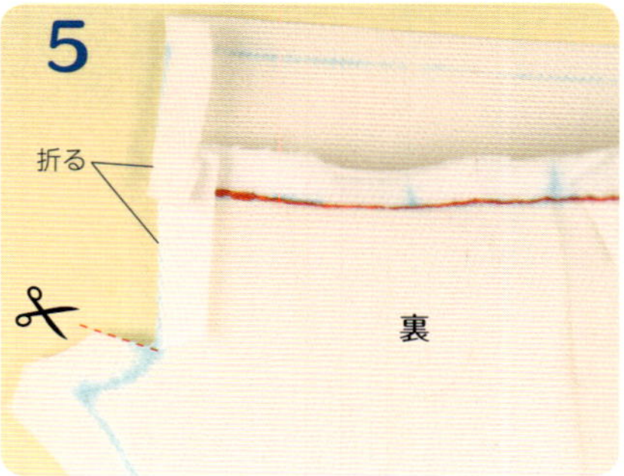

後ろ股上に切り込みを入れる。ベルトを身頃の反対側に倒し、写真のようにパンツとベルトの両端を折る。

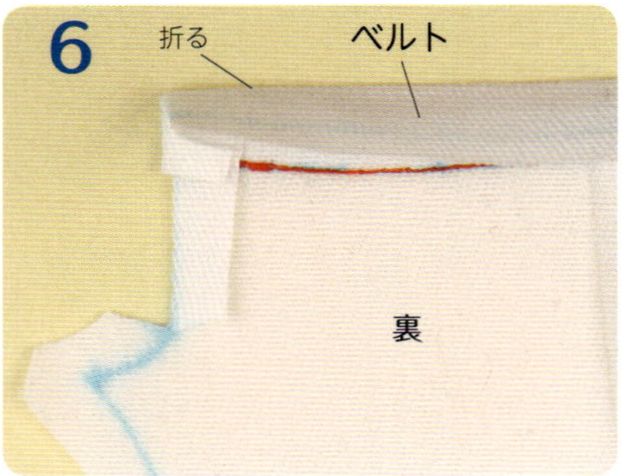

さらにベルトを写真のように、パンツ側へ向けて半分に折る。

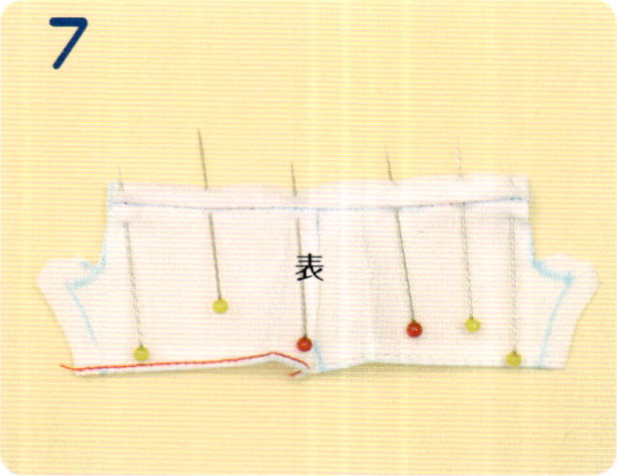

待ち針で固定する。

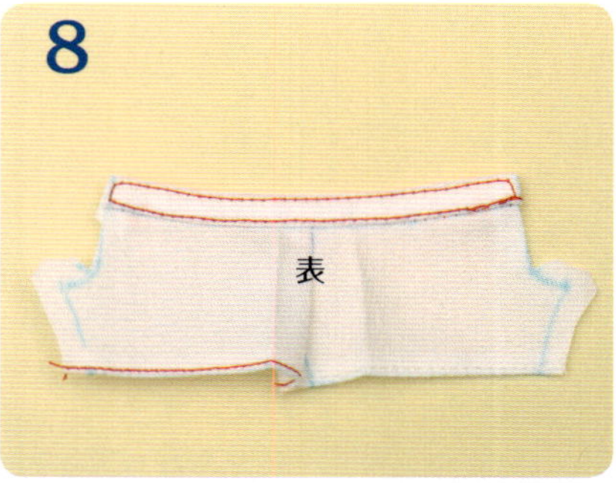

写真のように、ベルト部分をぐるりと一周縫う。

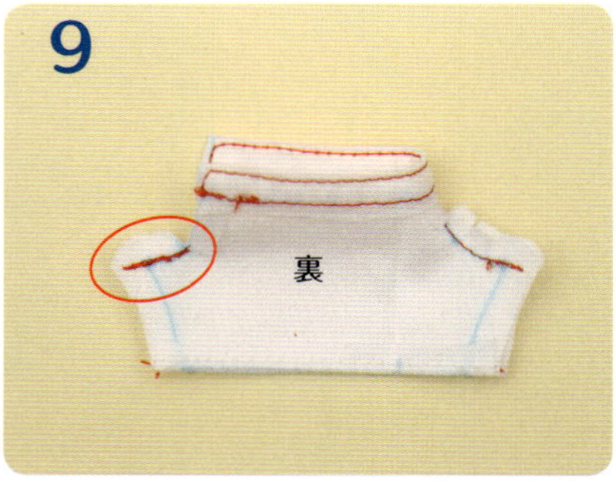

中表に合わせて、後ろ股上を切り込みまで縫う。

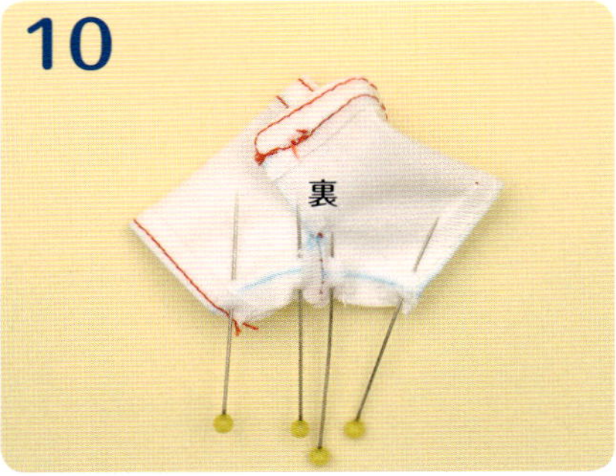

9を開いて股下を中表に合わせ、待ち針で留める。

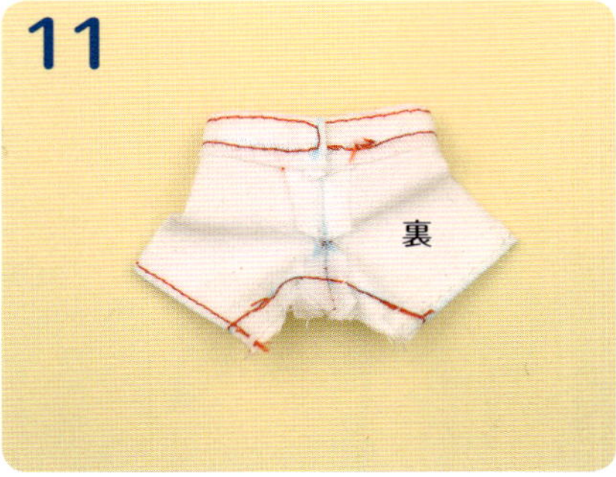

股下を縫う。

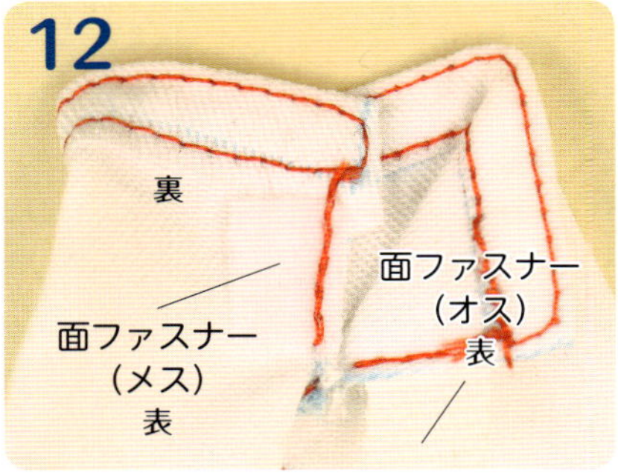

図のように面ファスナーをつける。表に返して完成。

靴下を作る

履き口を折り、ミシンで縫う。

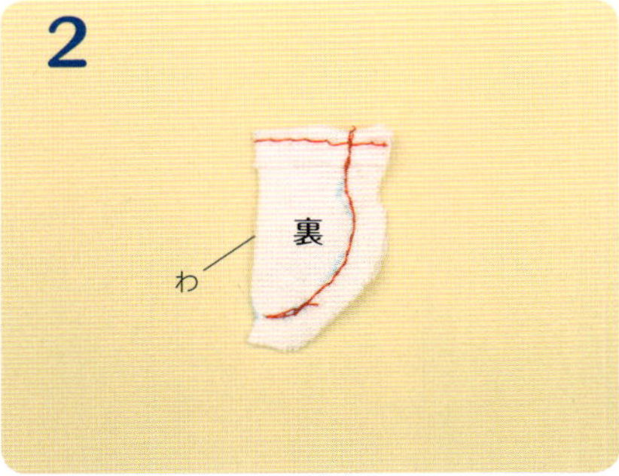

中表に合わせて、仕上がり線に合わせて縫う。

縫い代を３㎜にカットし、表に返して完成。

4 セーラー服 ― Girl ―

Photo → p.6
型紙 → p.104

ワンピースタイプの可愛らしいセーラー服です。スカート部分以外は、男の子用のセーラー服と同じ作り方でできます。襟やラインの色をアレンジして、ぜひ自分だけのセーラーワンピースを作ってみてください。

セーラーワンピース

Back

靴下

材料

セーラーワンピース

- T／Cバーバリー（表地用）…25×20㎝
- 綿ローン（襟の裏地用）…６×５㎝
- ２㎜幅サテンリボン…40㎝
- 直径4㎜ボタン…３個
- リボン（刺繍用）…10㎝
- 面ファスナー…0.7×1.5㎝

靴下

- 天竺ニット…８×４㎝

セーラーワンピースを作る

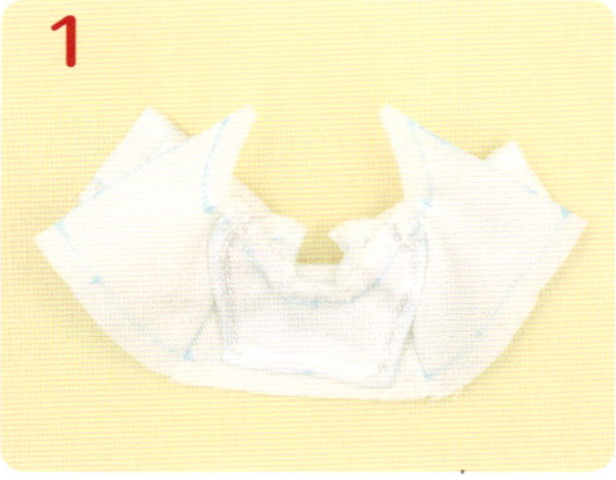

セーラー服 ― Boy ―の「セーラートップスを作る」**1**～**12**（p.39、40）まで同じように進める。

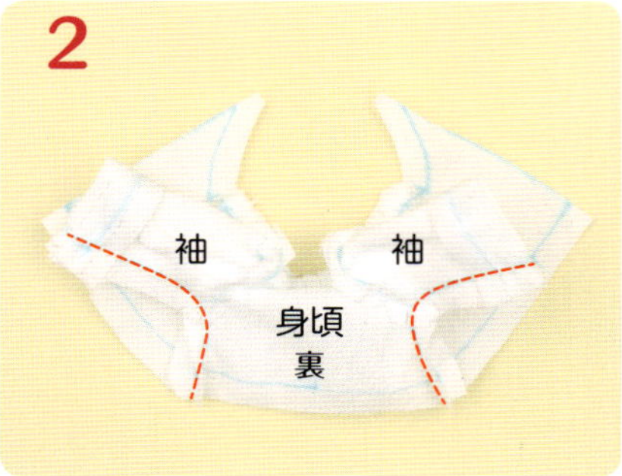

脇、袖下を中表に合わせて縫う。

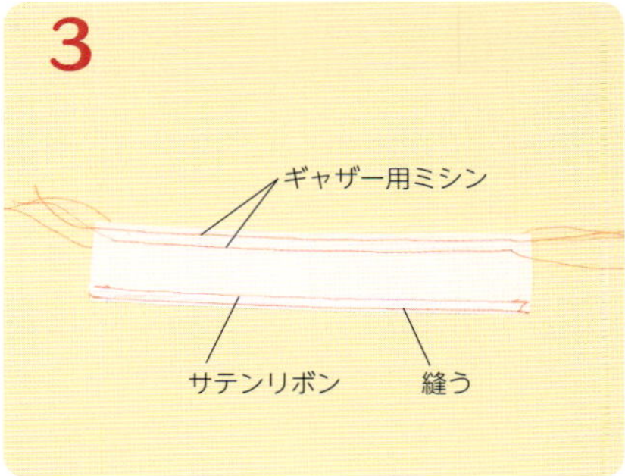

スカートを作る。裾を仕上がり線で折って縫い、サテンリボンのラインも縫い付ける。身頃側にギャザー用のミシンを2本入れる。

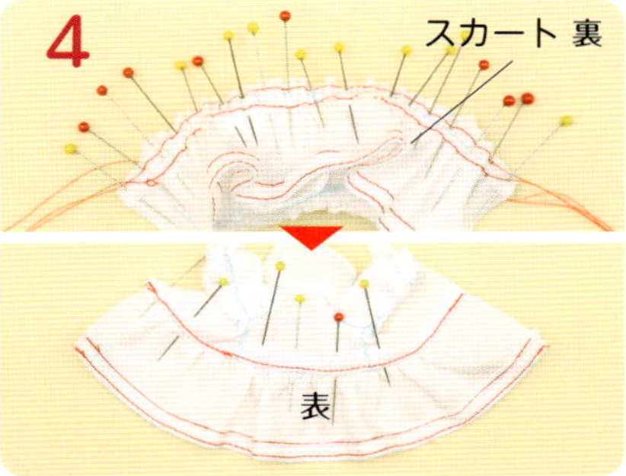

スカートにギャザーを寄せ、身頃と中表に合わせて縫う。次にスカートを下に倒し、身頃のきわに押さえミシンをかける。

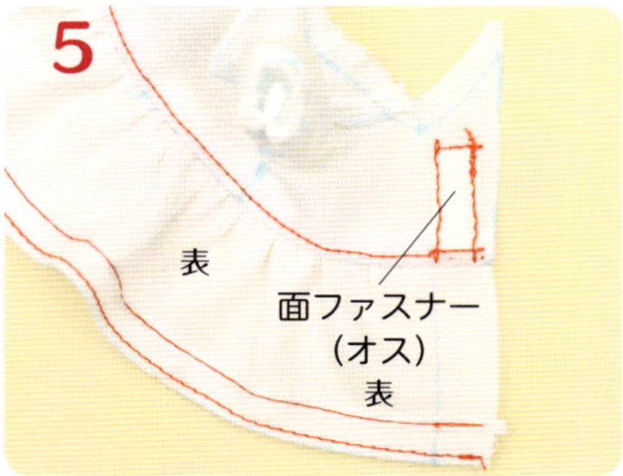

右前身頃の写真位置に面ファスナーをつける。

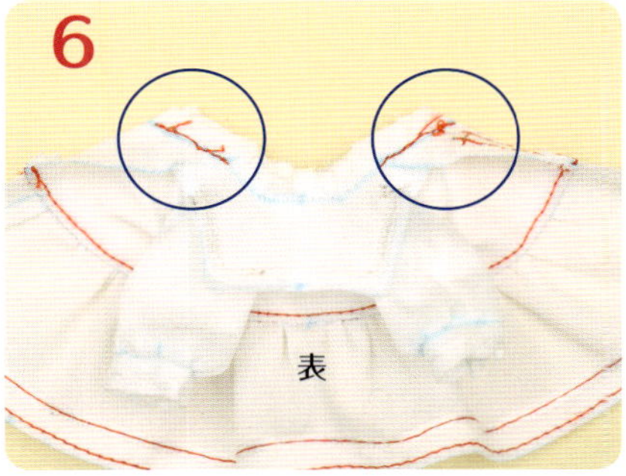

前身頃の前端を仕上がり線に合わせて中表に襟をかぶせて折り、縫う。表に返し、角を出してアイロンで形を整える。

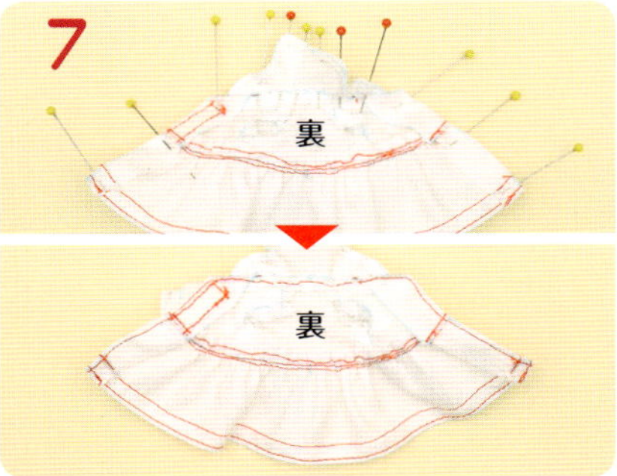

身頃とスカートの前端を仕上がり線に合わせて折り、襟の縫い代を身頃側に倒して待ち針で留める。前端、襟ぐりを縫う。

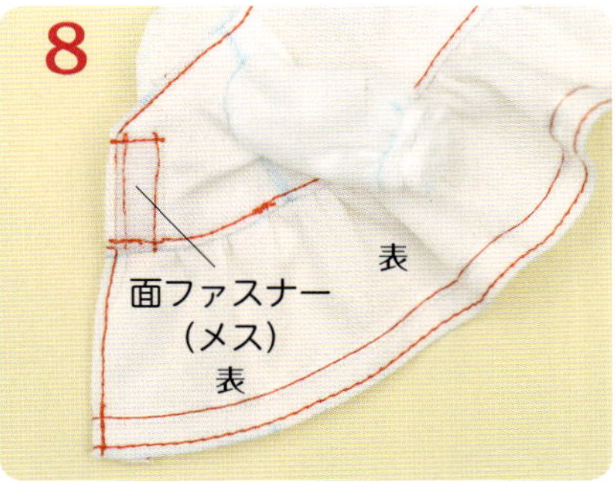

左前身頃に写真のように面ファスナーをつける。

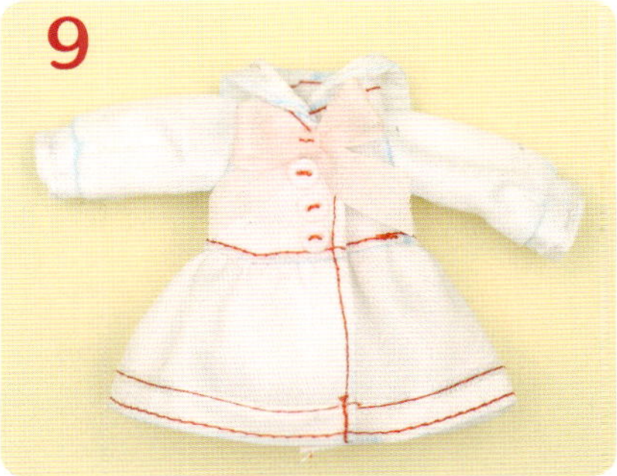

刺繍用リボン、ボタンを手縫いでつけて完成。

靴下を作る

セーラー服 ― Boy ―の「**靴下を作る**」**1**～**3**（p.43）と同様。

5 ゴシックロリータ －Boy－

Photo → p.8
型紙 → p.106

レースのついた白いブラウスにリボンタイ、かぼちゃパンツのゴシック王子服。いつもと雰囲気を変えたいときはこんな衣装を作ってみるのはいかがでしょうか？　スタンドカラーのブラウスは、意外と女の子にも似合います。

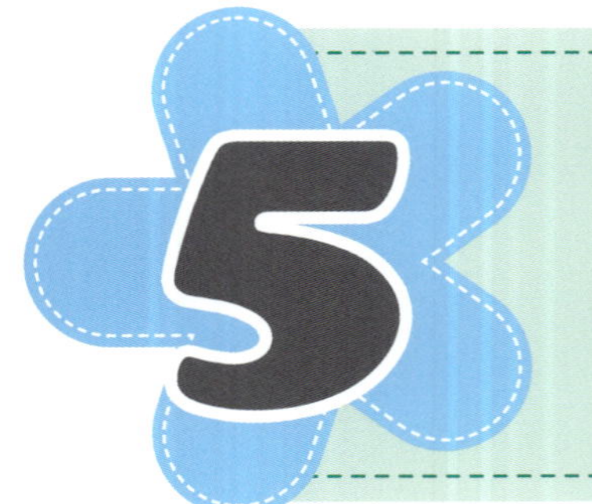

材料

ブラウス
- 綿ブロード…20×15㎝
- 綿ローン（襟の裏地用）…6×2㎝
- 面ファスナー…0.8×2.5㎝
- 5㎜幅レース…10㎝
- 1.5㎜ビーズ…4個
- 2㎜幅サテンリボン…8㎝

ベスト
- 綿ブロード（表地用）…18×8㎝
- 綿ローン（裏地用）…18×8㎝
- 面ファスナー…0.7×1㎝
- 直径4㎜ボタン…4個

パンツ
- 綿ブロード…20×10㎝
- 面ファスナー…0.8×1㎝

靴下
- 天竺ニット…8×5㎝

ブラウスを作る

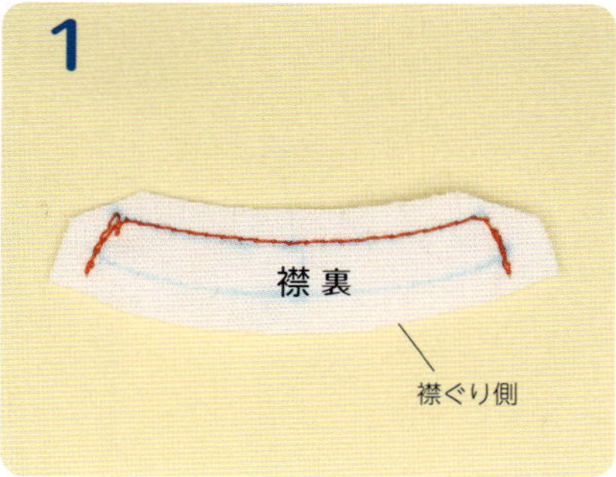

襟を作る。表地と裏地（綿ローン）を中表に合わせて、襟ぐり側を空けて縫う。

表に返し、目打ちで角を出す。アイロンで形を整え、襟ぐりをあけて押さえミシンをかける。

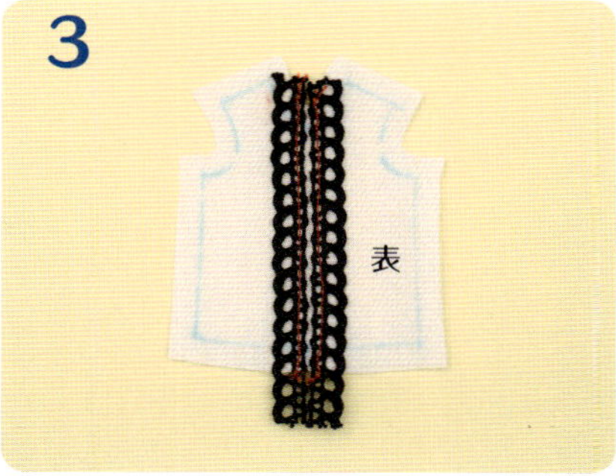

前身頃にレースを縫いつける。

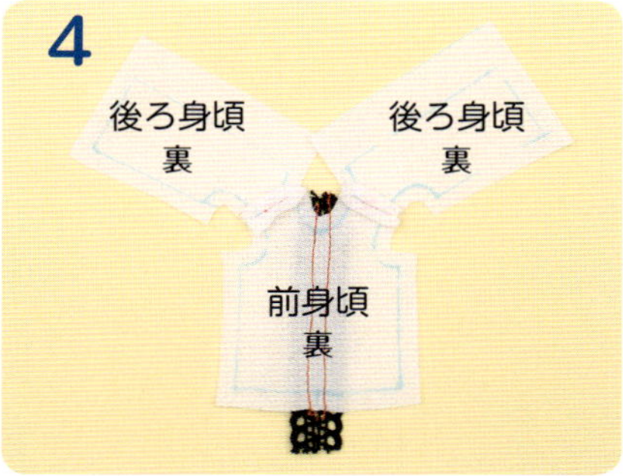

肩を中表に合わせて縫う。縫い代をアイロンで割り、半分にカットする。

袖を作る。二つ折りにしたカフスを、袖と中表に合わせて縫う。

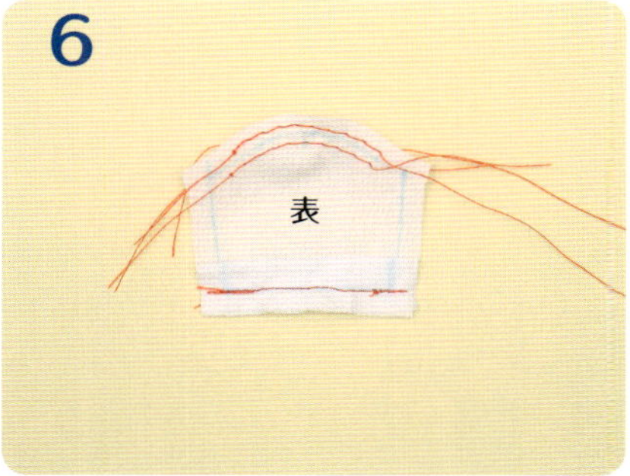

肩側にギャザー用ミシンを２本縫い、糸を引いて少しだけ丸みをつける。

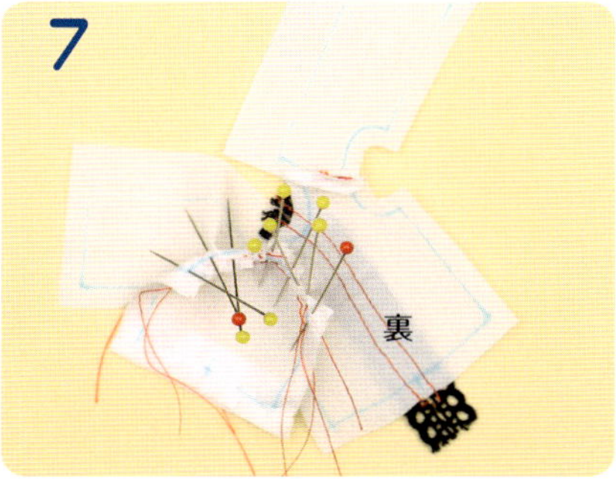

待ち針を細かく打ち、身頃と袖を中表に合わせて縫う。

両袖が縫えたところ。縫い終わったら、ギャザー用のミシンはほどく。

襟をつける。待ち針で中表に留めて縫う。

10

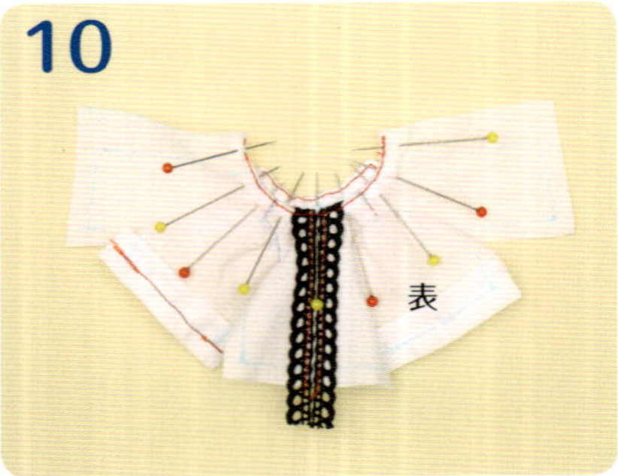

襟の縫い代を身頃側へ倒し、待ち針で固定する。襟ぐりに表から押さえミシンをかける。

11

脇、袖下を縫う。

12

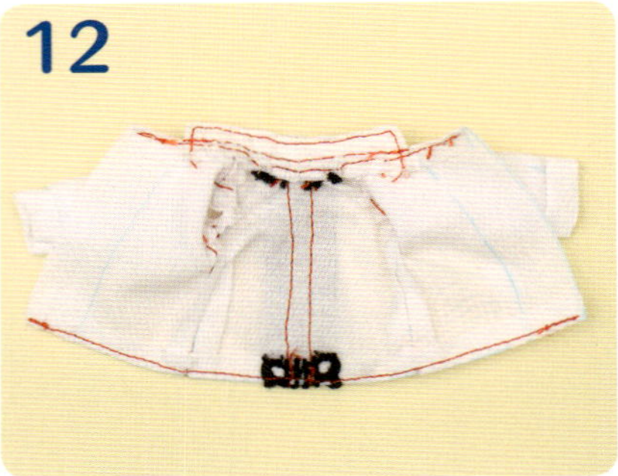

袖を表に返す。裾と、裾にはみ出したレースを仕上がり線に合わせて折り、縫う。

13

右後ろ身頃に、面ファスナーを写真のようにつける。このとき、面ファスナーの左側は写真のように縫わないでおく。

14

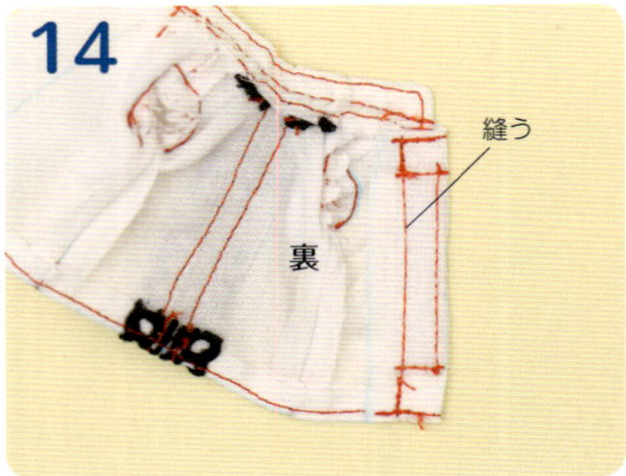

右後ろ身頃を、仕上がり線に合わせて折り、縫う。このとき、13 で縫わなかった面ファスナーの左側を一緒に縫う。

15

左後ろ身頃を仕上がり線に合わせて折り、面ファスナーを写真のようにつける。

16

蝶結びにしたリボン、ビーズを手縫いでつけて完成。

ベストを作る

表地、裏地をそれぞれ肩で中表に合わせて縫う。縫い代をアイロンで割り、半分にカットする。

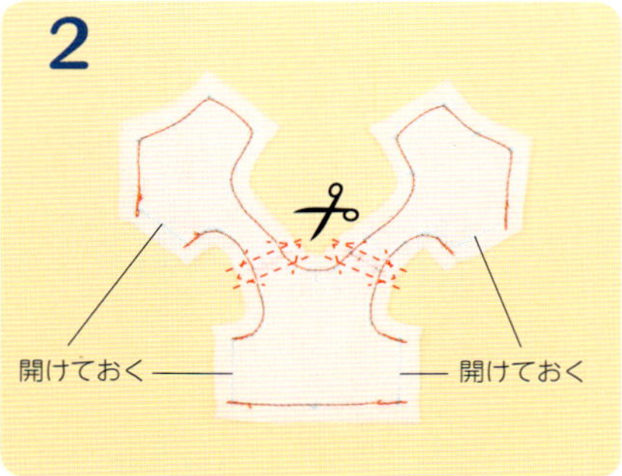

裏地と表地を中表に合わせて縫う。このとき、脇の部分４か所は縫わないでおく。縫い代をカットする。

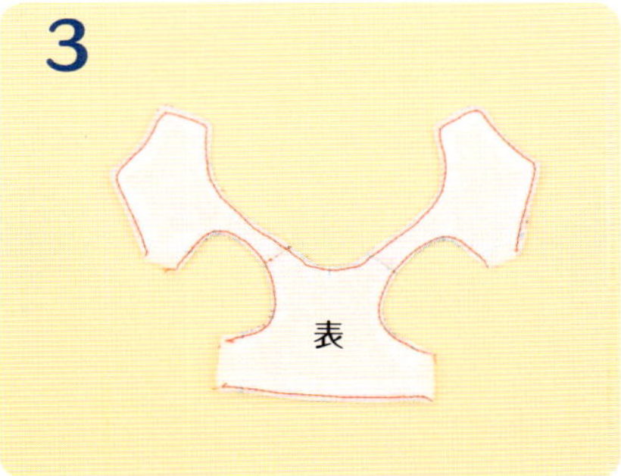

先ほど縫わなかった脇の部分から鉗子を入れ、表に返す。目打ちで角を出し、アイロンで形を整え、脇をあけてまわりに押さえミシンをかける。

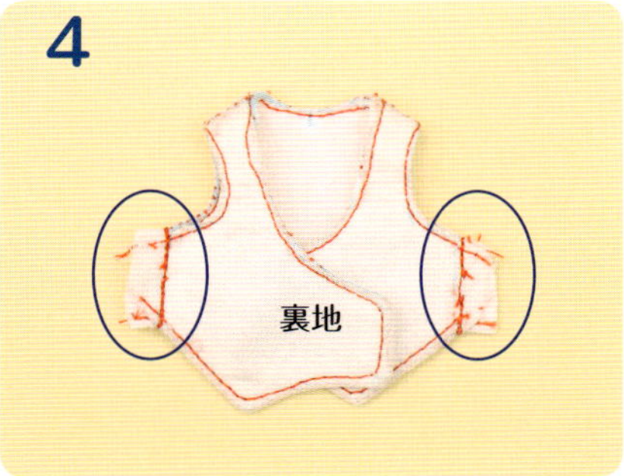

中表に合わせ、脇を縫う。

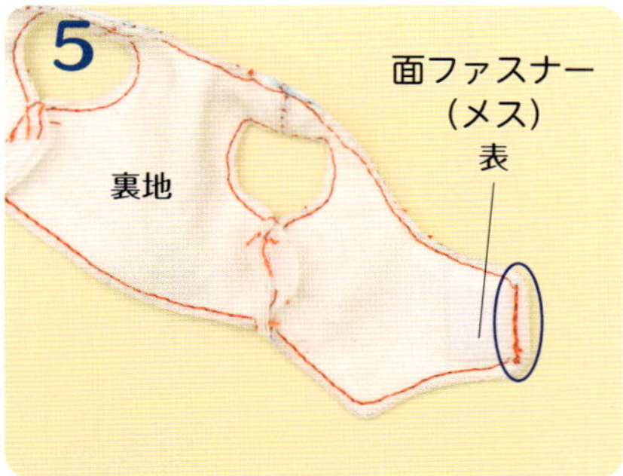

左前身頃の裏側に、写真のように面ファスナーをつける。

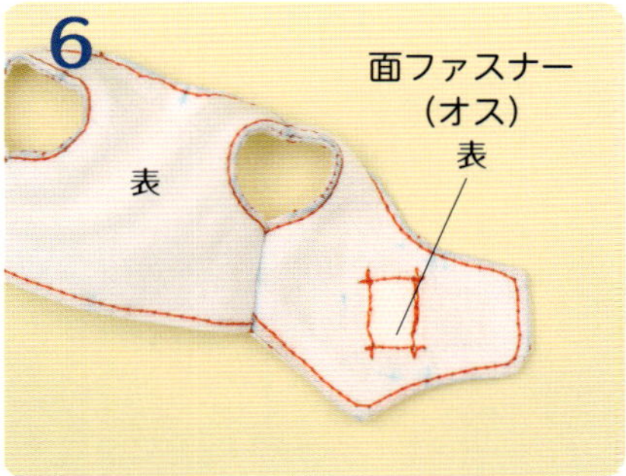

右前身頃の表側に、写真のように面ファスナーをつける。

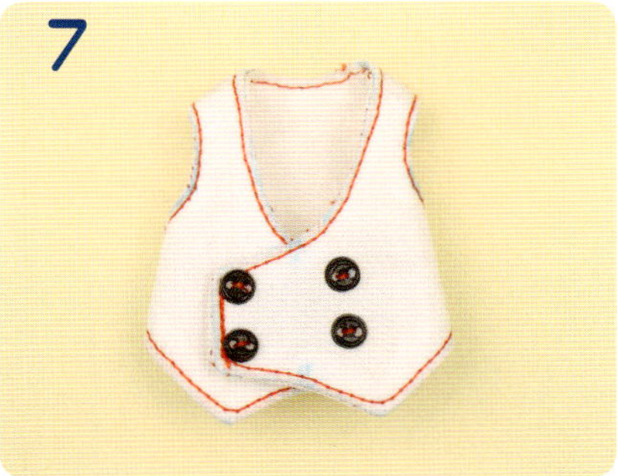

ボタンを手縫いでつけ、完成。

point スナップボタンでも大丈夫

難度が上がりますが、ベストの面ファスナー部分は、スナップボタンでもOKです。スナップボタンを右前身頃につけるとき、表地に手縫いの糸が出ないように裏地のみをすくって縫います。

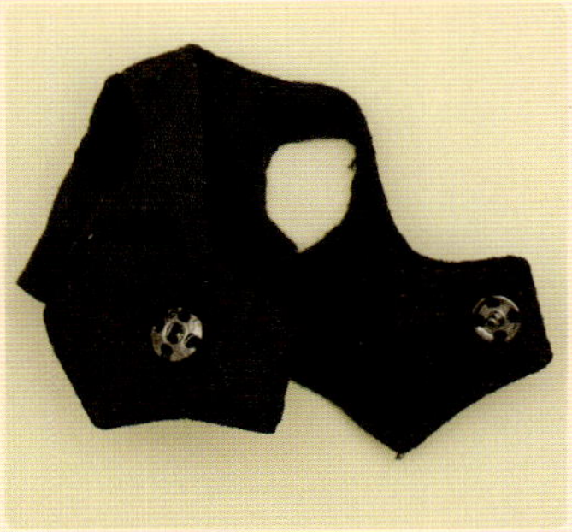

✿ パンツを作る

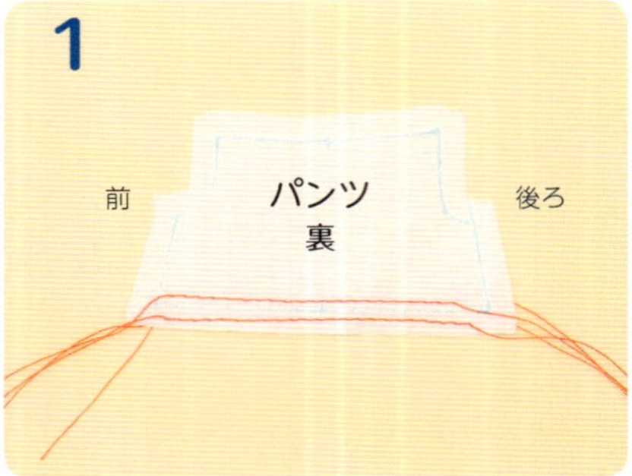

裾にギャザー用のミシンを 2 本入れる。

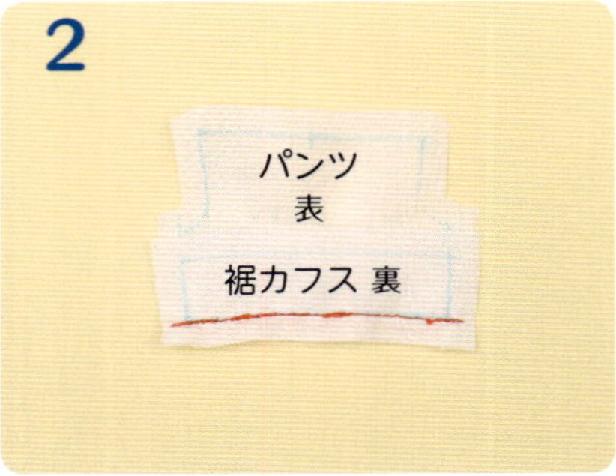

ギャザーを寄せ、パンツの裾カフスと中表に合わせて縫う。ギャザー用ミシンの糸をほどく。

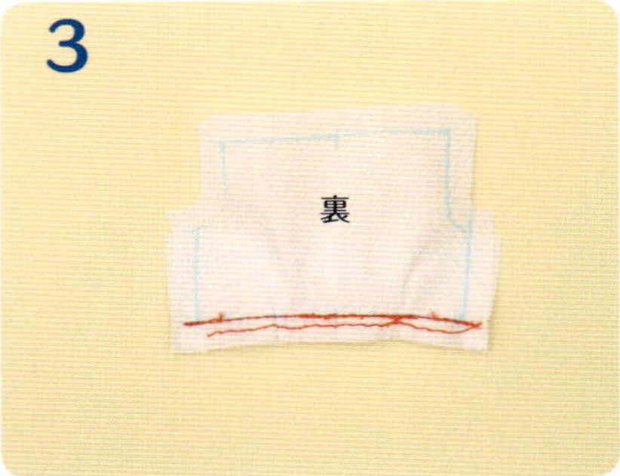

裏側から見たところ。

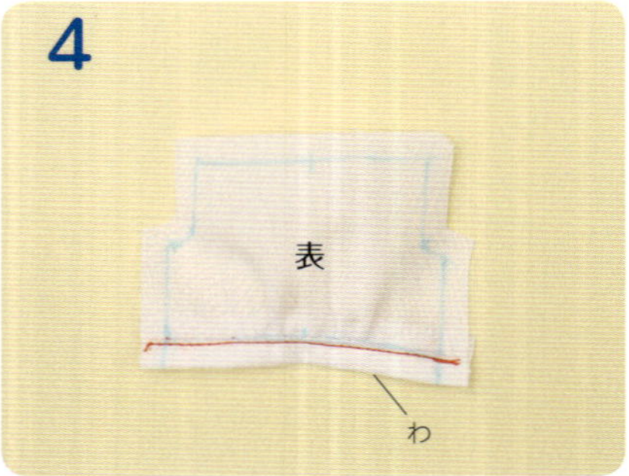

縫い代を上に倒し、カフスを裏側へ半分に折る。カフス上側のきわを縫う。左右同様に行う。

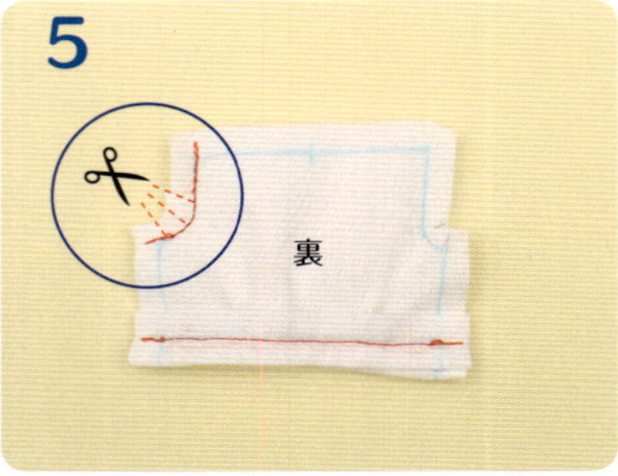

左右のパンツを中表に合わせ、前側の股上を縫う。縫い終わったら、写真の位置に切り込みを入れる。

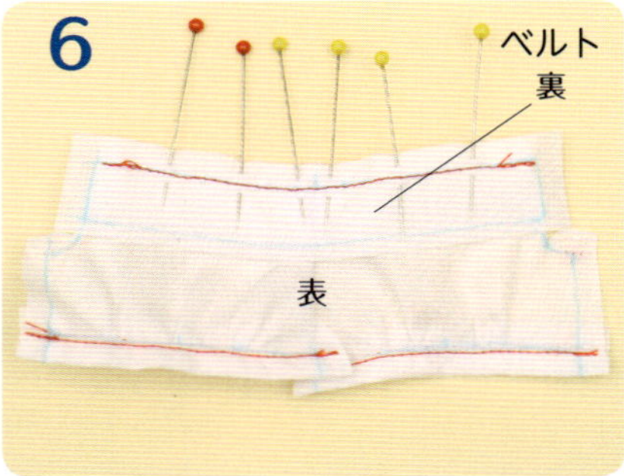

5 を開き、ベルトを中表に合わせて縫う。

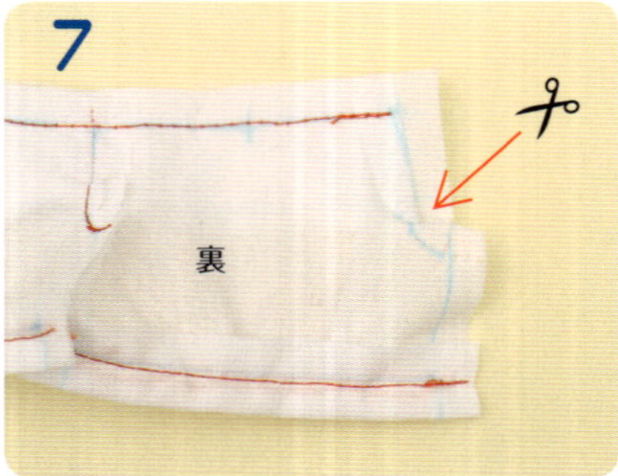

写真の位置に切り込みを入れる。

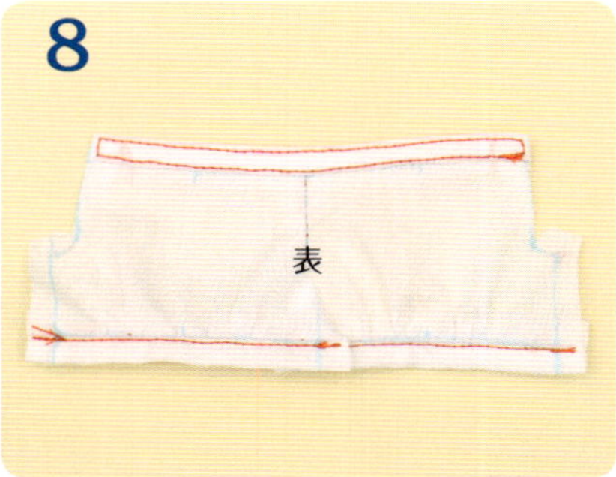

セーラー服 ー Boy ーの「パンツを作る」5 〜 8 (p.42) と同様にベルトをつける。

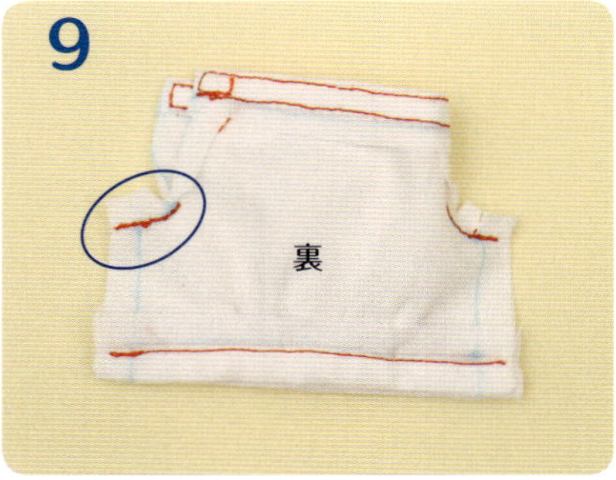

中表に合わせ、後ろ股上を切り込みまで縫う。

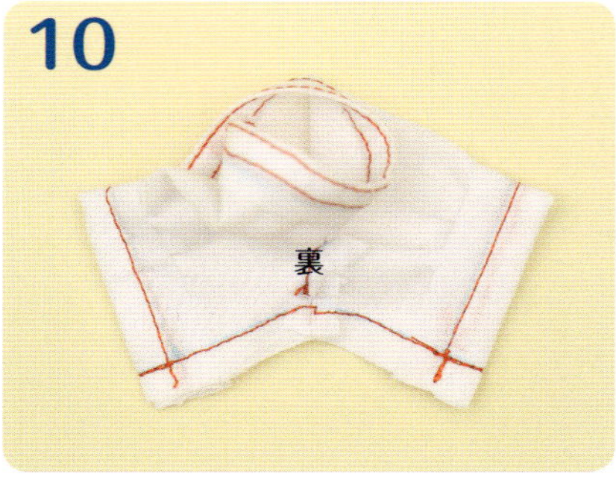

9 を開いて股下を中表に合わせ、股下を縫う。

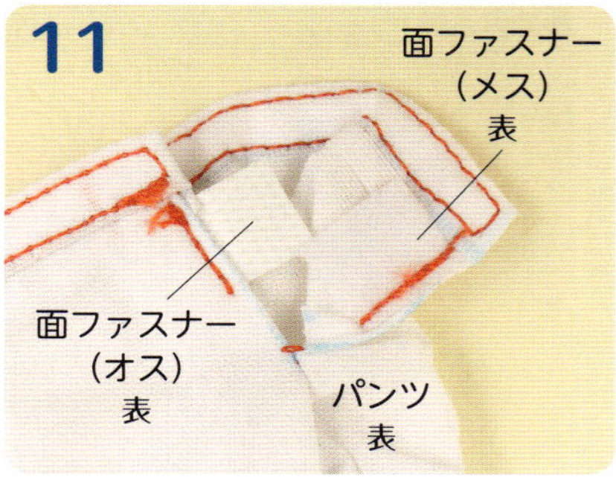

写真のように面ファスナーをつけ、表に返して完成。

靴下を作る

セーラー服 ー Boy ーの「靴下を作る」**1**～**3**（p.43）と同様。

6 ゴシックロリータ －Girl－

Photo →p.8
型紙 →p.108

フリルとレースたっぷりの王道お人形服。今回は黒でまとめたゴシックスタイルですが、生地の色を変えたり、柄物にしても雰囲気が変わって可愛いです。ギャザーや曲線が多いので、待ち針を細かく打つ、または手縫いできちんとしつけてから縫い始めます。

ワンピース

Back

ドロワーズ

Back

靴下

材料

ワンピース

- 綿ブロード…30×30㎝
- 綿ローン（襟の裏地用）…６×２㎝
- 面ファスナー…0.8×2.4㎝
- ５㎜幅レース…30㎝
- 1.5㎜ビーズ…２個
- ２㎜幅サテンリボン…30㎝

ドロワーズ

- 綿ブロード…17×６㎝
- 面ファスナー…0.8×１㎝
- ゴム（４コール）…約15㎝
- ５㎜幅レース…14㎝

靴下

- 天竺ニット…８×５㎝

ワンピースを作る

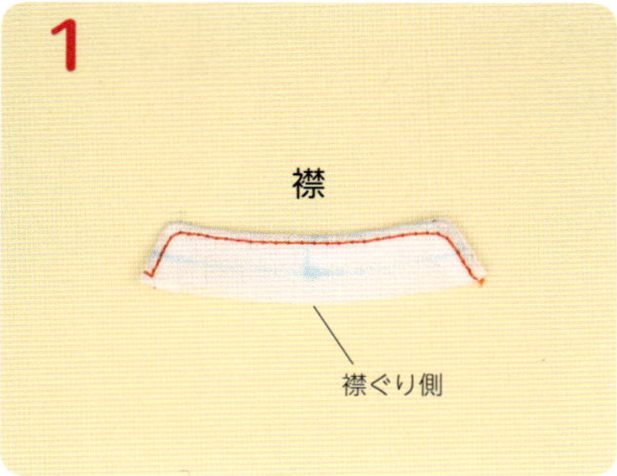

襟を作る。**ゴシックロリータ ー Boy ー**の「ブラウスを作る」**1**～**2**（p.47 参照）と同じ工程。

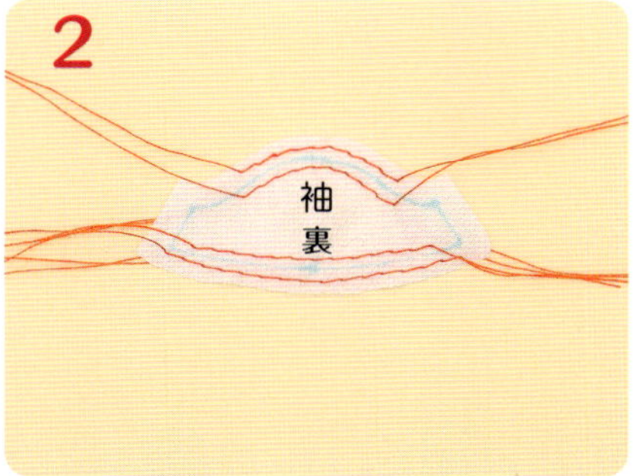

袖を作る。肩側とカフス側に、ギャザー用のミシンを 2 本ずつ入れる。

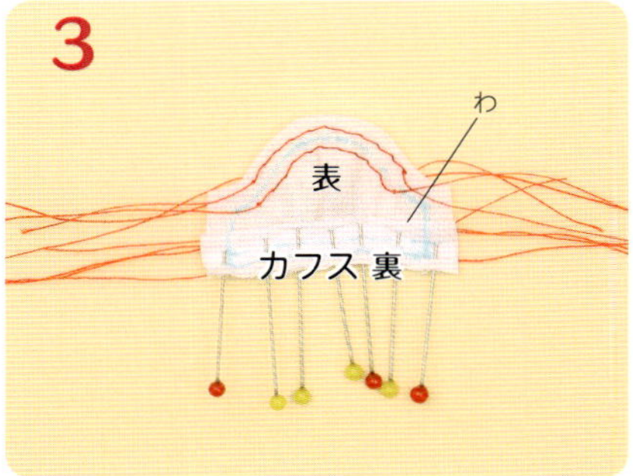

カフス側のギャザーを寄せ、半分に折ったカフスを中表に待ち針で留めて縫う。

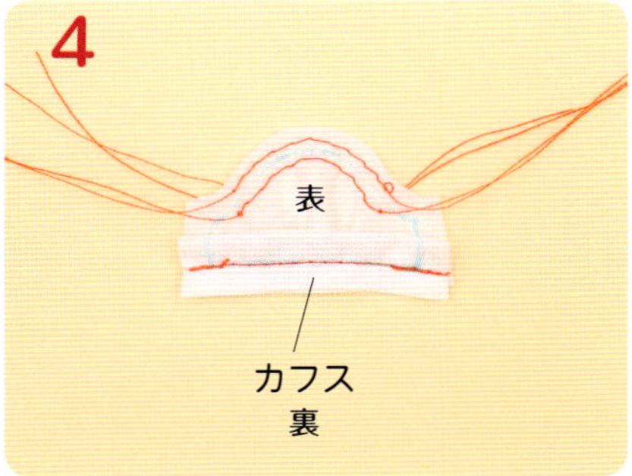

縫えたところ。縫い終わったら、カフス側のギャザー用のミシンはほどく。

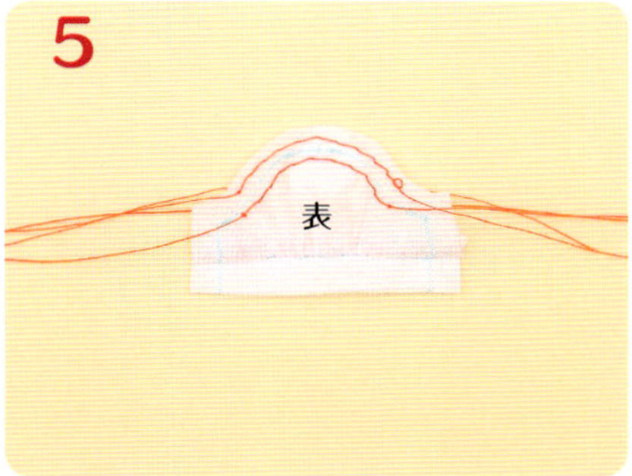

カフスを下に倒し、アイロンで形を整える。

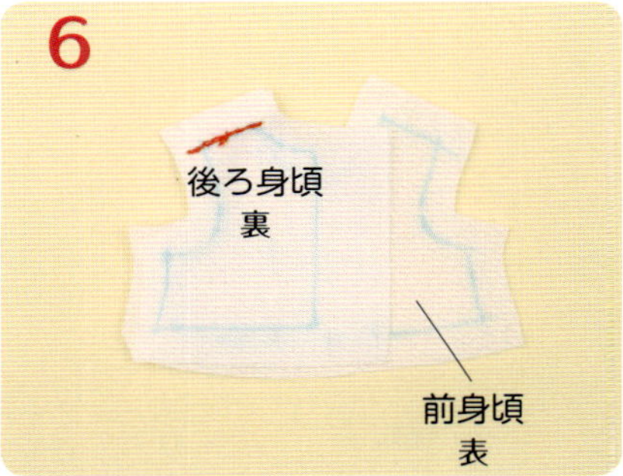

前身頃、後ろ身頃の肩を中表に合わせて縫い、縫い代をアイロンで割る。左右同様につける。

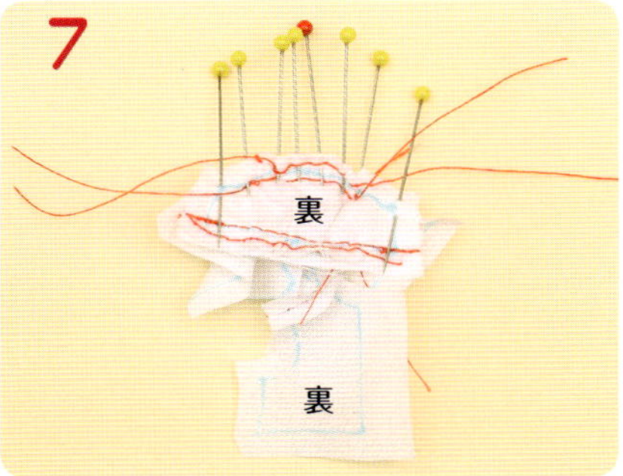

袖にギャザーを寄せ、身頃と袖を中表に合わせる。待ち針で留めて縫う。ギャザー用のミシンをほどく。

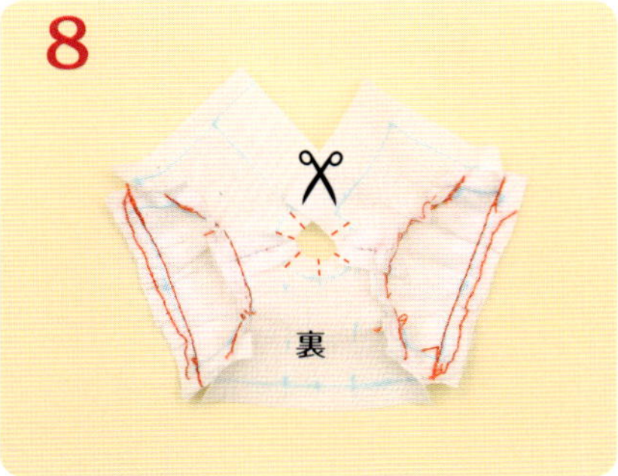

両袖を縫ったところ。襟ぐりの縫い代に切り込みを入れる。

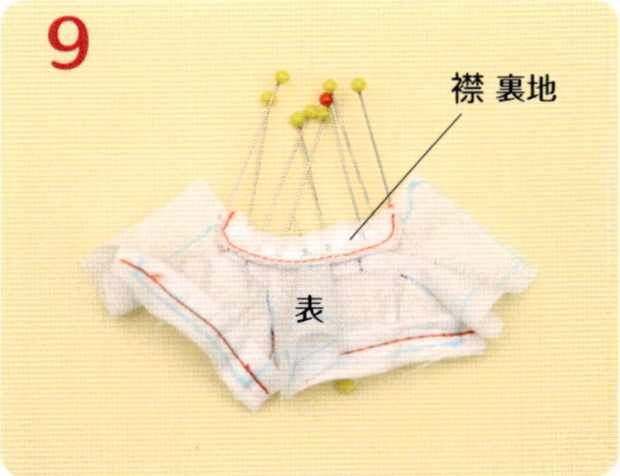

襟をつける。襟と身頃を中表に合わせ、待ち針で留めて縫う。

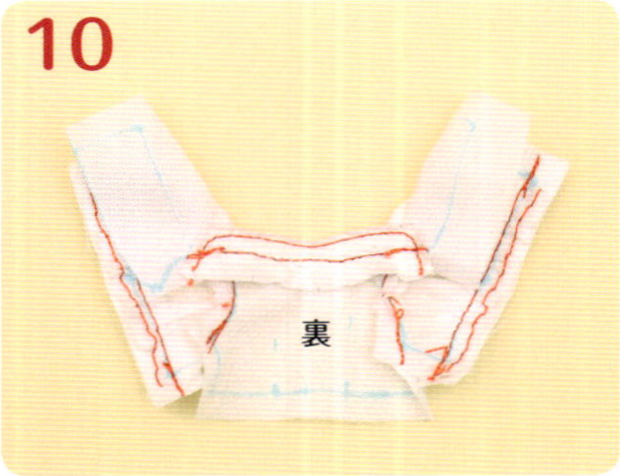

縫えたところ。

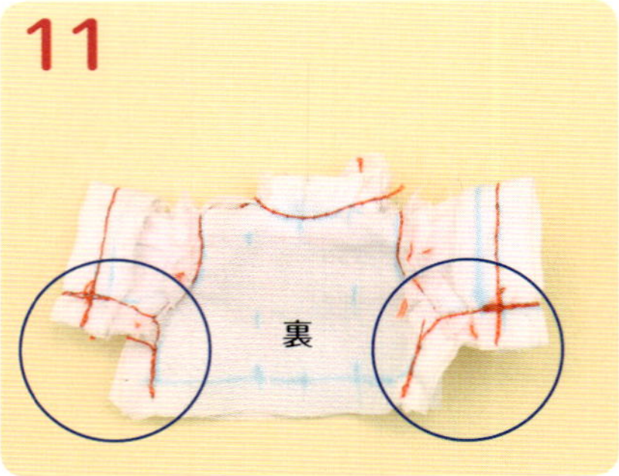

身頃を中表に合わせ、脇と袖下を縫う。

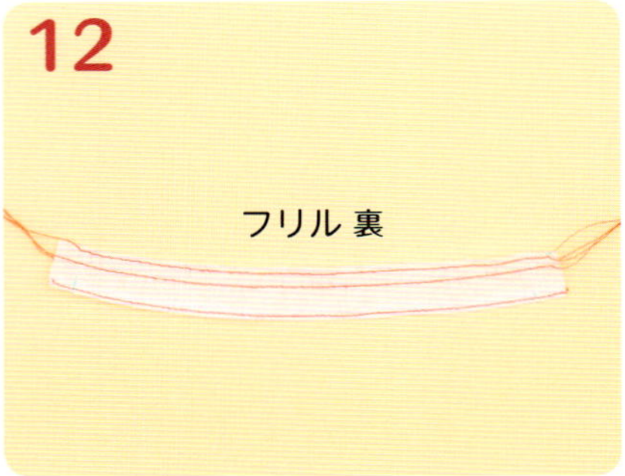

スカートを作る。フリルの裾を仕上がり線に合わせて折り、ミシンで縫う。上にギャザー用のミシンを２本入れる。

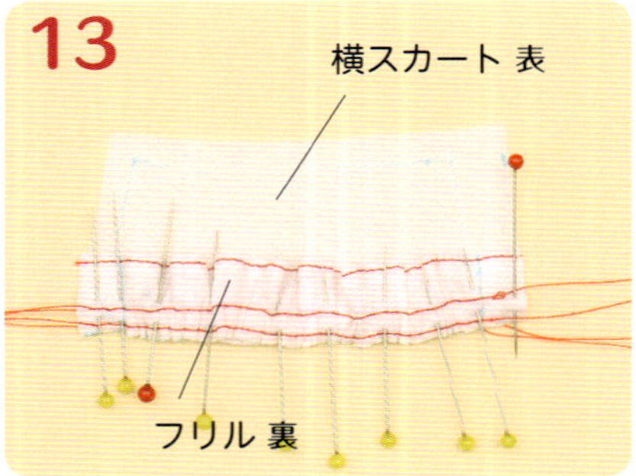

フリルにギャザーを寄せ、スカートと中表に合わせて待ち針で留めて縫う。

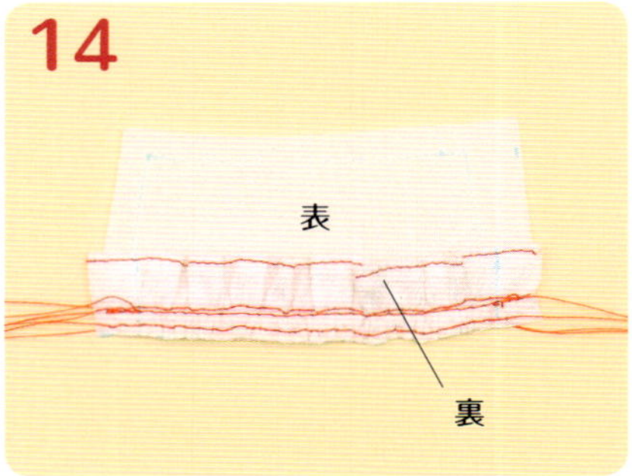

縫えたところ。ギャザー用のミシンをほどく。

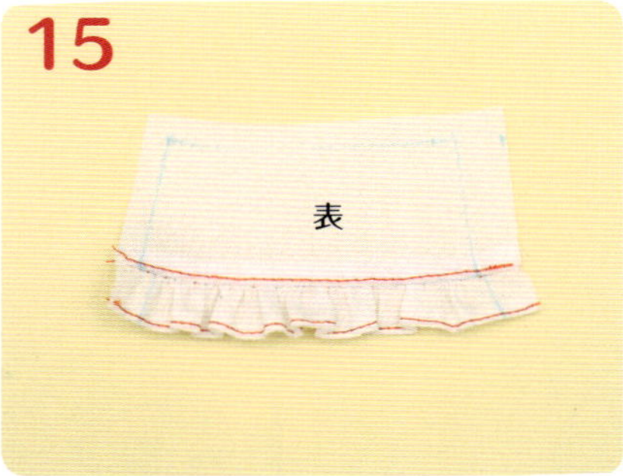

フリルを下に倒し、表からスカートのきわに押さえミシンをかける。左右同様に作る。

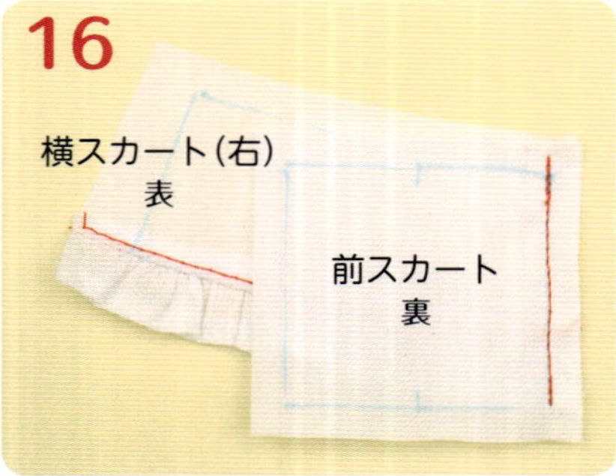

フリルのついた脇側のスカートと前部分のスカートを、中表に合わせて縫う。

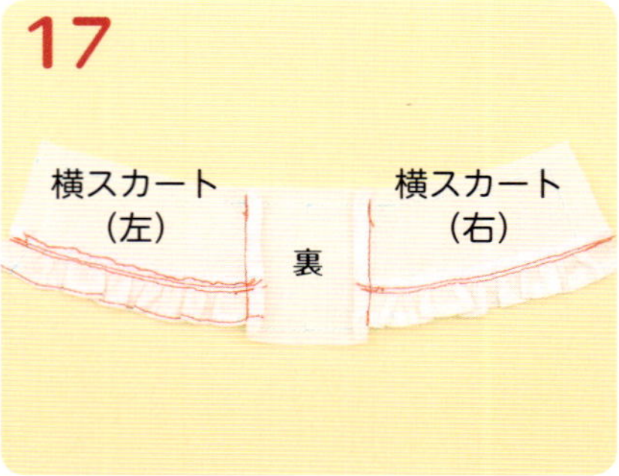

左右同様に縫い合わせたところ。

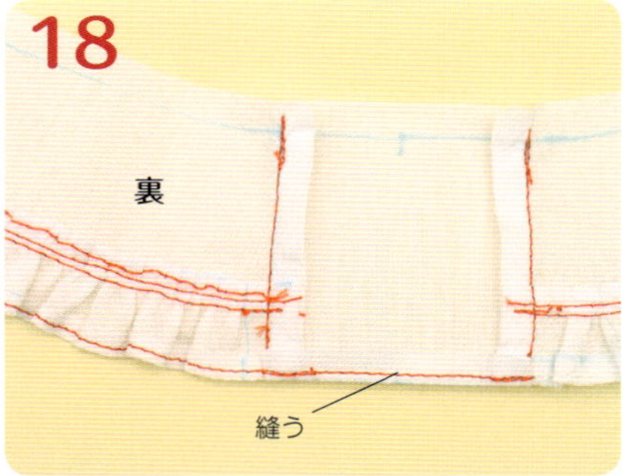

前部分のスカートの裾を仕上がり線に合わせて折り、縫う。

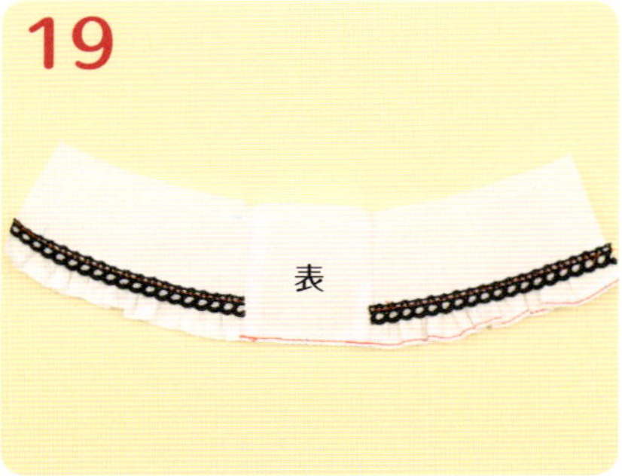

スカートとフリルの境目に、レースを縫いつける。

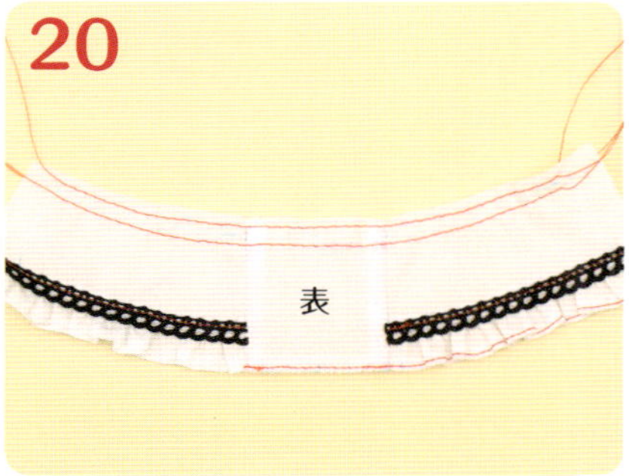

上部に、ギャザー用のミシンを２本入れる。

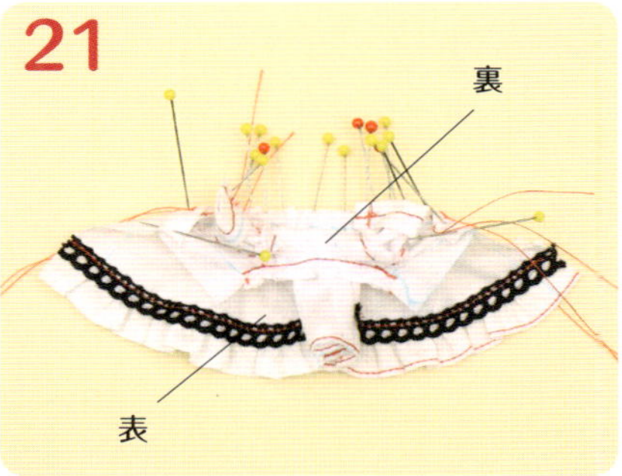

スカートにギャザーを寄せ、身頃と中表に合わせて待ち針で留めて縫う。

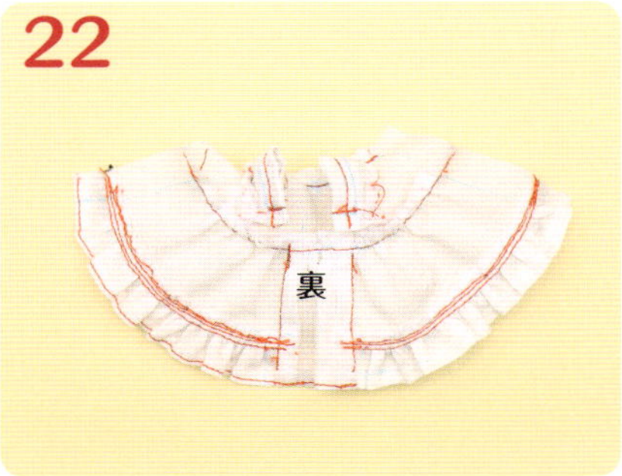

縫えたところ。ギャザー用のミシンをほどく。スカートの縫い代を身頃側に倒す。

身頃のきわに表から押さえミシンをかける。

袖を表に返し、襟ぐりに押さえミシンをかける。

前身頃とスカートに、レースを待ち針で留める。立体的な部分なので、ミシンではなく手縫いでつける。

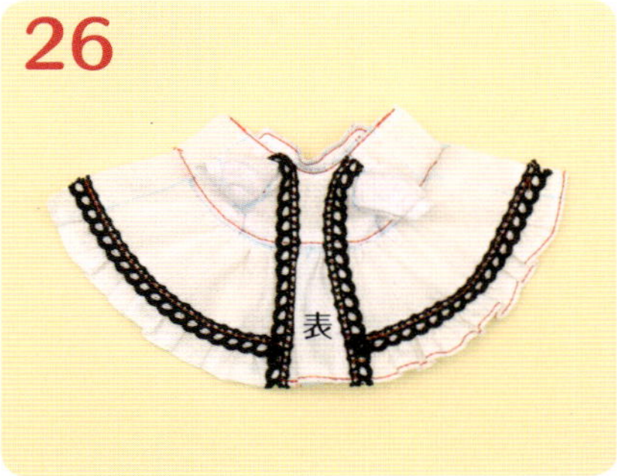

左右同様に縫いつけたところ。

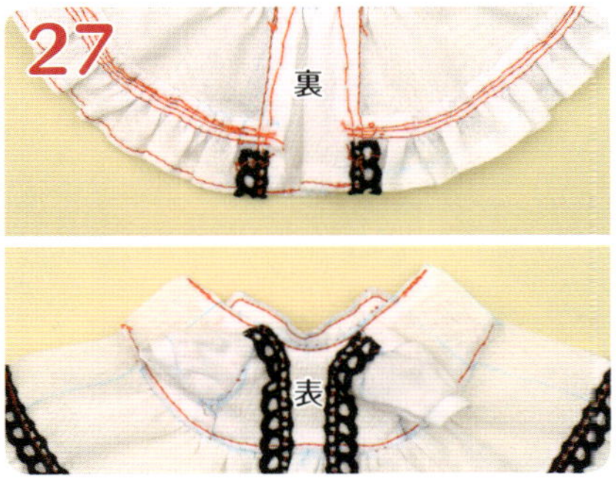

裾にはみ出したレースは裏側に折り、手縫いで留める。肩側のレースは、前後の身頃を縫い合わせたはぎ目に合わせてカットする。

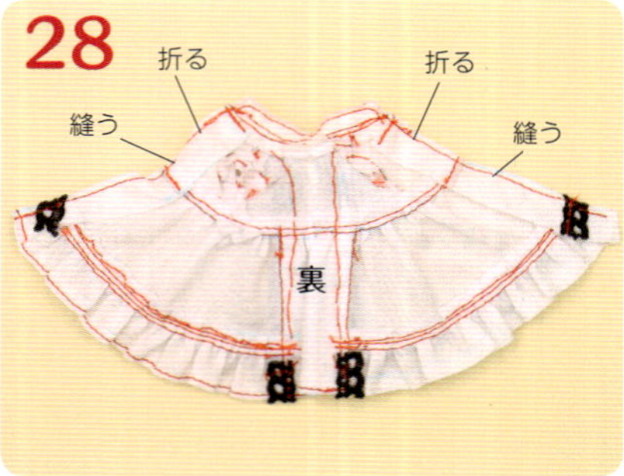

後ろ身頃の両端を仕上がり線に合わせて折り、端を縫う。

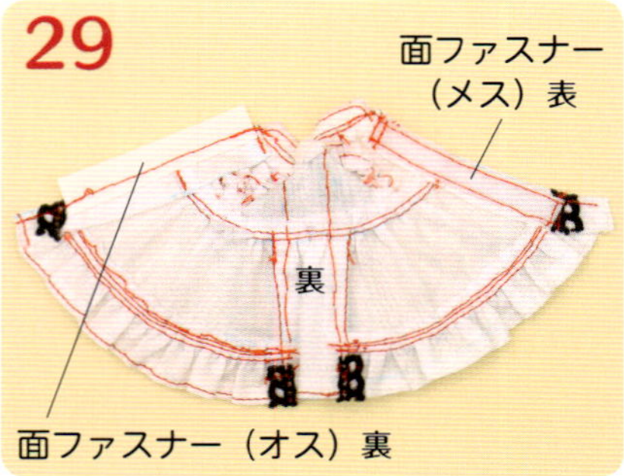

写真のように面ファスナーをつける。

前身頃のレースの穴に、サテンリボンを交互に通す。

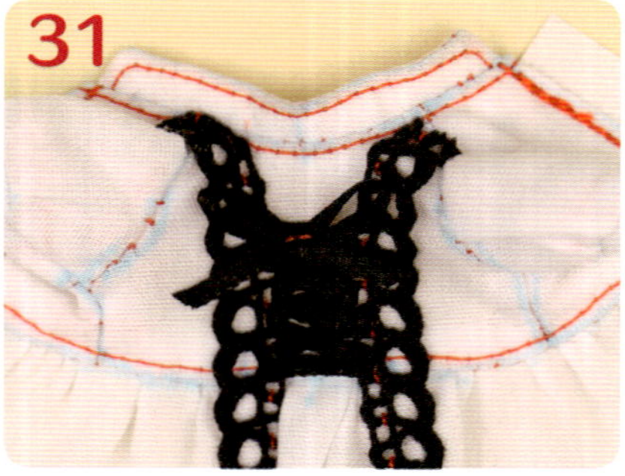

ちょうどいい位置で蝶結びをし、手縫いで縫い留める。

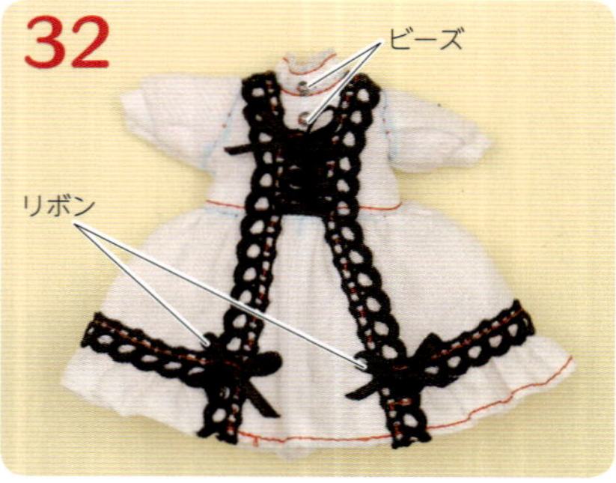

裾にも蝶結びのリボン、前身頃にビーズをつけて、完成。

point スタイルを良く見せるには？

ウエストにくびれの少ない、ねんどろいどどーる体型。このワンピースではウエストがあるように見せるため、レースのつけ位置を工夫しています。前身頃のレースは、ウエスト付近で前スカートの縫い合わせ位置よりかなり中心側に寄せてつけています。中心を細く、Xの字を描くイメージです。

ドロワーズを作る

裾にレースを縫い付ける。

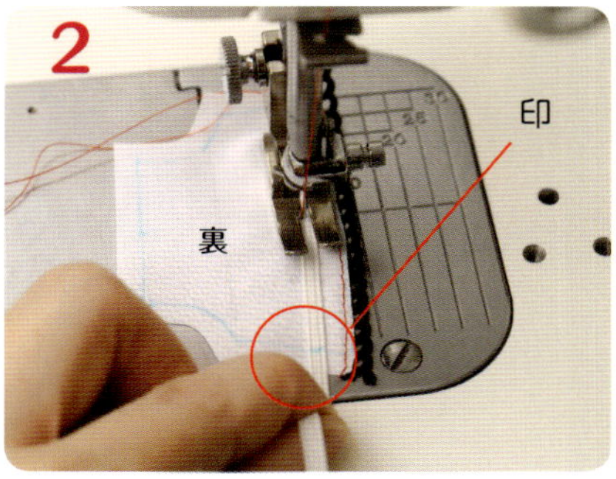

ゴムを縫い付ける。縫い始める所から長さ 4㎝のところに印をつけ、仕上がり線の位置に印を合わせ、引っ張りながら縫う。

縫い終わったところ。左右同様に行う。

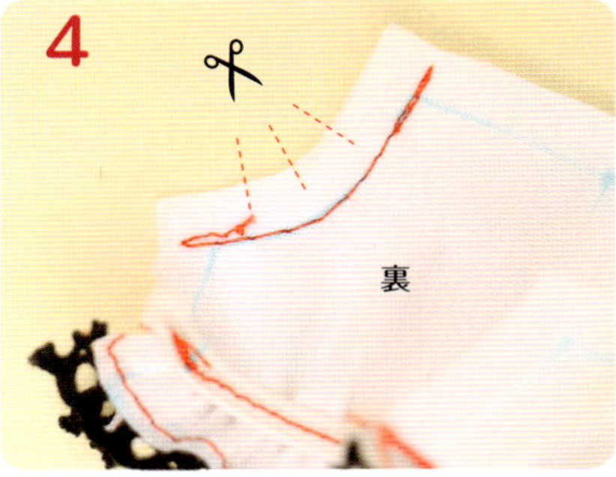

左右のパンツを中表に合わせ、片方の股上を縫う。股上に切り込みを入れておく。

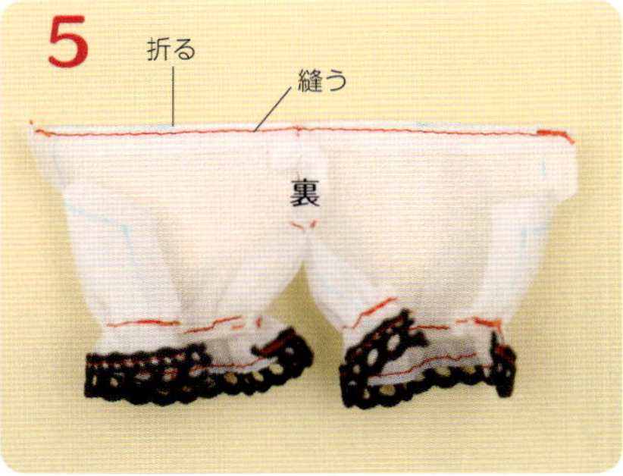

4 を開き、ウエストを仕上がり線に合わせて折り、縫う。

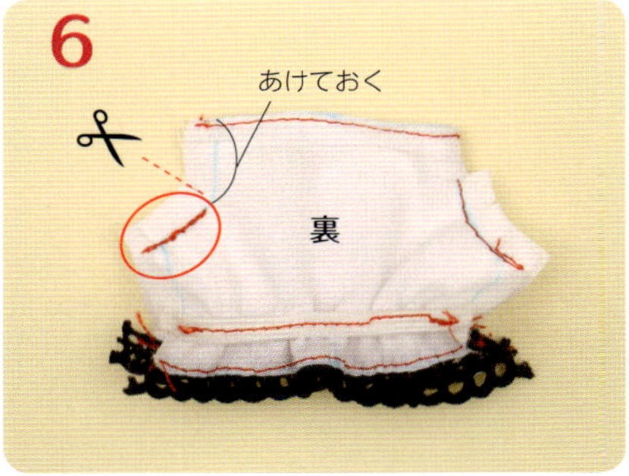

中表に合わせ、もう片方の股上を縫う。このとき、面ファスナーの付け位置を 1 ㎝あけておく。切り込みを入れる。

6 を開いて股下を中表に合わせ、股下を縫う。

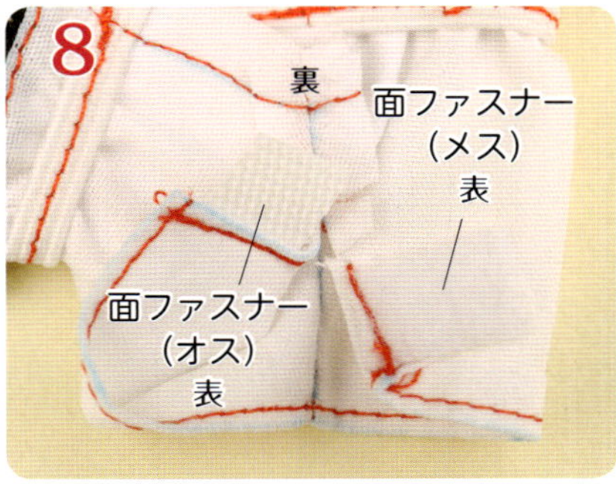

面ファスナーを写真のようにつける。

表に返して、完成。

靴下を作る

セーラー服 ー Boy ーの「靴下を作る」1～3（p.43）と同様。

7 巫女

Photo → p.10
型紙 → p.110

白い上衣に赤い袴の正統派巫女さんスタイルです。着物は直線縫いが多いので初心者の方におすすめです。手縫いで作業する部分も多いので、ゆっくりていねいに進めましょう。袴のひだは、型紙を合わせながらしっかり折り目をつけてください。

長じゅばん襟

上衣

Back

Back

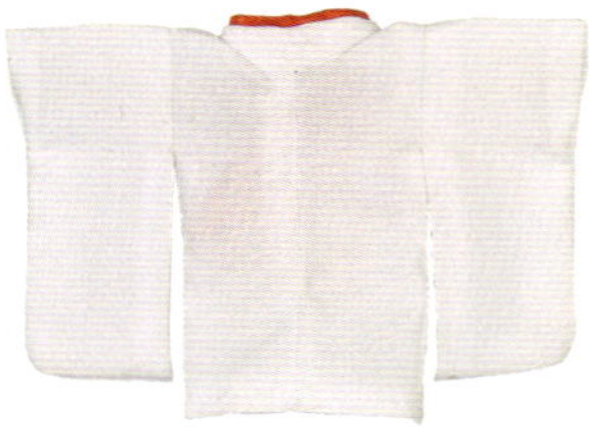

緋袴

材料

上衣

- 綿ブロード…25×20㎝
- シーチング（赤い伊達襟用）…15×２㎝

長じゅばん襟

- 綿ブロード…８×2.5㎝

緋袴

- シーチング…34×20㎝
- 刺繍糸（白）…適量
- ５㎜幅スナップボタン…１組

上衣、長じゅばん襟を作る

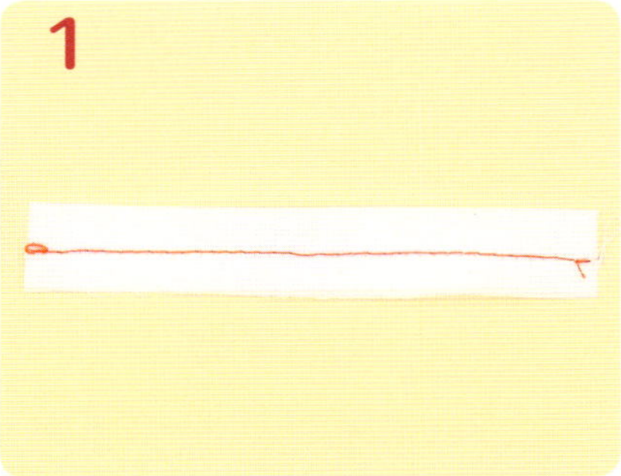

長じゅばん襟を作る。生地を半分に折り、中央をミシンで縫う。上衣に縫い付ける赤い伊達襟も同様に作る。

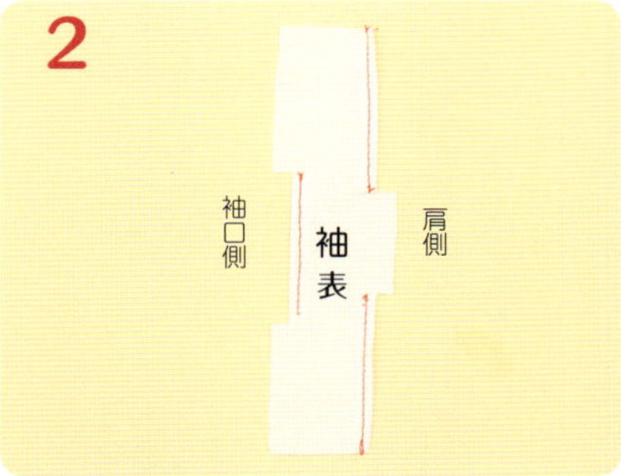

袖を作る。袖口側、肩側にそれぞれ 0.5cmの切り込みを入れる。内側に折り込み、縫う。左右対称に、反対側の袖も作る。

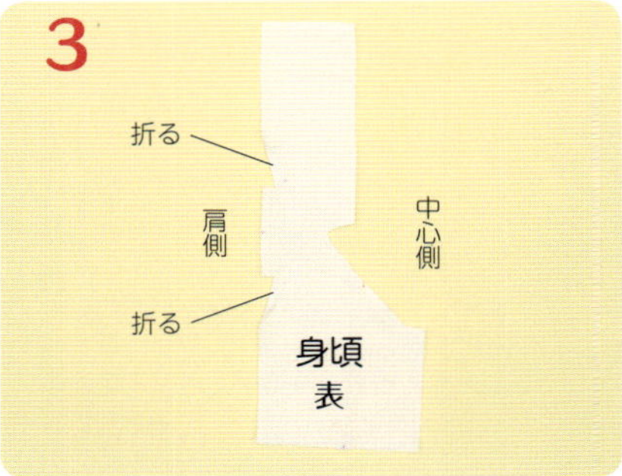

身頃を作る。肩側に 0.5cmの切り込みを入れ、写真のように斜めに内側に折り込み、布用接着剤でとめる。左右対称に、反対側の身頃も作る。

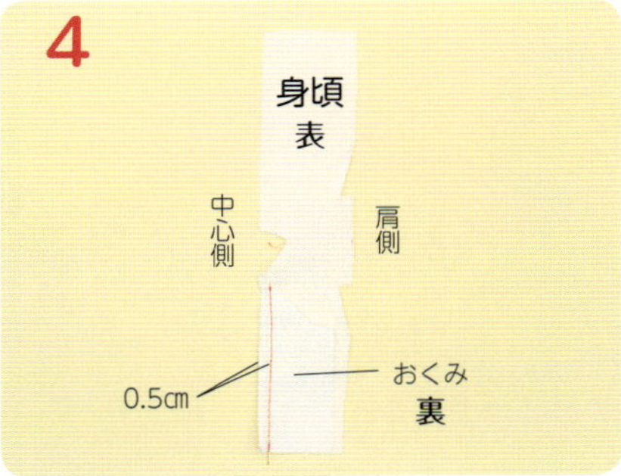

身頃のおくみを作る。型紙で指定されているおくみの折り線で表に向かって谷折りし、折ったところから 0.5cmの場所を縫う。

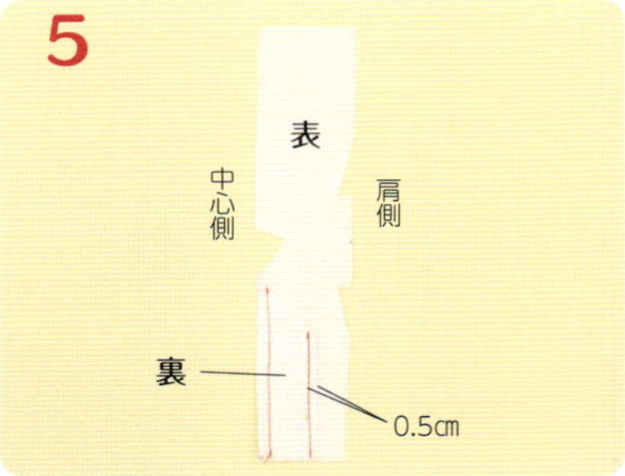

おくみの端を 0.5cm折り、縫う。

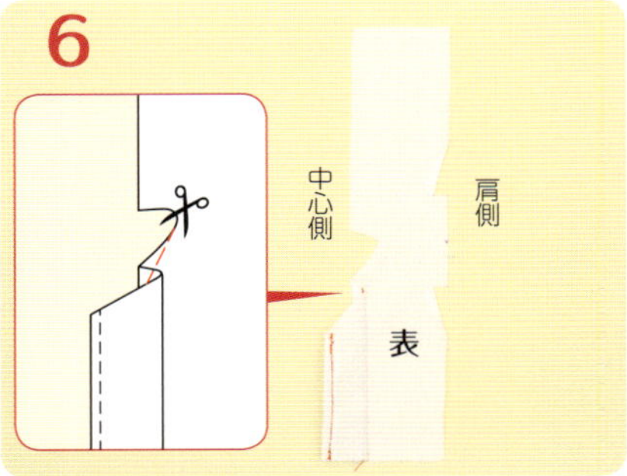

4で折ったところから反対側に倒し、アイロンで押さえる。おくみ上部を斜めにカットする。左右対称に、反対側の身頃のおくみも同様の工程で作る。

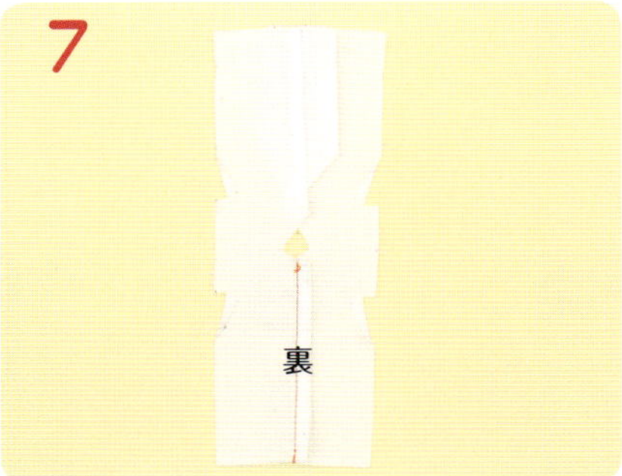

左右の身頃を中表に合わせ、背中の中心線を縫い、縫い代を片方に倒す。

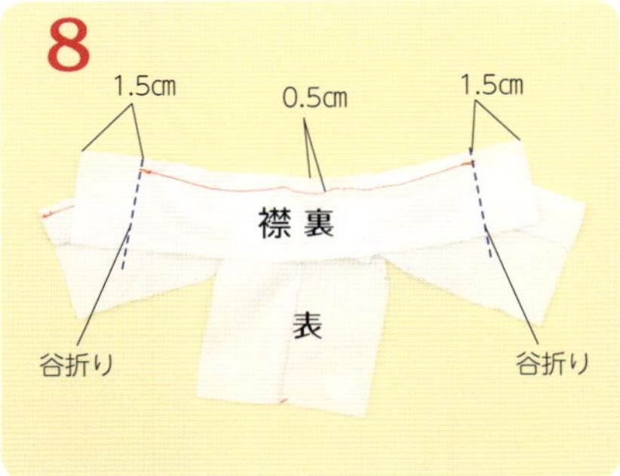

襟と身頃を中表に合わせ、細かく待ち針を打ち、襟ぐりから 0.5cmを縫う。両端は 1.5cm残しておき、内側に折る。

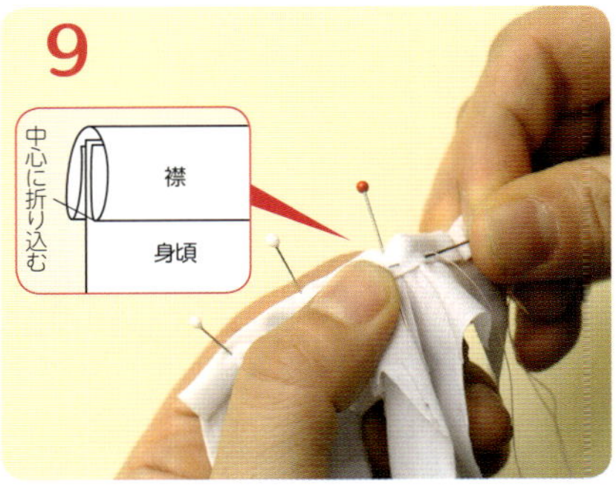

身頃の襟ぐりをくるむように襟をかぶせる。縫い代を内側に折り込み待ち針を打ち、手縫いで縫っていく。

縫い終わったところ。

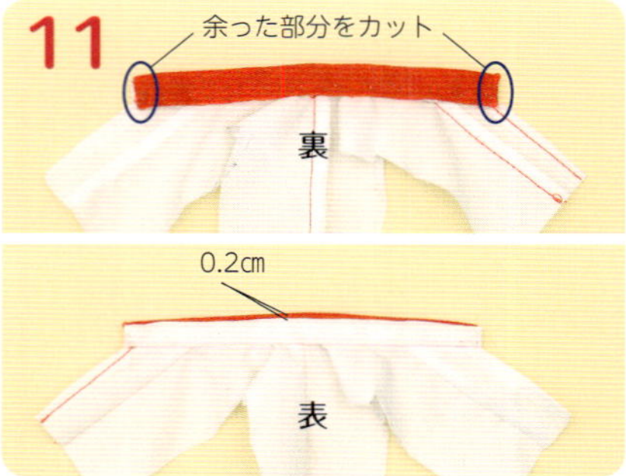

1で作った赤い伊達襟を、表に縫い目が出ないように手縫いでつける。端の余った部分はカットする。表から伊達襟が0.2㎝ほど見えるようにつける。

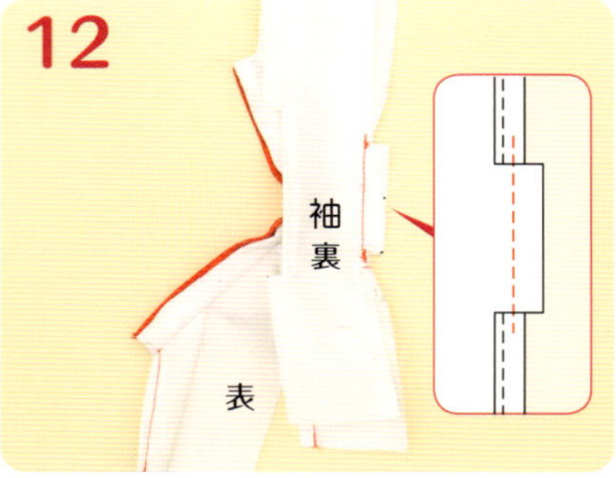

袖と身頃の肩部分を中表に合わせて縫う。このとき、2で縫った場所よりも0.1㎝ほど内側を縫う。

両肩を縫ったところ。

中表に身頃と袖を合わせ、脇、袖を縫う。このとき、2で縫った場所よりも0.1㎝ほど内側を縫う。袖の縫い代をカットする。

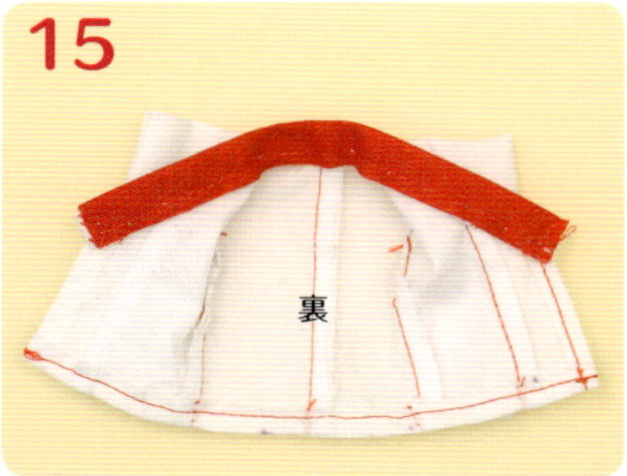

表に返し、裾を縫って完成。

緋袴を作る

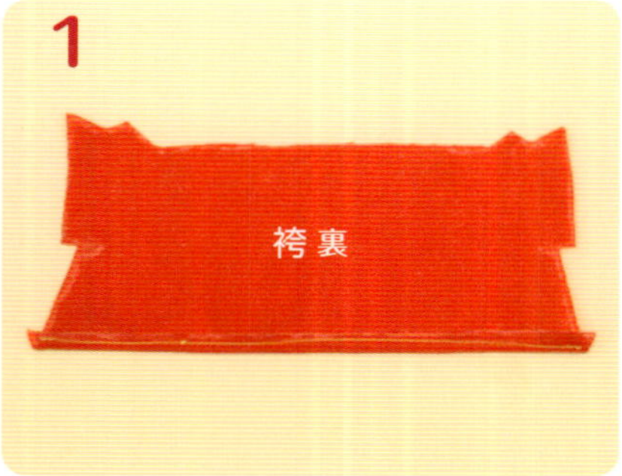

裾を仕上がり線に合わせて折り、縫う。

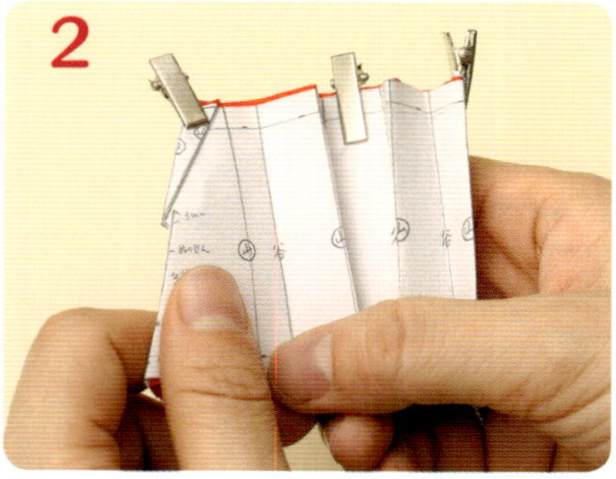

コピー紙などに写した型紙を切り取り、断裁した生地にクリップや待ち針などで留める。そのまま、指定された折り目をアイロンでつける。

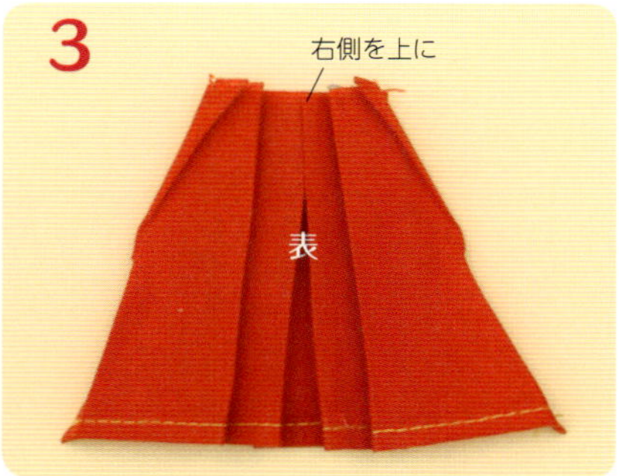

アイロンをかけたところ。左右の一番端を最初に折ると、全体にうまく折り目がつけられる。中心は右側が上になるように重ねる。

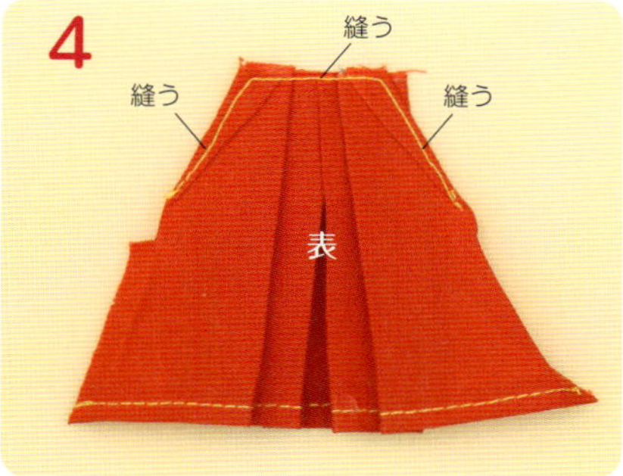

両端、上部分のきわを縫う。

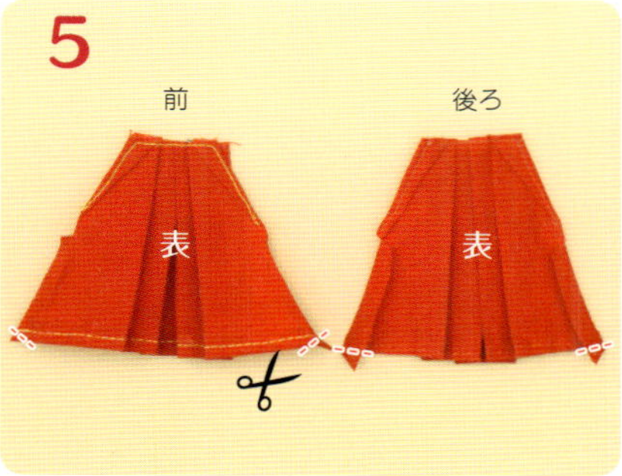

前後２枚、同様に作る。折ったときに、裾両端のはみだした部分はカットする。

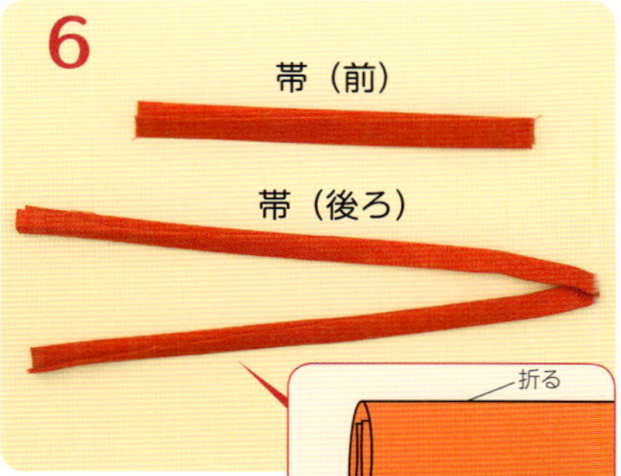

前後の帯を作る。
まず半分に折り、
さらに両脇から中央の内側に向けて半分に折り込む。アイロンで押さえる。

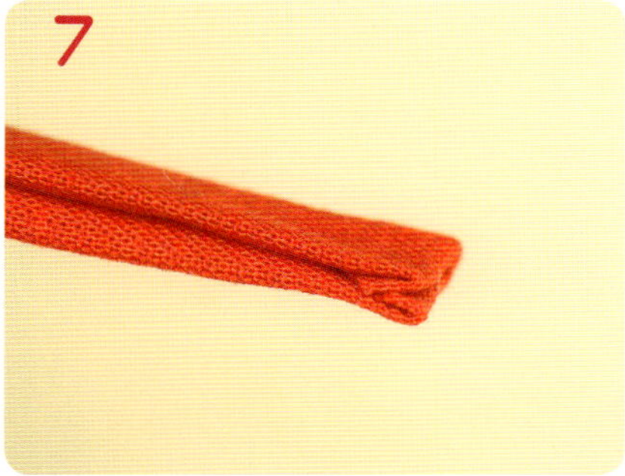

両端は写真のように折り込む。布用接着剤で留めておく。

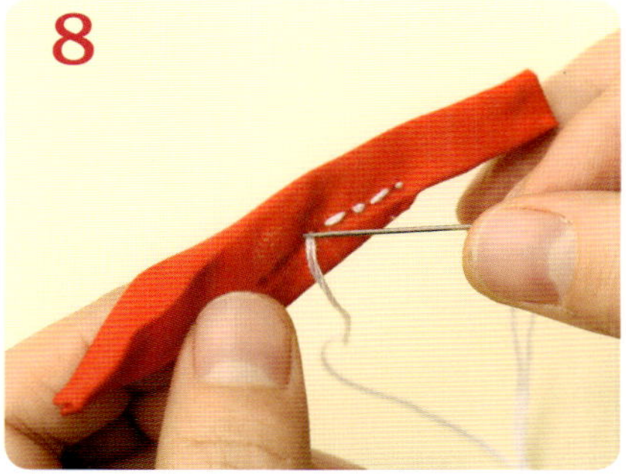

前側の帯に飾り紐を入れる。白色の刺繍糸６本どりで、表に見える部分に手縫いでステッチする。

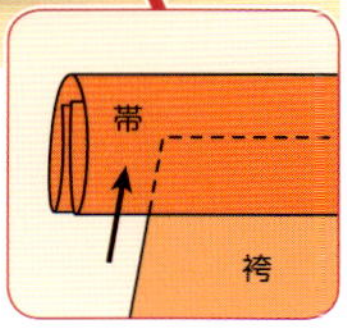

帯の中心と袴の中心を合わせ、帯の開いた部分を袴の上にかぶせる。コの字形に縫う。

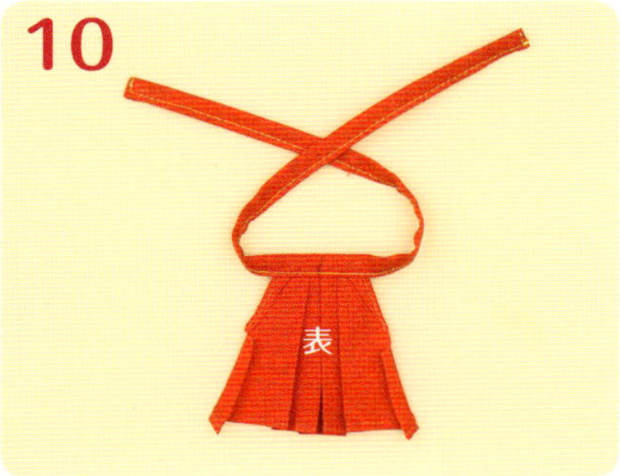

後ろの帯も同様に袴と合わせて縫う。

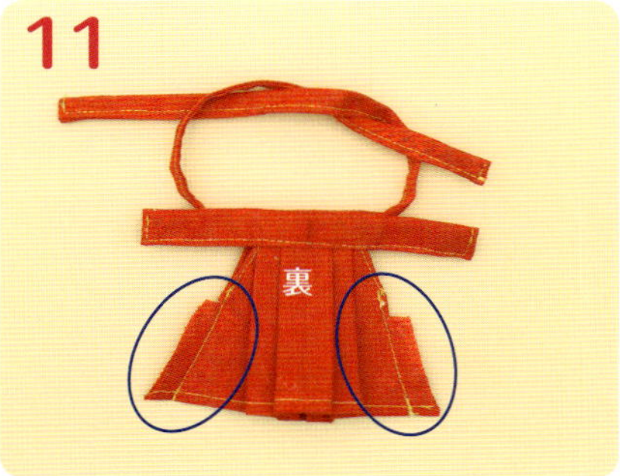

前後の袴を中表に合わせて、脇を縫う。このとき、4で縫った場所よりも0.1㎝ほど内側から縫い始める。

表に返し、前側の帯にスナップボタンを写真のように手縫いでつけて、完成。

8 着物 ―Boy―

Photo →p.10
型紙 →p.114

着流しスタイルの着物です。着物の場合、着物の柄と帯の柄のバランスを考えて生地を選ぶといいでしょう。どちらも、厚みの出ない薄い生地がおすすめです。通常、男性の場合は長じゅばん襟は使いませんが、今回は撮影に映えるように入れました。帯の結び目を、後ろの中心より少しずらすと雰囲気が出ます。

着物

Back

長じゅばん襟

帯

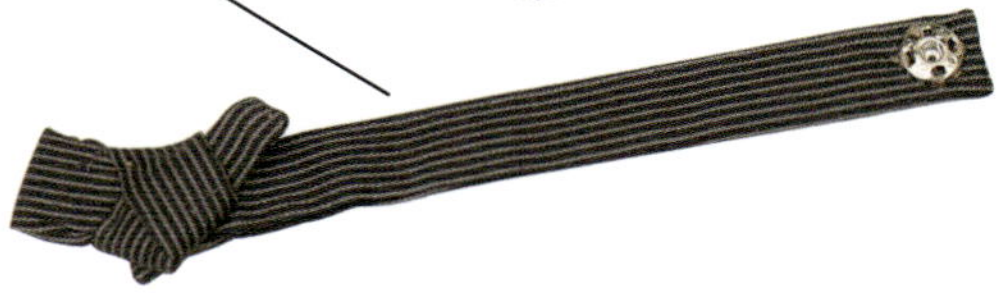

材料

着物
- シーチング（着物用）…30×20㎝
- シーチング（黒い伊達襟用）…16×２㎝

長じゅばん襟
- 綿ブロード…８×2.5㎝

帯
- 綿ブロード…15×10㎝
- ５㎜幅スナップボタン…１組

着つけ用腹まき
- フェルト…８×２㎝

着物、長じゅばん襟を作る

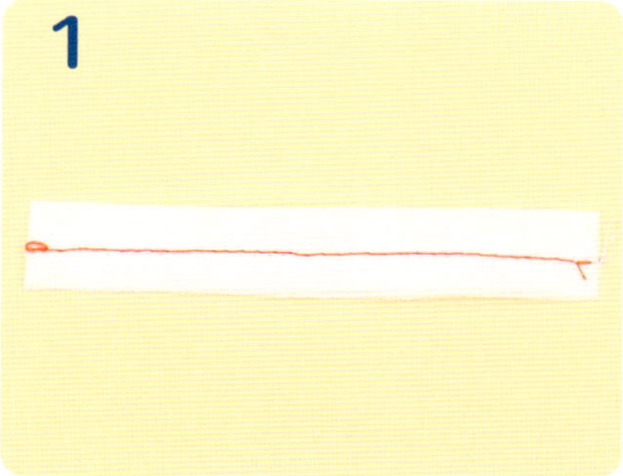

巫女の「上衣、長じゅばん襟を作る」1（p.59 参照）と同様に長じゅばん襟、黒い伊達襟を作る。

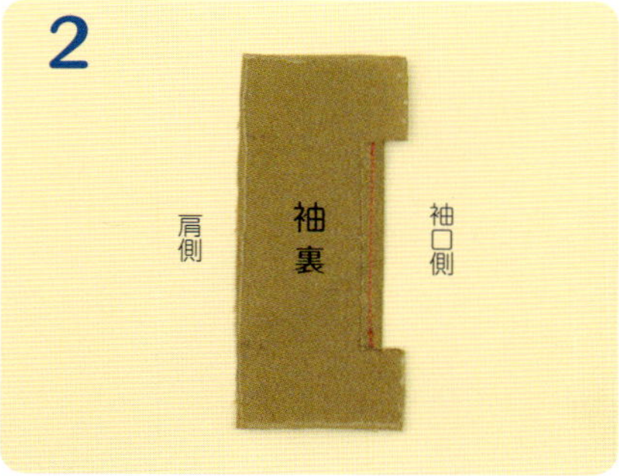

袖口を作る。袖口側の指定箇所に 0.5㎝切り込みを入れ、内側に折って縫う。左右対称に、反対側の袖も作る。

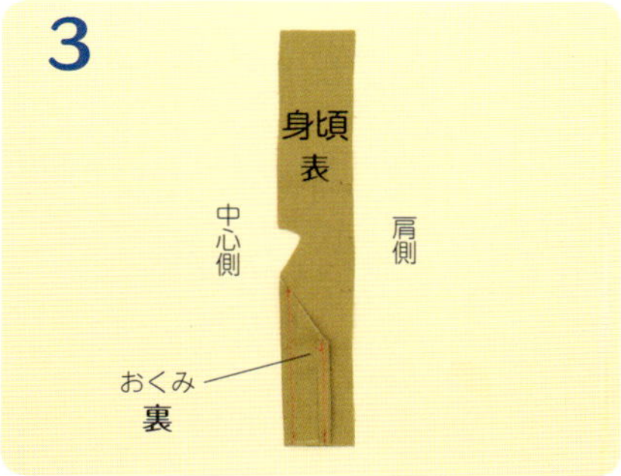

身頃のおくみを作る。**巫女**の「上衣を作る」4～6（p.59 参照）と同様。左右対称に、反対側の身頃も作る。

左右の身頃を中表に合わせ、背中の中心線を縫う。

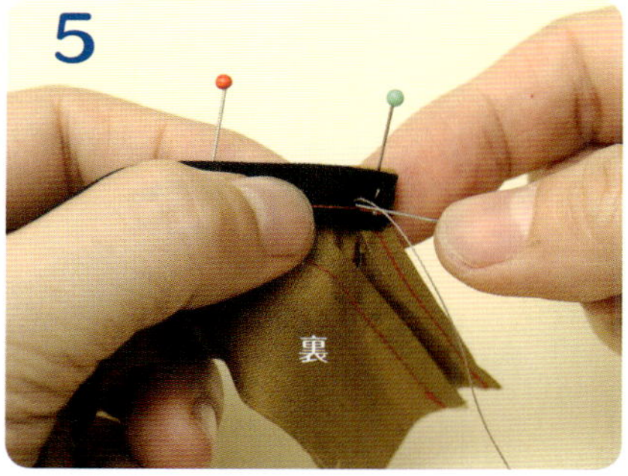

襟、黒い伊達襟をつける。**巫女**の「上衣を作る」8～11（p.59、p.60 参照）と同様。

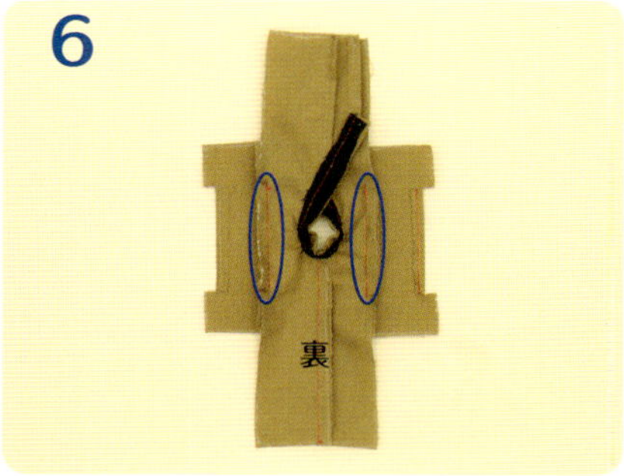

袖と身頃を中表に合わせ、両肩部分を縫う。

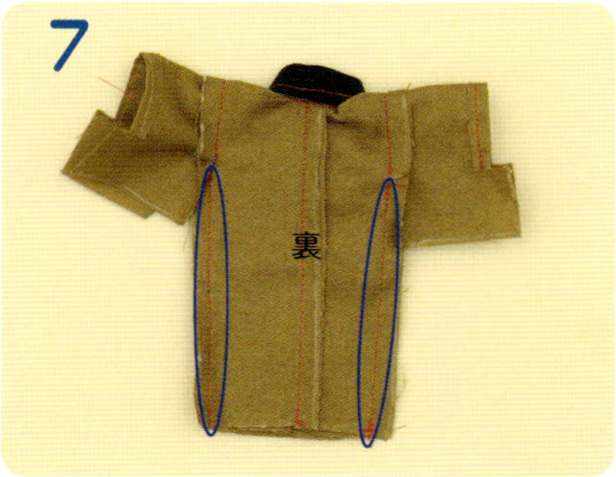

身頃と袖を中表に合わせ、脇を縫う。

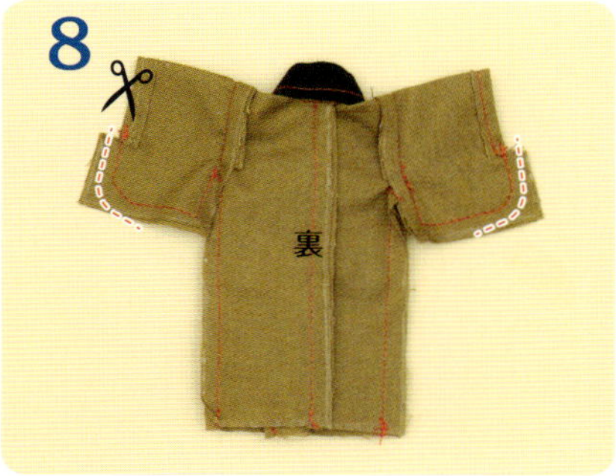

袖を縫う。縫い代を丸くカットする。このとき、2 で縫った場所より 0.1㎝ほど内側を縫う。（**巫女**の「上衣を作る」14と同様。男性の着物は脇まで続けて縫う。）

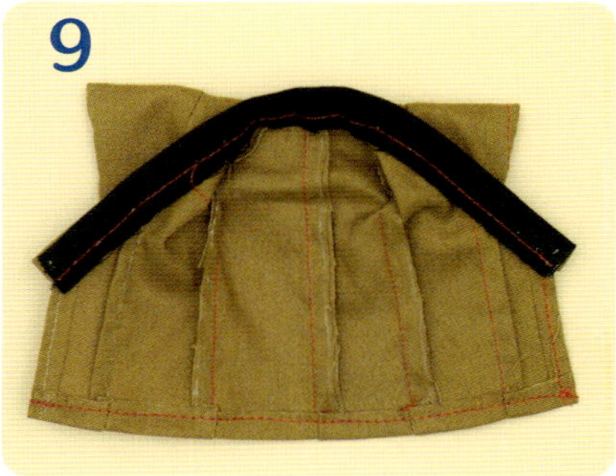

表に返し、裾を仕上がり線に合わせて折り、縫って完成。

✿ 帯を作る

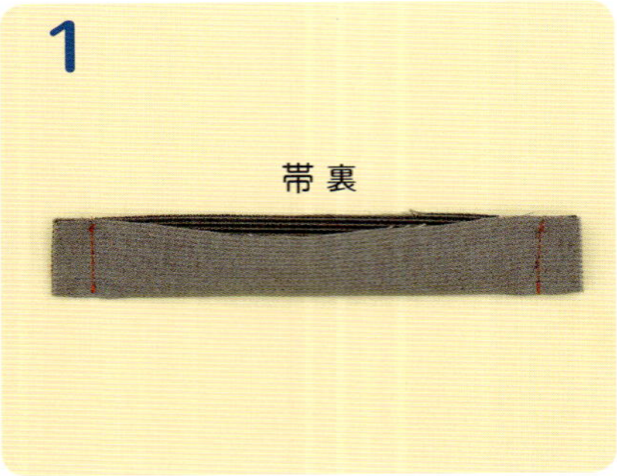

生地を半分に折り、両端をミシンで縫う。

表に返し、さらに両端を内側へ半分に折って折り込む。アイロンで押さえる。

開きを待ち針で留め、まつり縫いで縫い留める。

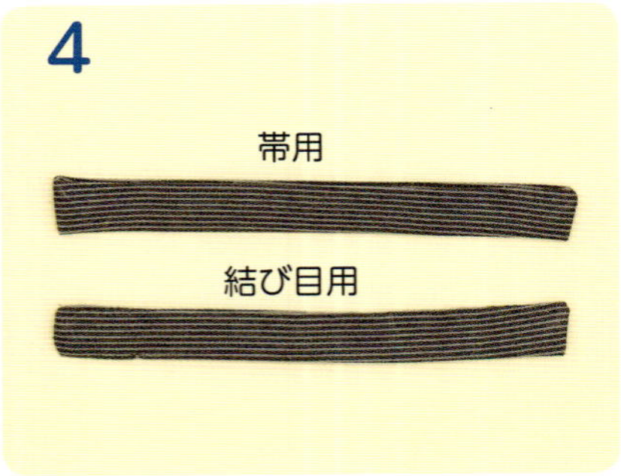

同じものを２つ作る。１つは結び目、もう１つは帯になる。

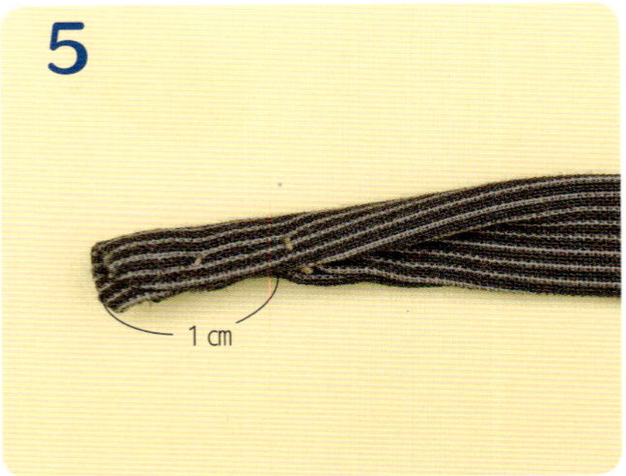

結び目を作る。縫い目を下に向け、左端から１㎝を半分に折って手縫いで留める。

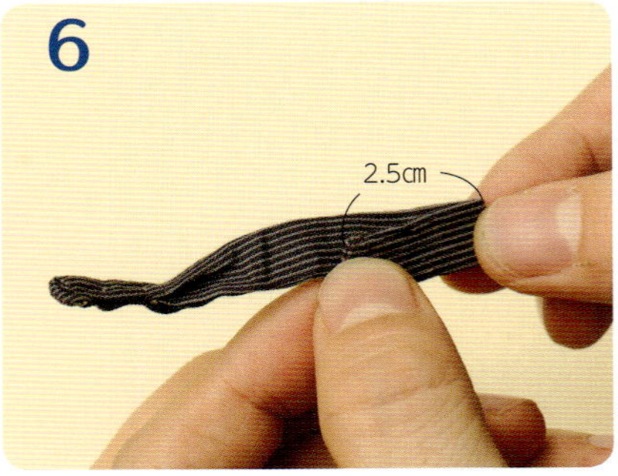

右端から 2.5㎝のところで折る。

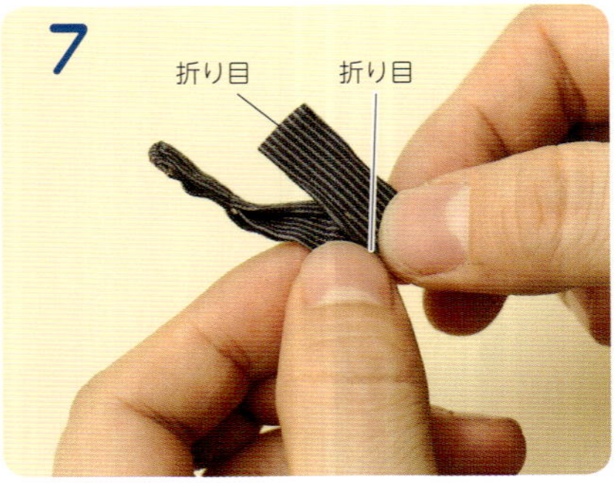

さらに斜め上に折る。

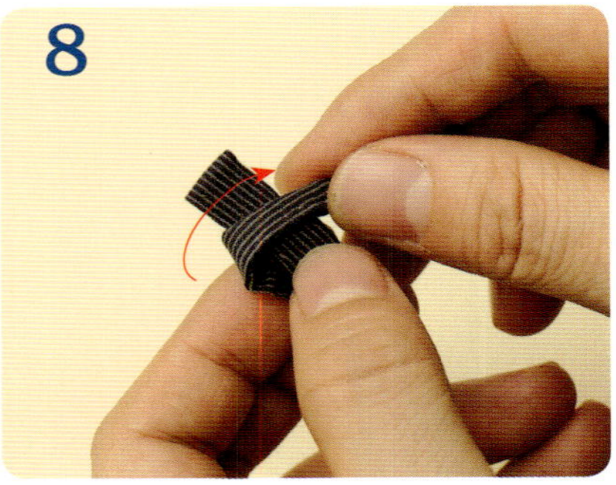

左側を上にかぶせる。端がずれないように、親指でしっかり押さえておく。

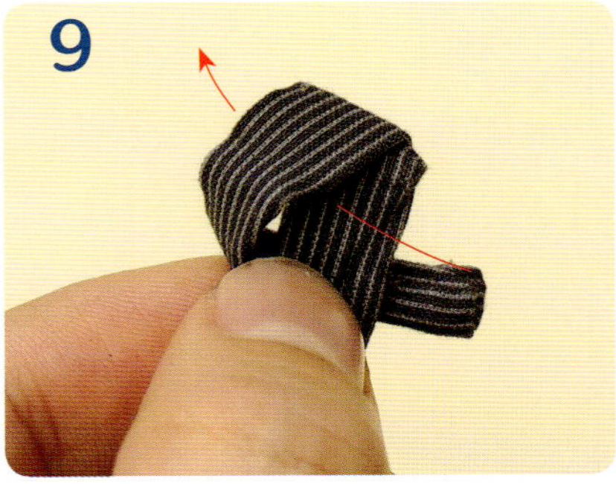

反対側に持ち替える。**8**でかぶせた細い部分を、輪に通して引きしめる。指でやりづらければ、ピンセットを使う。

10

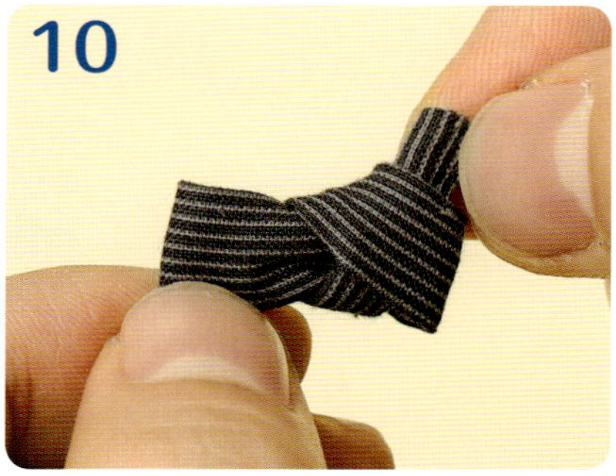

結び目がほどけないように手縫い、または布用接着剤で固定する。

11

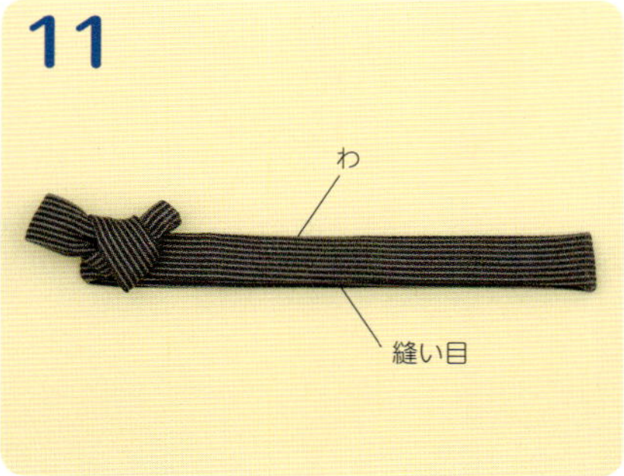

帯に結び目を手縫いでつける。男帯の場合、**3**で縫い留めた方が下にくるようにする。

12

スナップボタンを写真の位置に手縫いでつけて、完成。

point 着つけのコツ

男の子のボディに着物を着せるときは、内側にフェルトの腹まきを巻いてあげるときれいに着せることができます。巻末（p.115）に型紙がついています。

point 生地やパーツを替えてみる

帯は、幅1cmほどのチロリアンテープでも代用可能です。色々な柄があるので、お好みのものを探してみてください。また、女の子の帯（p.66）も、帯留めのパーツや生地を替えて楽しむことができます。

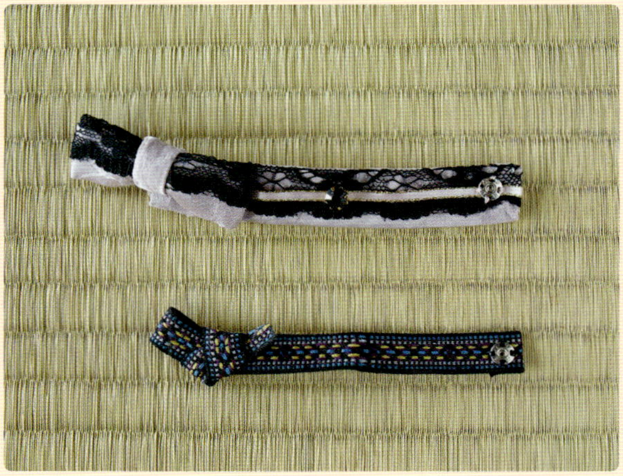

9 着物 ―Girl―

Photo →p.11
型紙 →p.116

薔薇柄とレースがついた帯の、華やかな振袖スタイルです。大ぶりな柄の生地を使うときは、柄の出る位置を考えながら裁断しましょう。帯に使うレースやリボン、帯留めパーツをアレンジするなどして、和のおしゃれが楽しめます。

材料

振袖
- 綿ブロード…30×30㎝
- シーチング(赤い伊達襟用)…15×２㎝
- ちりめん(袖の内側用)…12×８㎝

長じゅばん襟
- 綿ブロード…８×2.5㎝

帯
- サテン生地…25×15㎝
- ３㎝幅レース…10㎝
- ３㎜幅サテンリボン…12㎝
- ビーズ(台座つき)…1個
- スナップボタン…１組

※わかりやすいように布の色を変えています。

振袖、長じゅばん襟を作る

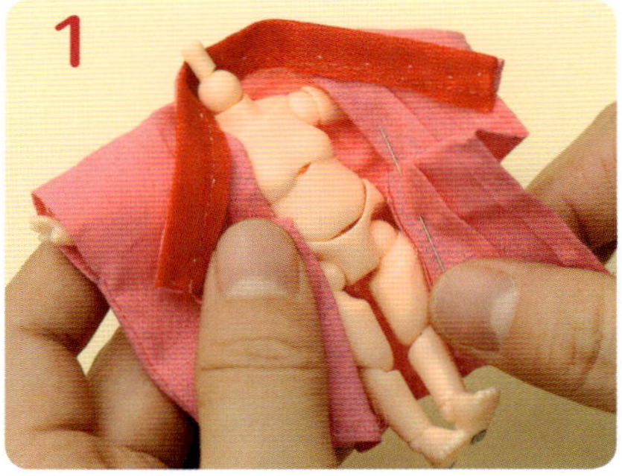

巫女の「上衣、長じゅばん襟を作る」(p.59、p.60 参照）と全て同様の工程で完成させる。ボディに着せながら、ちょうどいい位置でおはしょりを折る。

おはしょりをアイロンで押さえる。手縫いで留めてもよい。

袖の内側を作る。型紙通りにカットした生地を中表に合わせて半分に折り、上から 0.5㎝を縫う。

表に返し、さらに縦半分に内側へ折り込む。

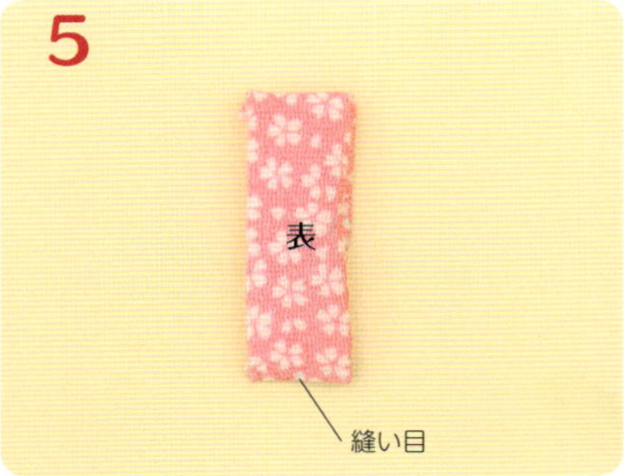

このような形になる。

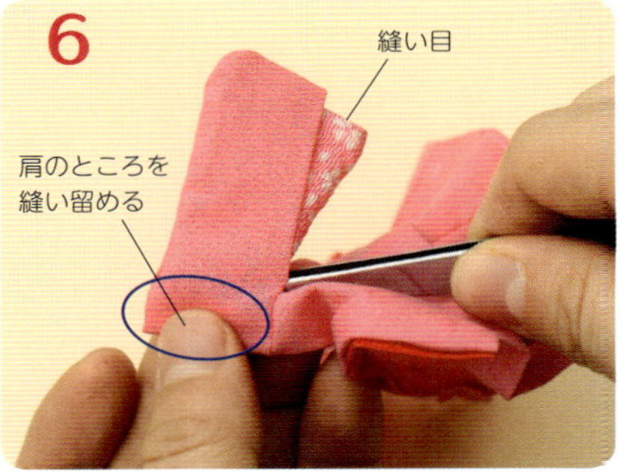

折り山が袖から 0.5㎝ほど見えるようにして振袖にピンセットなどで入れ込み、表に縫い目が出ないように手縫いで留める。

帯を作る

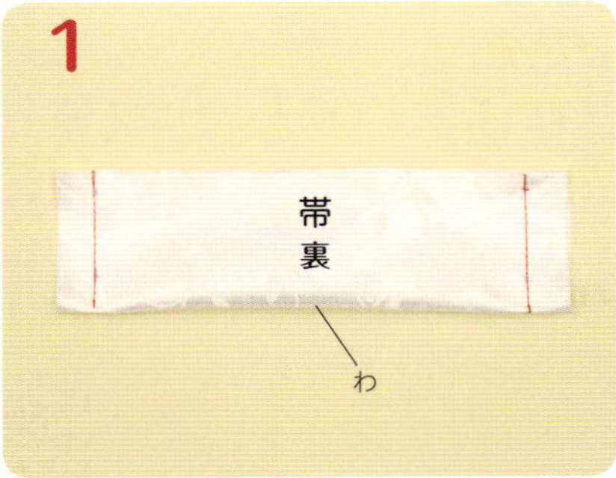

帯を中表に合わせて半分に折り、両端を縫う。

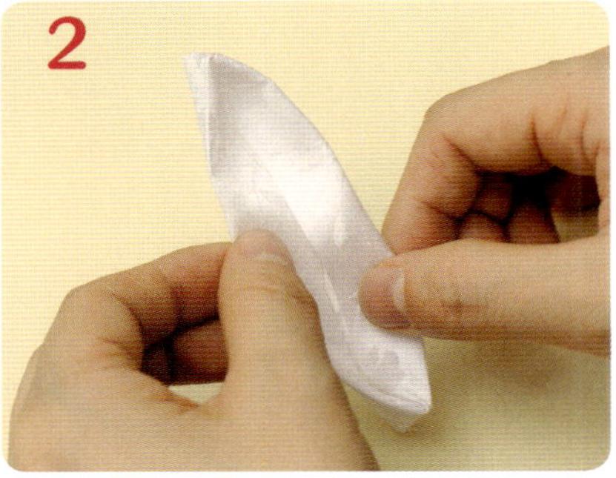

表に返し、さらに両端を半分に折って内側へ入れ込む。

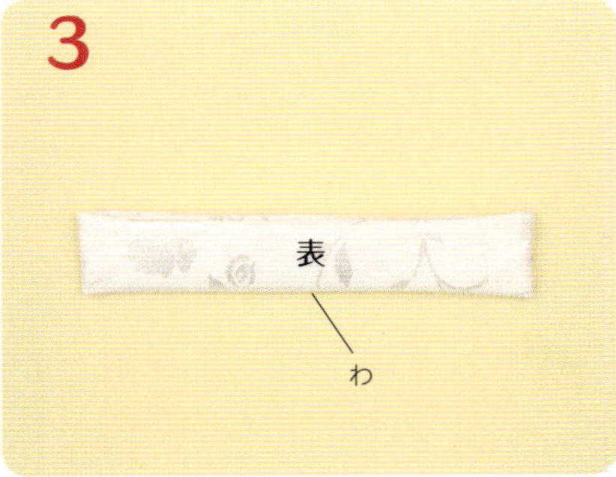

アイロンで形を整える。

4

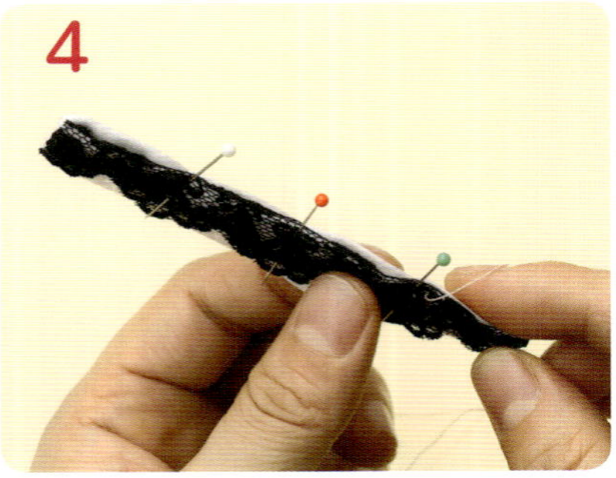

レースの端を帯の開きにはさみ込み、手縫いで閉じるように縫い留める。

5

同様のものを 2 つ作る。1 つは帯用、もう 1 つはリボン用になる。

6

リボンの中央の生地を三つ折りにし、アイロンで押さえる。

7

リボン用の帯を左右から中央に向けて折り、端を軽くまつってから 6 で作ったリボン中央の生地を巻いて手縫いで固定する。

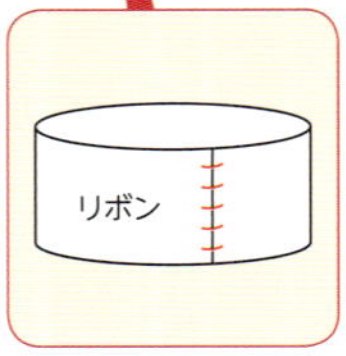

8

帯にリボンを手縫いでつける。帯留め用のサテンリボン、ビーズを布用接着剤または手縫いでつける。

9

スナップボタンを写真のようにつけて、完成。

流しまつり縫い

着物は手縫いで作業する部分が多く、表に縫い目が出ない縫い方をする必要がある箇所が多々あります。
表の縫い目が目立たないように縫える、「流しまつり縫い」を紹介します。

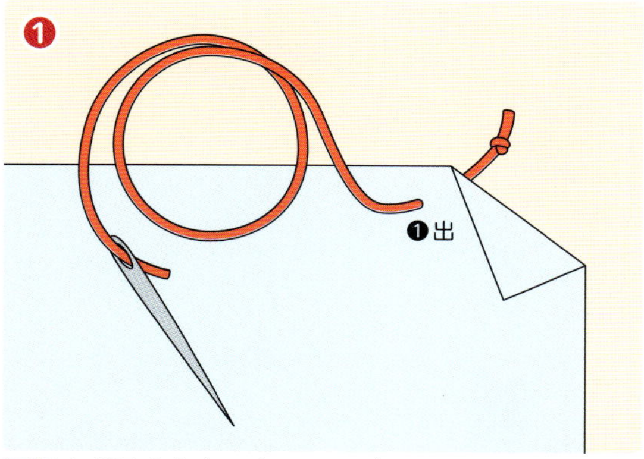

玉留めが目立たないところに来るようにして、裏側へ針を出します。

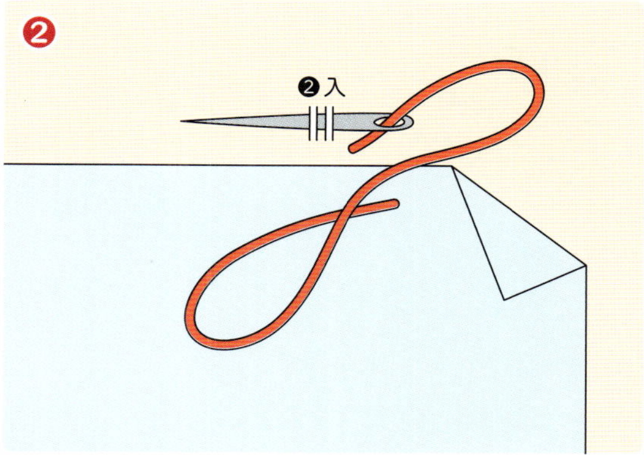

表地の織り糸を１、２本すくいます。

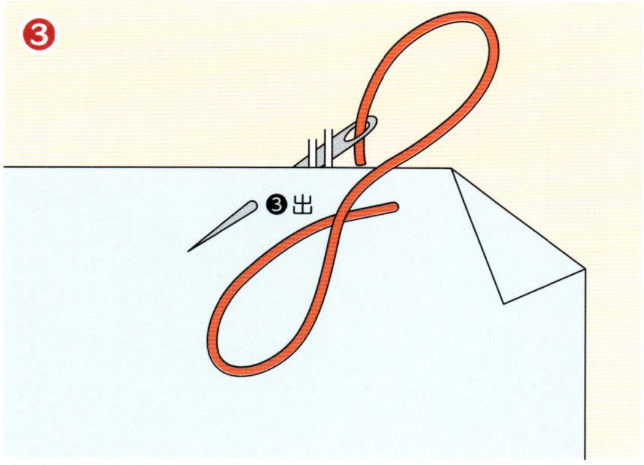

裏側へ針を出します。

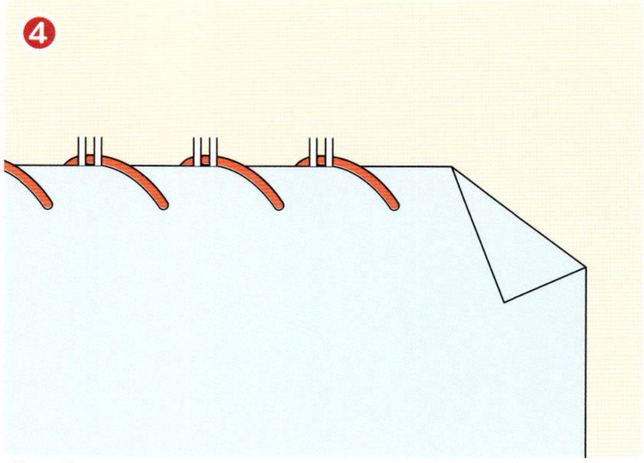

❷、❸を繰り返します。

デニムスタイル ―Boy―

Photo →p.13
型紙 →p.118

デニムの衣装は、ステッチの色を目立たせるとよりリアルな仕上がりに。パーツが多いですが、丁寧にやればそこまで難しくありません。ねんどろいどの頭にぴったりなキャップ帽も作れます。帽子とラグランTシャツの配色を変えても可愛いです。

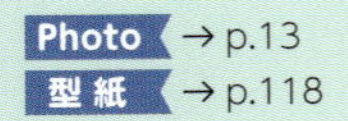

材料

オーバーオール
- デニム生地（6オンス）…20×20㎝
- 面ファスナー…0.8×2㎝
- 8㎜三角カン…2個
- 直径3㎜幅ボタン（足つき）…2個
- 2.5㎜ホットフィット…2個

ラグランTシャツ
- 天竺ニット（白）…15×10㎝
- 天竺ニット（黒）…13×10㎝
- 面ファスナー…0.8×3.5㎝

キャップ帽
- カツラギ生地（黒）…20×10㎝
- カツラギ生地（白）…8×7㎝
- 接着芯…1.5×16㎝
- 直径5㎜ボタン…1個

オーバーオールを作る

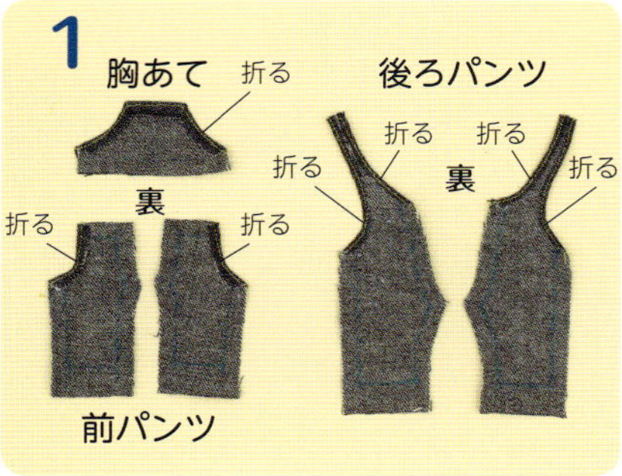

胸あて、パンツの前後のパーツを断裁し、布端を写真のように仕上がり線で折って縫う。

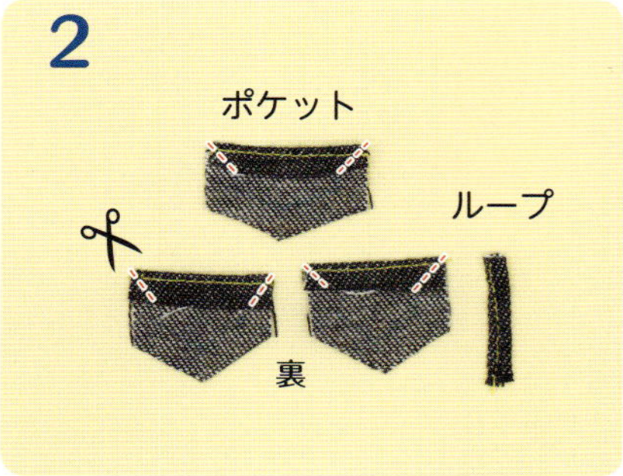

胸あてと後ろのポケット口を仕上がり線で折って縫う。縫い代の角をカットする。ループは端が内側になるように四つ折りにしてステッチを入れる。

前パンツを中表に合わせ、前股上を縫う。

縫い代を左側に倒し、左右に開く。パンツの前股上に押さえミシン、ステッチを入れる。

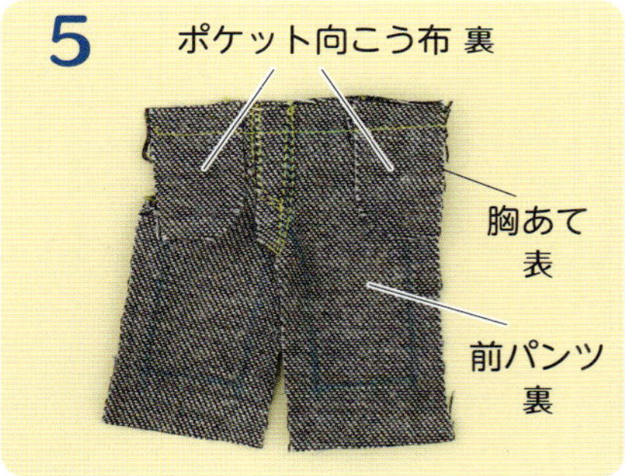

ポケット向こう布を前パンツのポケット位置に合わせ、胸あてと前パンツは中表に合わせて、ウエスト部分を一緒に縫う。

5を反対側から見たところ。

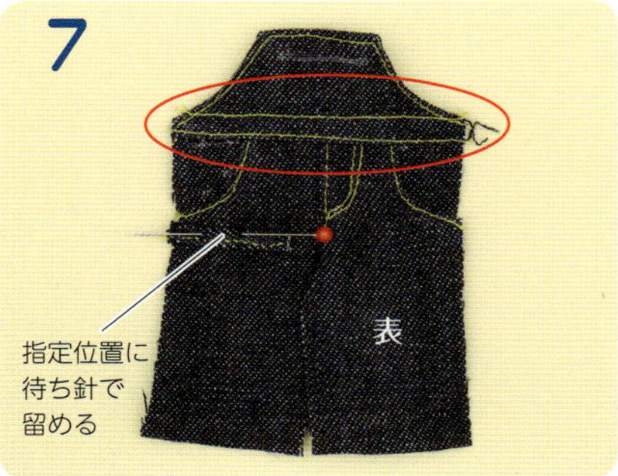

縫い代を下に倒し、胸あてを上げる。ウエストに押さえミシン、ステッチを入れる。ループを右パンツに待ち針で留める。

後ろパンツの左右を、7と中表に合わせて脇を縫う。

後ろパンツの縫い代のみ、半分にカットする（p.21 参照）。

後ろパンツを開き、アイロンで押さえ、押さえミシンをかける。

胸あてポケット、後ろパンツのポケットを縫いつける。仕上がり線で折り、アイロンで形をつける。布用接着剤で接着してからステッチを入れる。

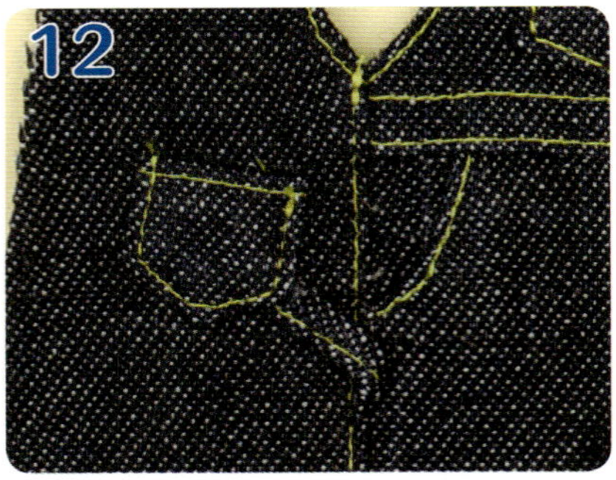

右パンツのループの端は右後ろのポケットの下に入れ込んで縫う。

写真のように面ファスナーをつける。後ろパンツの右側は、仕上がり線に合わせて内側に折っておく。

後ろパンツの股上を中表にして縫う。

パンツの裾を外側に三つ折りにし、股下を縫う。

15 で股下を縫うとき、縫い代を避けて縫う。(p.21 参照)

後ろパンツの肩紐に三角カンを手縫いでつける。今回使用したのは、三角カンをラジオペンチで曲げたもの。

ボタン、ホットフィットをつけて完成。

ラグランTシャツを作る

袖を作る。袖の裾を折り、縫う。もう片方も同様に作る。

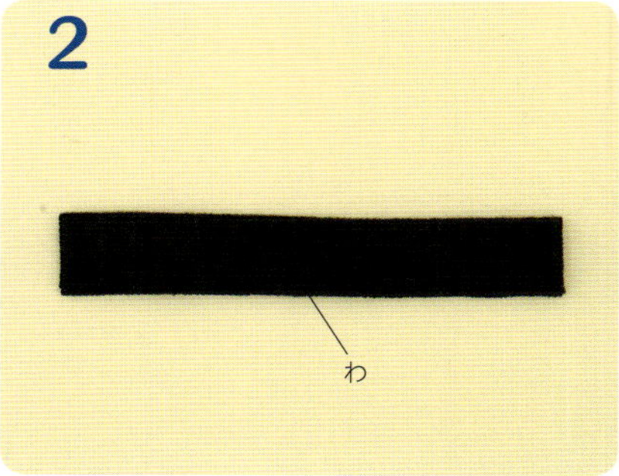

襟ぐりを二つ折りにし、アイロンで押さえておく。

前後の身頃、袖を中表に合わせて肩を縫う。縫い代をアイロンで割り、角をカットする。

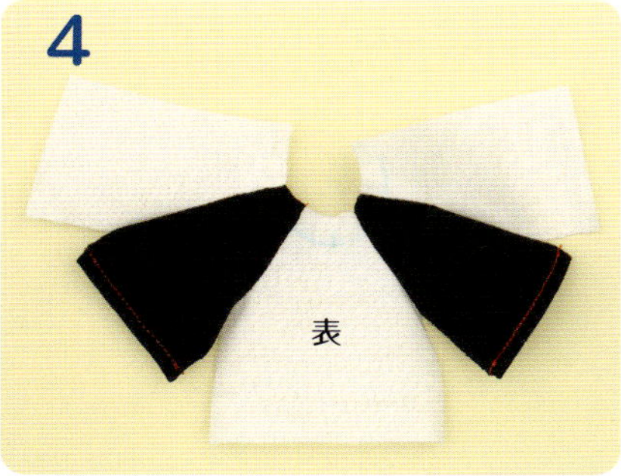

表から見たところ。

襟ぐりを身頃と袖に中表に合わせて縫う。

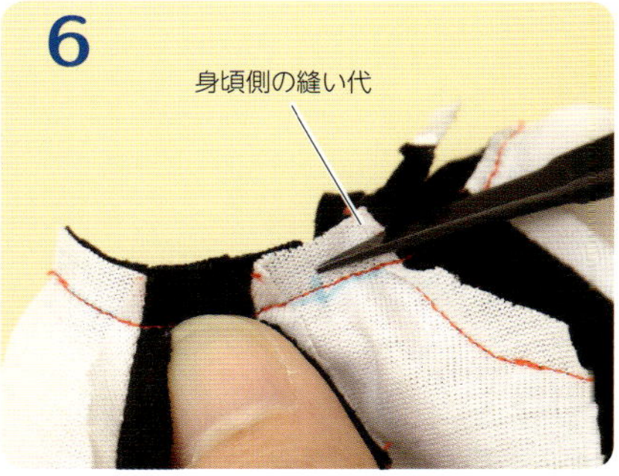

身頃側の縫い代のみ、半分にカットする。
(p.21 参照)

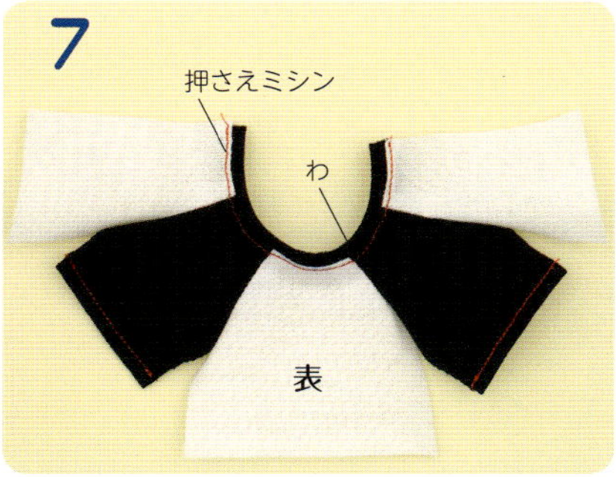

縫い代を身頃側に倒し、襟ぐりを上げる。表から押さえミシンをかける。

裏側から見たところ。縫い代に切り込みを入れる。

身頃を中表に合わせ、脇、袖下を縫う。

裾を折り、縫う。

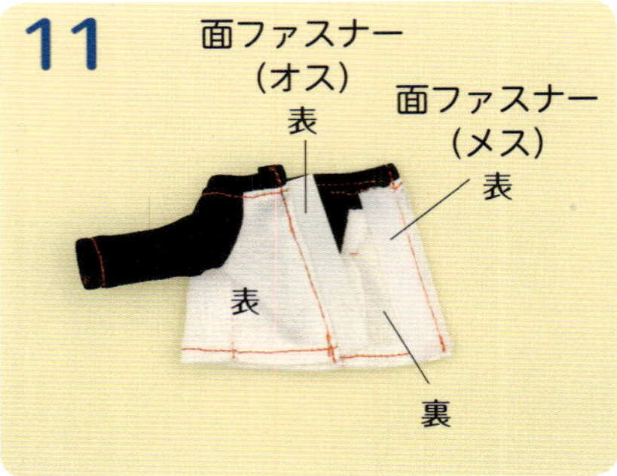

後ろ身頃の両端を仕上がり線に合わせて内側に折り、面ファスナーを写真のようにつけ、完成。

キャップ帽を作る

クラウンを３枚カットし、中表に半分に折り、それぞれダーツを縫う。縫い代をカットする。

縫い代をアイロンで割り、角をカットする。

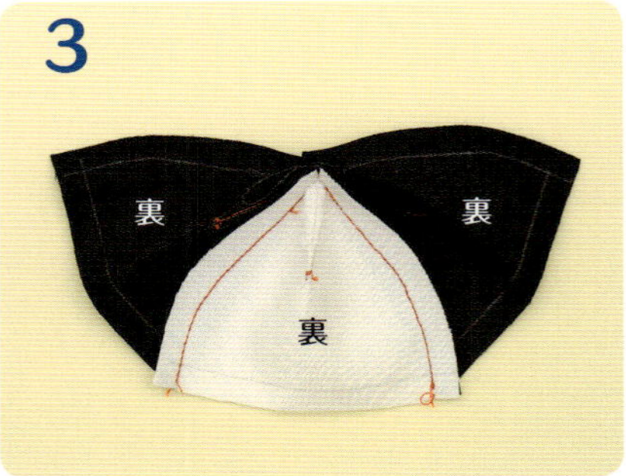

白を中央にして、３枚のクラウンのパーツを中表に合わせて縫う。後ろ中心はまだ縫わない。

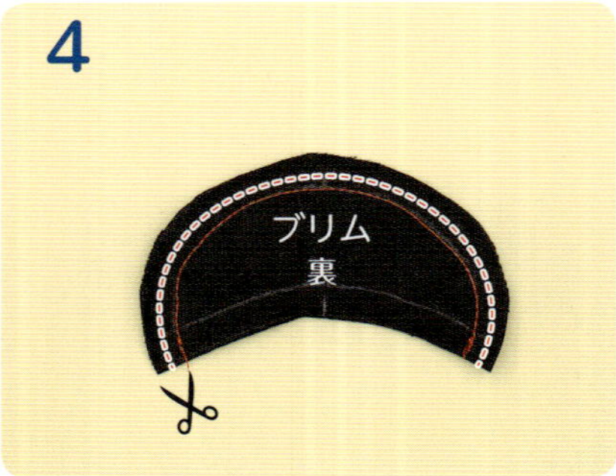

ブリムの生地を２枚、中表に合わせて縫う。縫い代を半分にカットする。

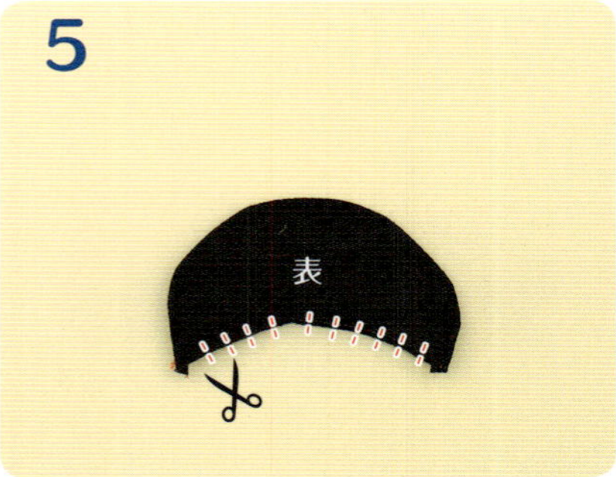

表に返し、目打ちとアイロンで形を整える。写真の位置に切り込みを入れる。

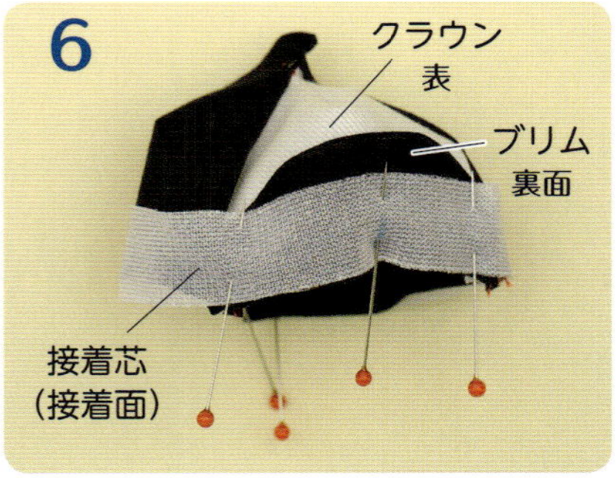

クラウンとブリムの中心を中表に合わせる。指定寸法にカットした接着芯をまわりに巻き、待ち針で留める。接着面は外側になるように留める。

7

ミシンで縫う。

8

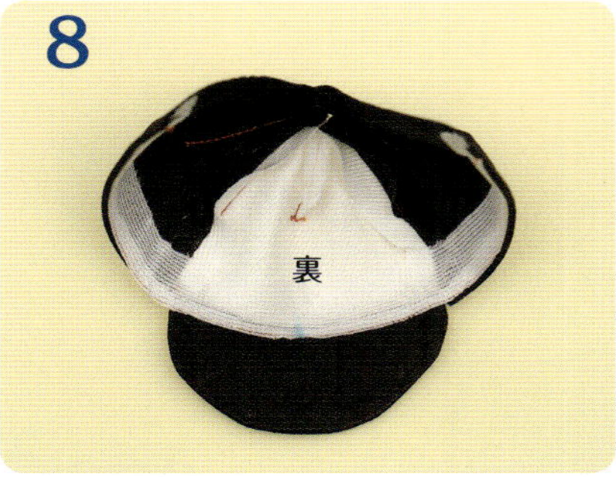

縫い代を接着芯ごと内側に倒す。接着芯にアイロンをかけて接着しながら形を整える。

9

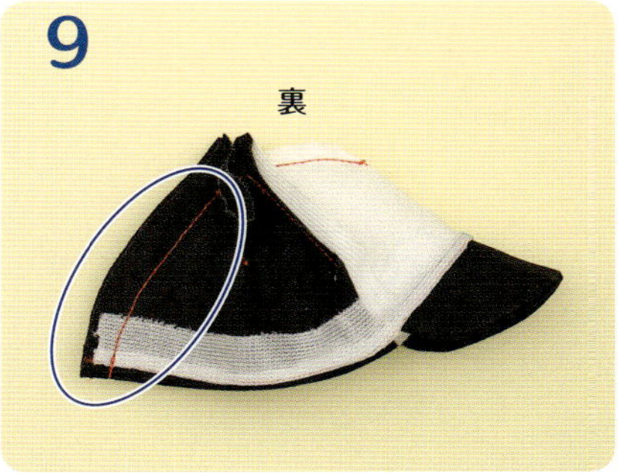

クラウンの後ろ中心を中表に合わせて縫う。

10

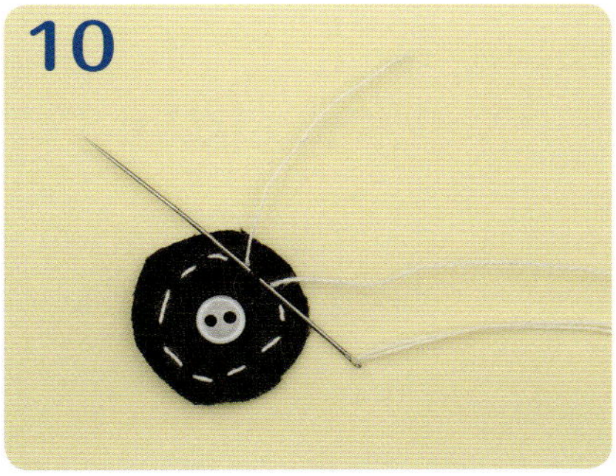

トップのボタンを作る。丸く断裁した生地のまわりを並縫いし、中央に直径５㎜幅ボタンを置く（写真ではわかりやすいように白色の糸を使用）。

11

ボタンをくるむように、糸を引いて引きしめる。

12

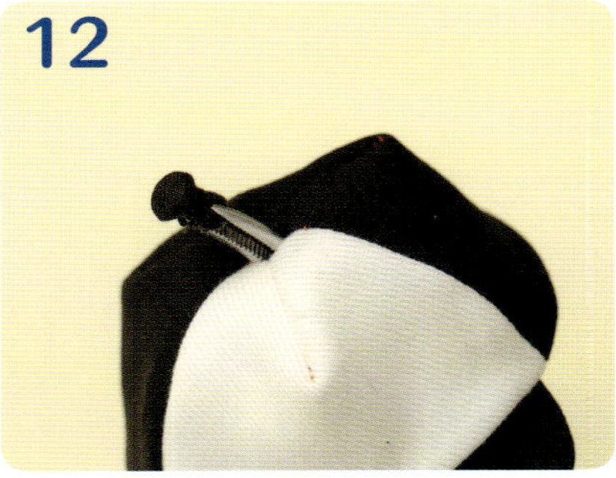

ピンセットなどで帽子の上部に通す。裏側で手縫いで留めて完成。

11 デニムスタイル ―Girl―

Photo → p.12
型紙 → p.120

デニムジャケットと白いレースの組み合わせが可愛いカジュアルスタイル。デニムジャケットの胸ポケットは、ステッチなので簡単です。キャミソールは１枚布で手軽に作ることができるので、初心者の方の最初の１着におすすめです。

材料

デニムジャケット
- デニム生地（６オンス）…20×15㎝
- ２㎜ホットフィット…5個
- 面ファスナー…１×１㎝
- 2.5㎜ホットフィット…１個

ショートパンツ
- デニム生地（6オンス）…16×６㎝
- 接着芯…1.5×７㎝

キャミソール
- 綿ブロード…10×５㎝
- 面ファスナー…１×1.5㎝
- ５㎜幅レース…17㎝

ニーハイソックス
- 天竺ニット…８×４㎝

ニット帽
- テレコ生地…11×９㎝

デニムジャケットを作る

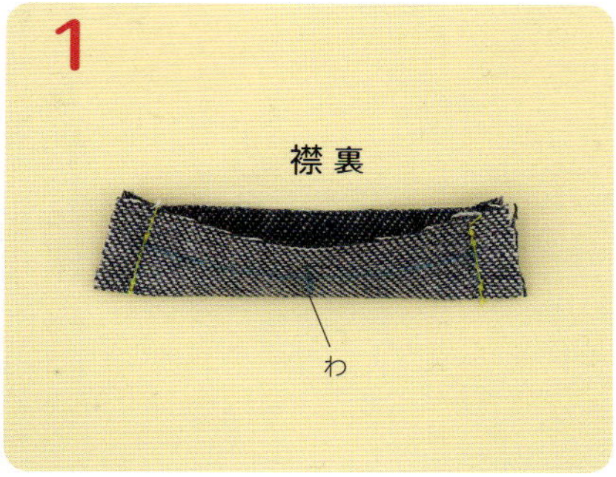

襟を中表に合わせて半分に折り、両端を縫う。

表に返して目打ちで角を出し、アイロンで形を整える。まわりにステッチを入れる。

前身頃、後ろ身頃にステッチを入れる。

前後の身頃を中表に合わせ、肩を縫う。縫い代をアイロンで割り、角をカットする。

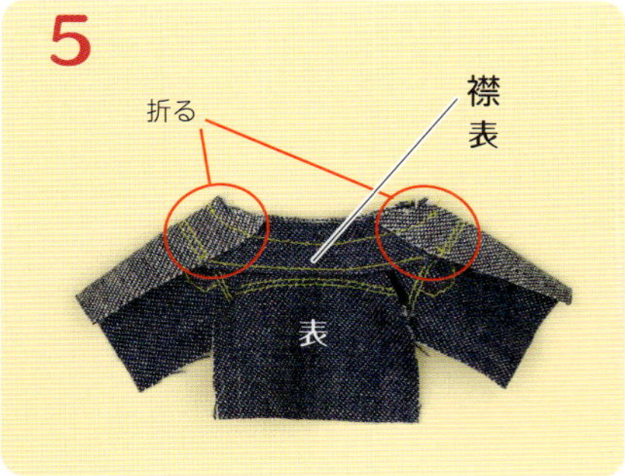

襟を身頃に合わせて重ね、前身頃の両端を仕上がり線に合わせて中表に折る。襟ぐりを縫う。

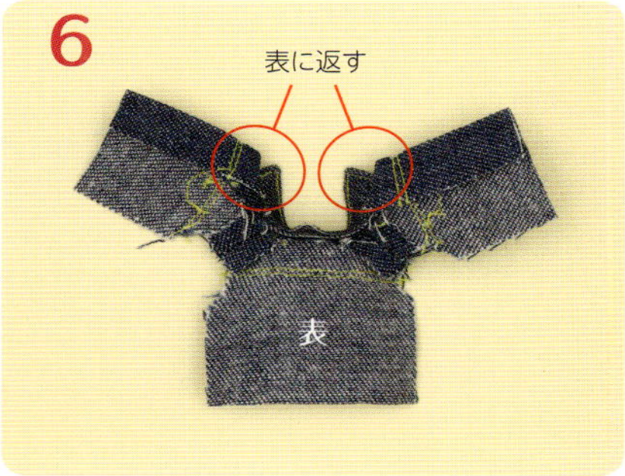

5で折った前身頃の両端を表に返す。目打ちで角を出し、アイロンで形を整える。

袖を作る。仕上がり線で折り、ステッチを2本入れる。

袖と身頃の袖ぐり部分を中表に合わせて縫う。縫い代に切り込みを入れ、身頃側に倒してアイロンをかける。

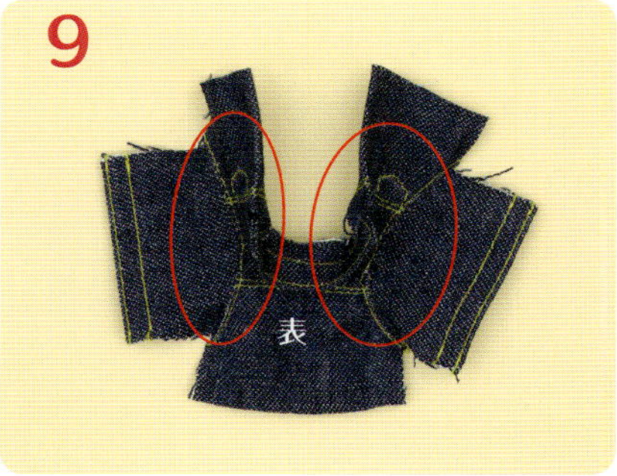

身頃の袖ぐりに、表から押さえミシンをかける。

身頃を中表に合わせ、脇、袖下を縫う。袖がつれないように、縫い代を避けて縫う。（p.21 参照）

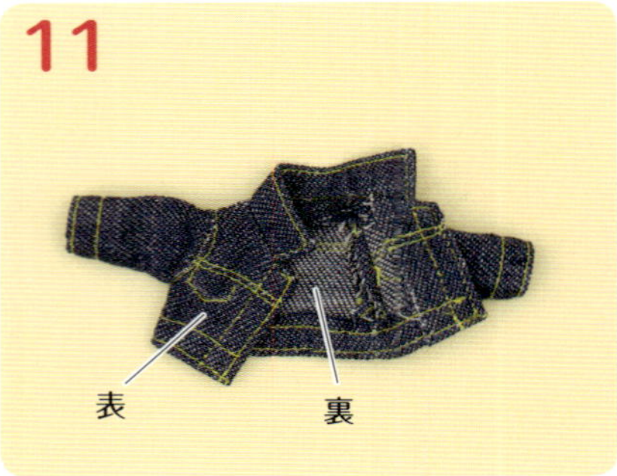

表に返す。裾を折り、前端を整えステッチをそれぞれ２本ずつ入れる。

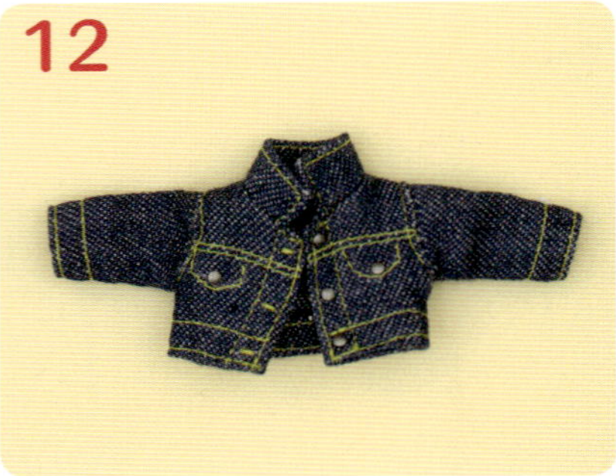

ホットフィットをつけ、ボタンホール風の縫い目を手縫いで入れて、完成。

ショートパンツを作る

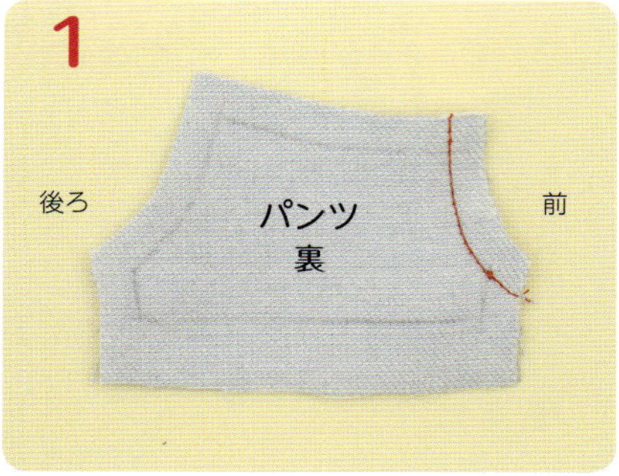

左右パンツの前股上を中表に合わせて縫う。

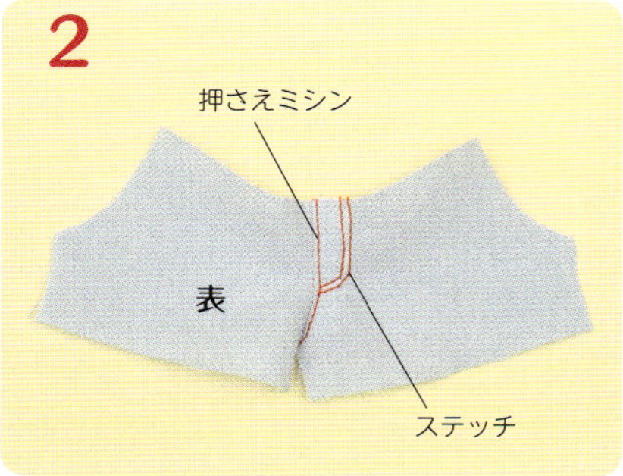

縫い代を左側に倒し、左右に広げる。表から股上に押さえミシン、ステッチを入れる。

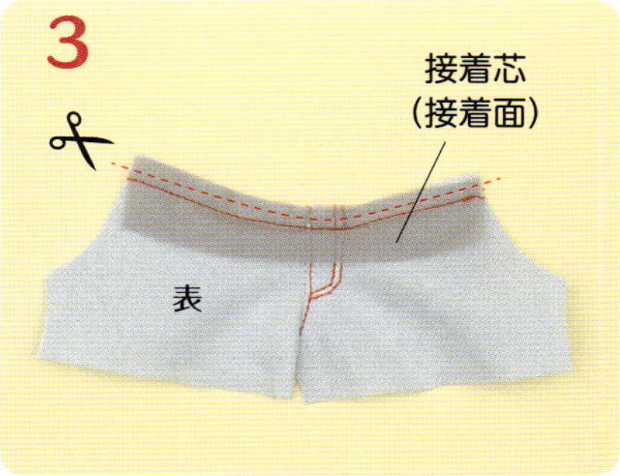

接着芯をウエストに重ねて縫う。接着面が表に来るようにつける。縫い代を半分にカットする。

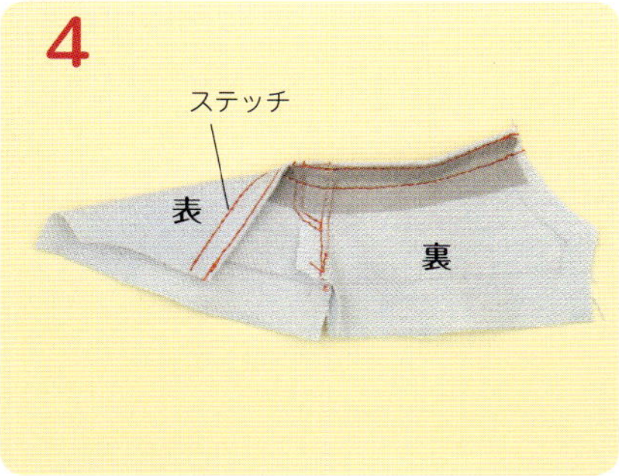

接着芯を裏側に返し、アイロンで接着する。ウエストにステッチを入れる。

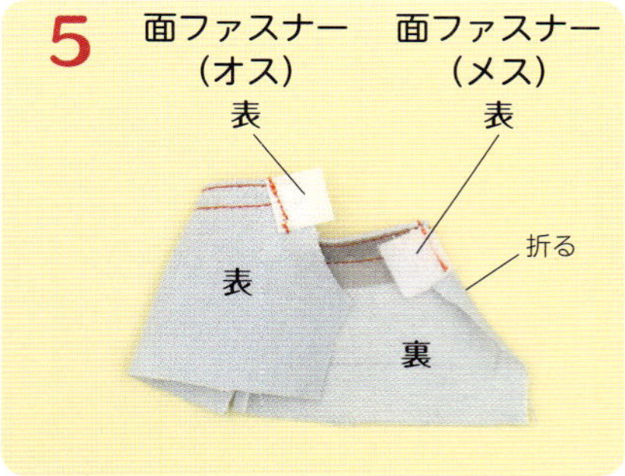

面ファスナーを図のようにつける。右側は仕上がり線で折ってつける。

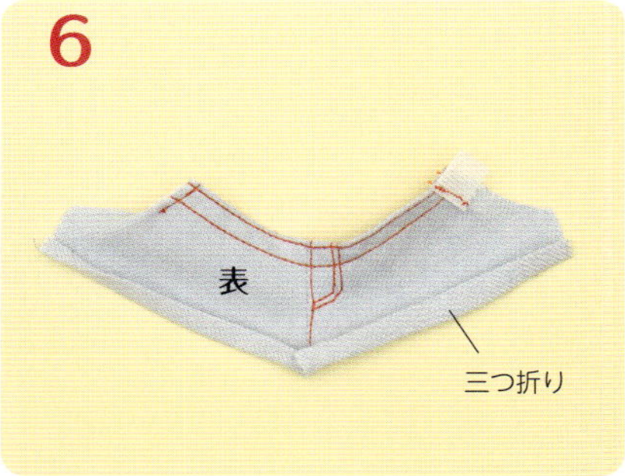

裾を外側に三つ折りにし、アイロンで押さえる。

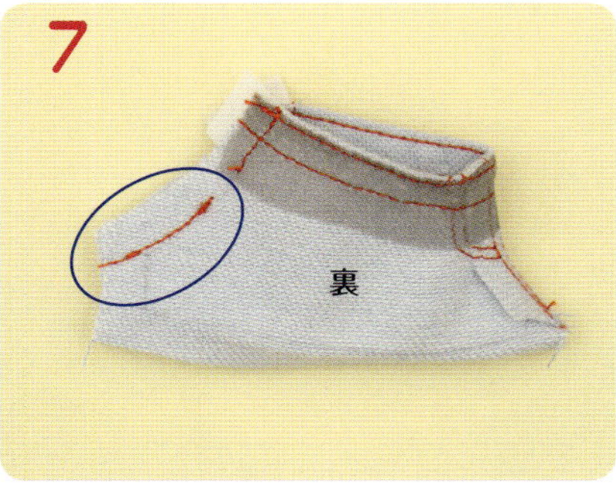

中表に合わせ、後ろ股上を縫う。

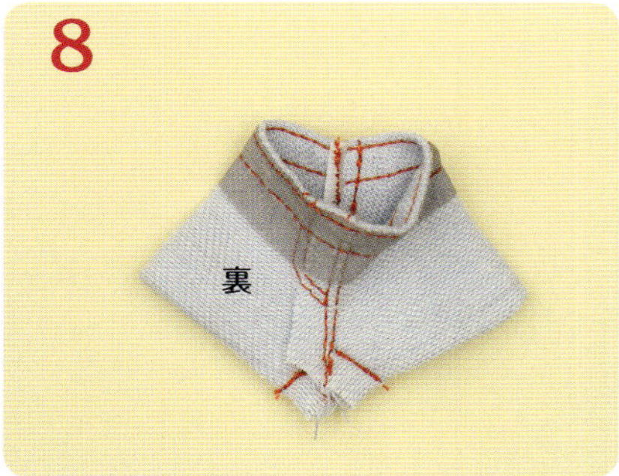

7を開いて股下を合わせ、股下を縫う。股上がつれないように、縫い代を避けて縫う。

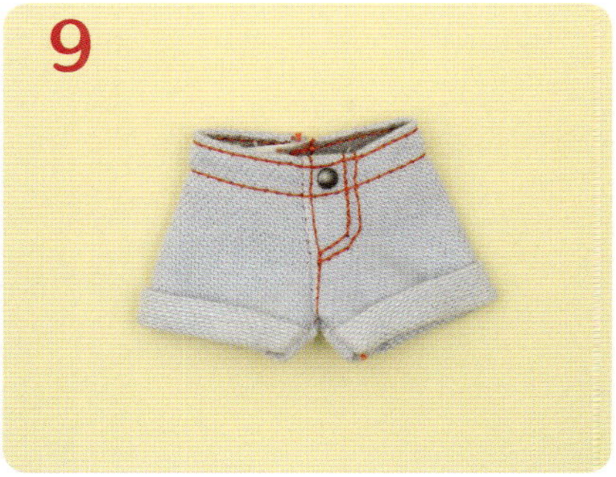

表に返し、ホットフィットをつけて完成。

キャミソールを作る

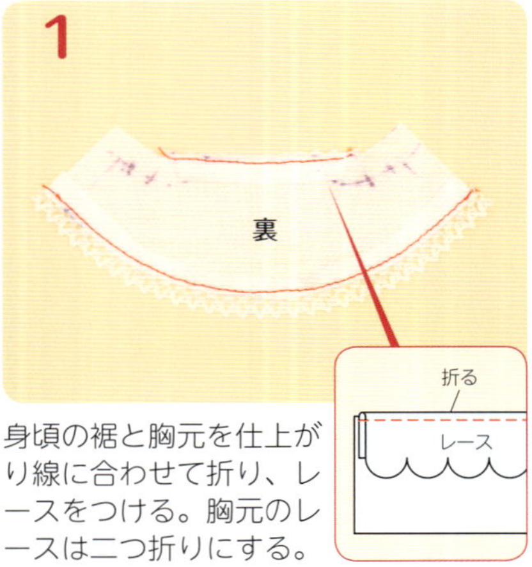

身頃の裾と胸元を仕上がり線に合わせて折り、レースをつける。胸元のレースは二つ折りにする。

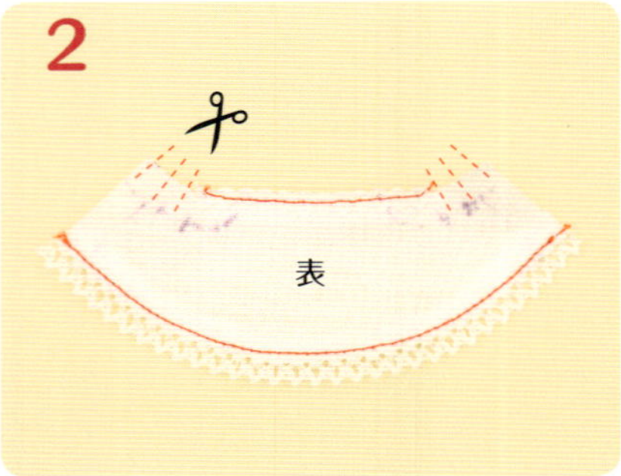

表から見たところ。脇の縫い代に切り込みを入れる。

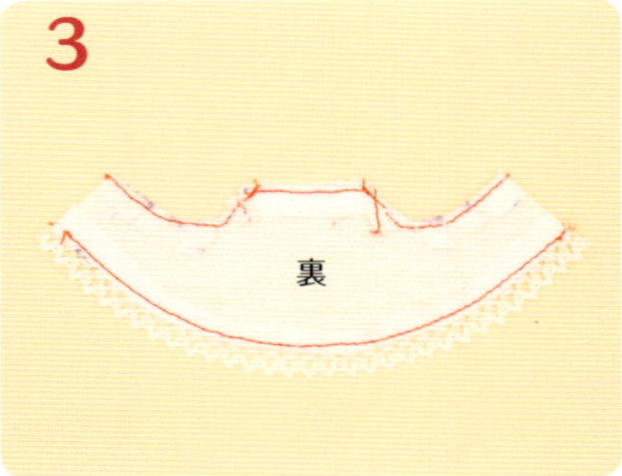

脇を仕上がり線に合わせて折り、縫う。

写真のように面ファスナーを付ける。右側は仕上がり線に合わせて内側に折る。肩紐のレース２本（2.5㎝＋縫い代）を手縫いでつけて、完成。

ニーハイソックスを作る

制服 ー Boy ーの「靴下を作る」**1**～**3**（p.29）と同様。

ニット帽を作る

生地を裁断し、仕上がり線を書き写す。

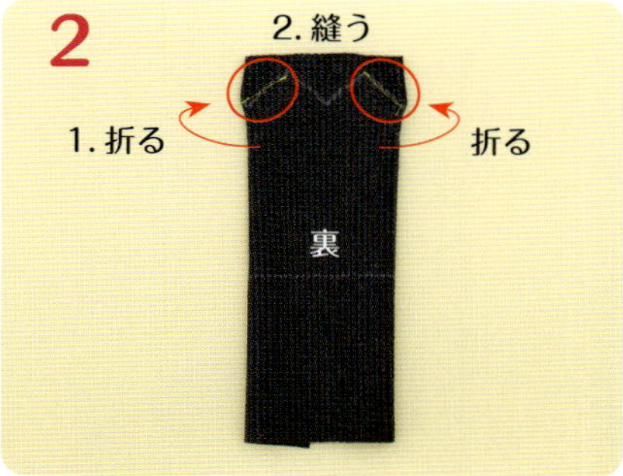

ダーツを縫う。両端を写真のように折って縫う。

ダーツを立てるとこのように見える。

同じ要領で、中央のダーツも折って縫う。

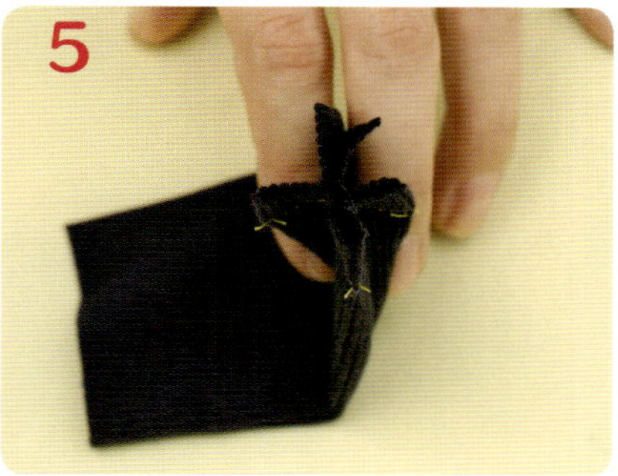

真上から見るとこのような形になる。

両端を中表に合わせて縫う。

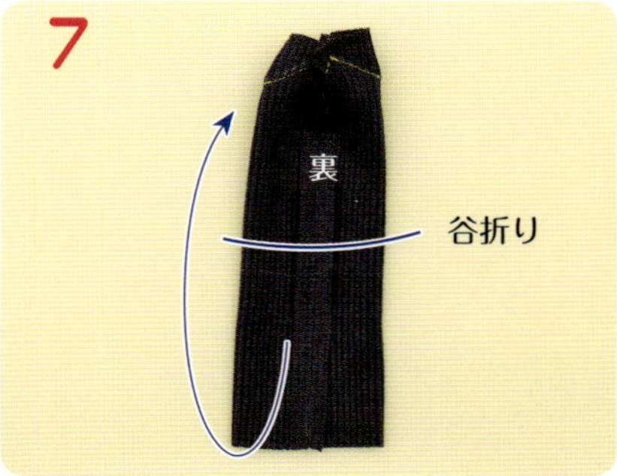

縫い代をアイロンで割る。ニット帽のふちの線で谷折りに返す。

返した端とダーツ部分を手縫いで留める。表に縫い目が出ないように気をつける。

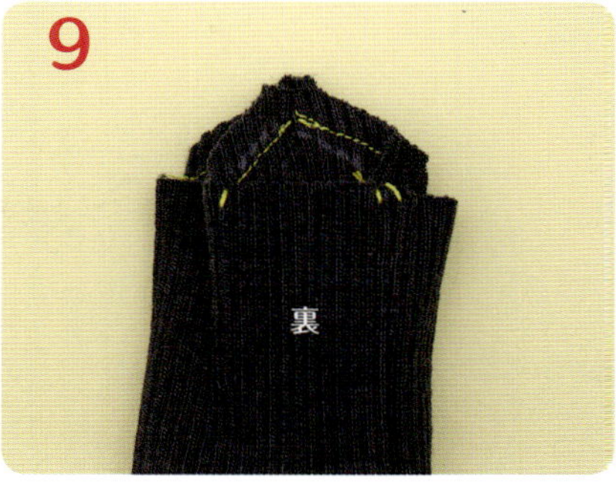

ダーツの縫い代をカットする。表に返して、完成。

12 コート －Boy－

Photo →p.14
型紙 →p.122

少し慣れてきたら、難度が高めの衣装にも挑戦してみてください。モッズコートは本格的な仕様で、とっておきの一着になります。スリムパンツはポケット付き。４枚はぎで、ねんどろいどどーる体型にぴったりフィットするシルエット。ブーツインもできちゃいます。１本作っておくと、とても便利なアイテムです。

モッズコート

Back

ハイネックシャツ

Back

スリムパンツ

Back

材料

モッズコート

- TCブロード…30×30㎝
- ハトメ（２×３㎜）…２個
- 2.5㎜ホットフィット…４個
- ２㎜ホットフィット…２個
- リリアンコード…15㎝
- モール糸…12㎝

ハイネックシャツ

- 天竺ニット…20×10㎝
- 面ファスナー…１×３㎝

スリムパンツ

- 綿ブロード…25×10㎝
- 面ファスナー…１×１㎝
- 接着芯…1.5×７㎝

モッズコートを作る

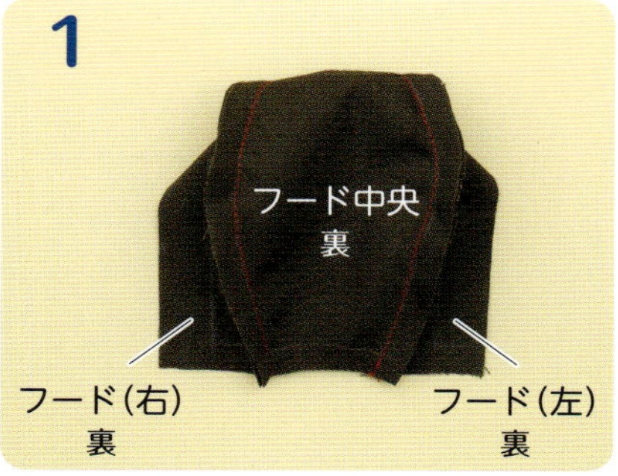

フードを作る。フードの中央、左右を中表に合わせて縫う。

前方はこのように三角になる。

表に返し、縫い代は中央に倒してアイロンをかける。フード中央のきわに押さえミシンをかける。

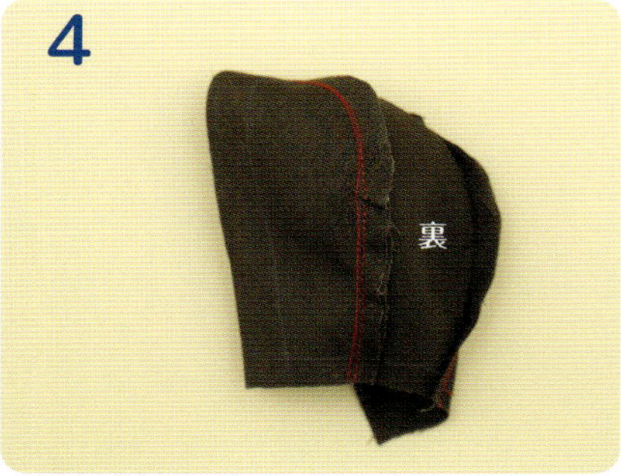

裏側から見たところ。

フードのふちを内側に三つ折りにし、アイロンをかけて縫う。

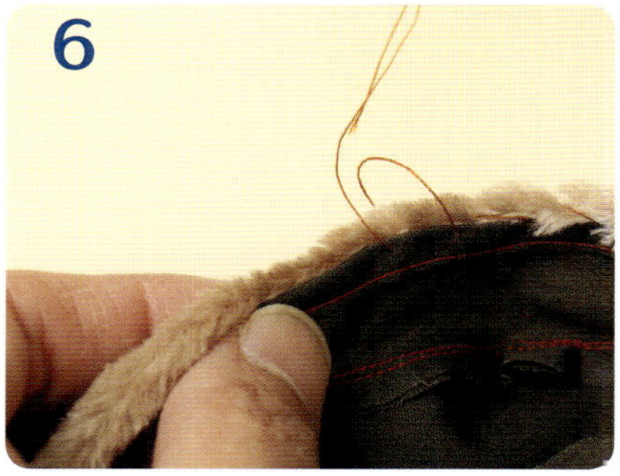

ファーをつける。毛足の長いモール糸をフードに合わせて、手縫いでかがる。

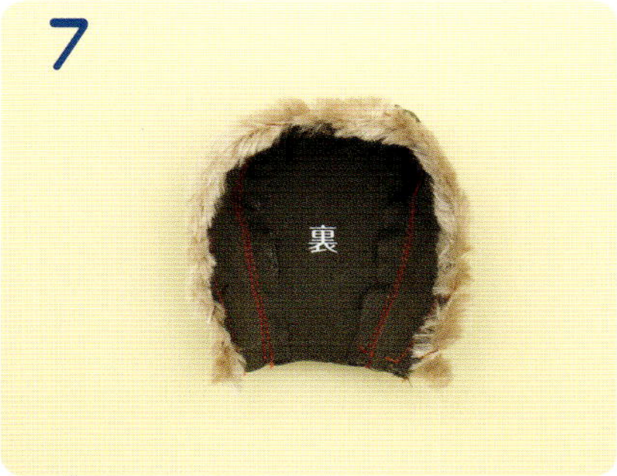

つけ終わったところ。フードの完成。

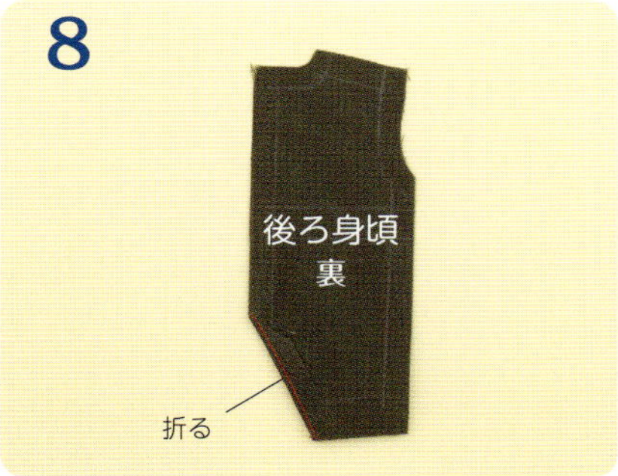

身頃を作る。後ろ身頃の中央下部分を仕上がり線で折り、縫う。左右対称に反対側も縫う。

左右の後ろ身頃を中表に合わせ、背中の中心を縫う。

左右に開く。縫い代は左身頃側に倒し、アイロンをかける。

表から押さえミシンをかける。

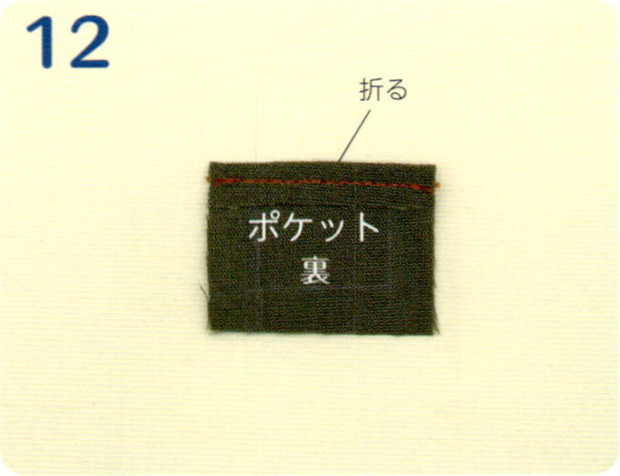

ポケットを作る。ポケットの口を仕上がり線に合わせて折り、縫う。

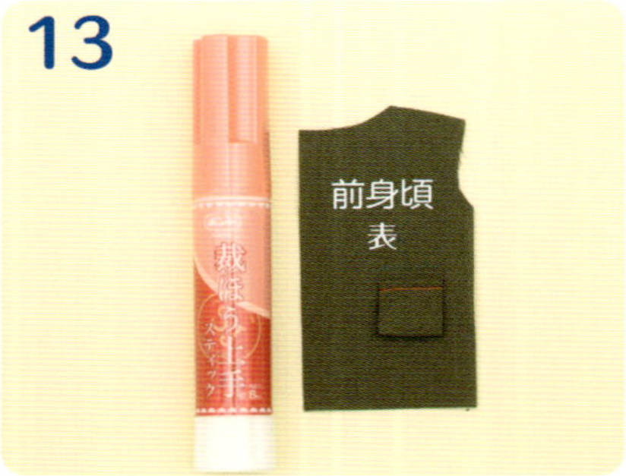

ポケットの横、下部分を仕上がり線に合わせて折り、アイロンで形をつける。前身頃に布用接着剤でつける。

接着剤が乾いたら、ポケットの横と下、三辺を縫う。

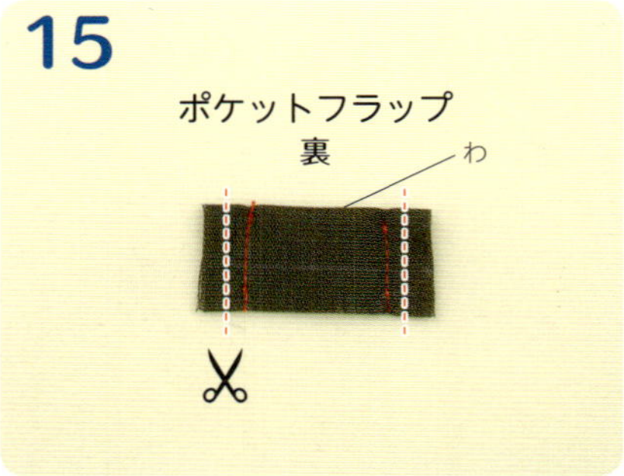

ポケットフラップを作る。生地を二つ折りにし、両側を縫う。縫い代を半分にカットする。

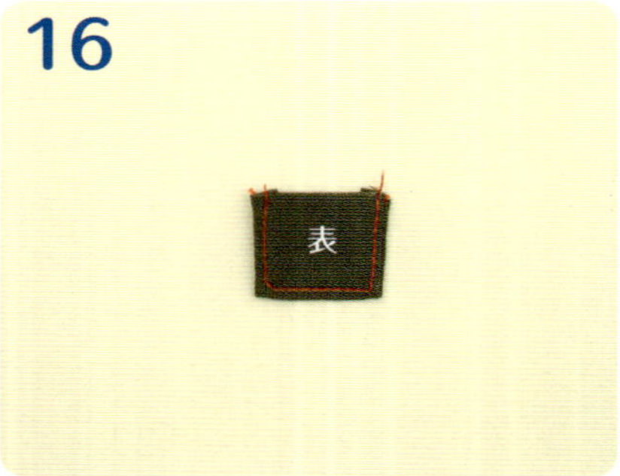

表に返し、目打ちで角を出してアイロンで形を整える。まわりにステッチをかける。

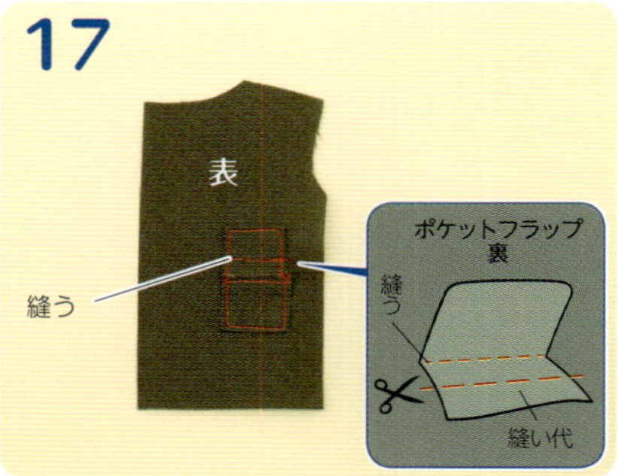

前身頃のポケット上部に、写真のように縫い付ける。左右対称に、反対側の身頃にもポケット、ポケットフラップをつける。

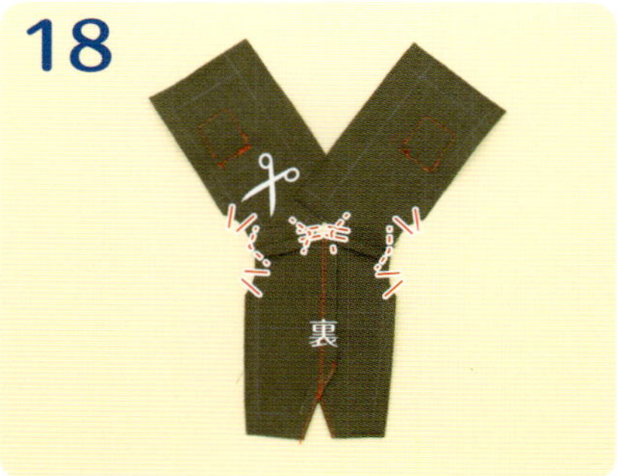

後ろ身頃と前身頃の肩を中表に合わせて縫う。縫い代をアイロンで割り、カットする。襟ぐり、袖ぐりに切り込みを入れる。

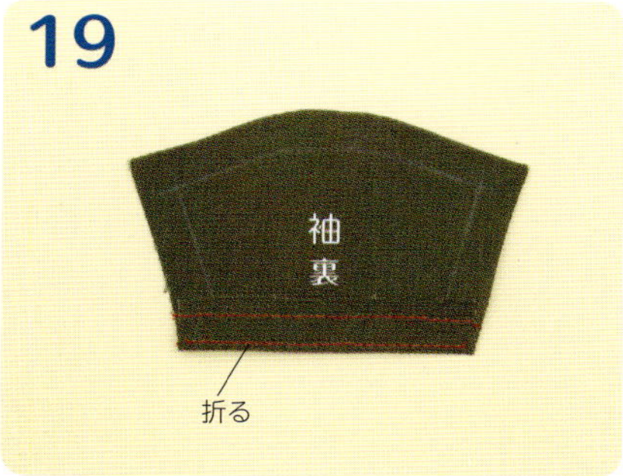

袖を作る。袖口を仕上がり線に合わせて折り、ステッチを２本入れる。

袖と身頃を中表に合わせて袖ぐりを縫う。縫い代は身頃側に倒してアイロンをかける。

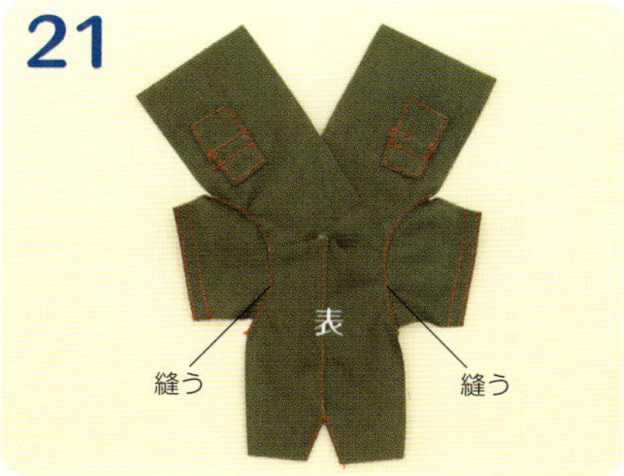

表から、身頃の袖ぐり部分のきわに押さえミシンをかける。

フードと身頃の襟ぐりを中表に合わせて縫う。

身頃を中表に合わせ、脇、袖下を縫う。このとき、脇の縫い代は避けて縫う（p.21 参照）。

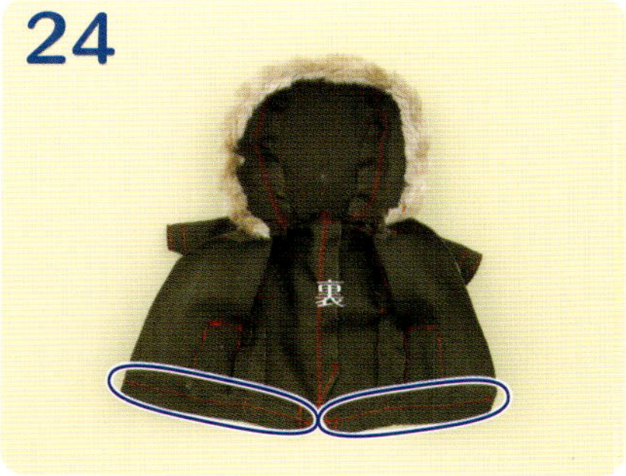

表に返す。裾を仕上がり線に合わせて折り、縫う。

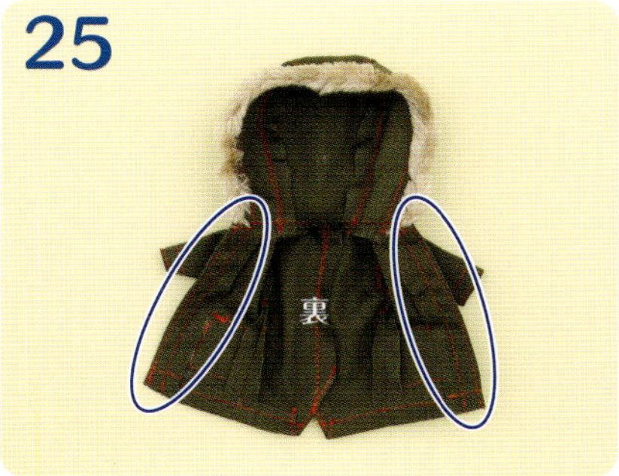

前端を仕上がり線に合わせて折り、縫う。ステッチは２本入れる。

前端の上部分は内側に折り込んで縫う。

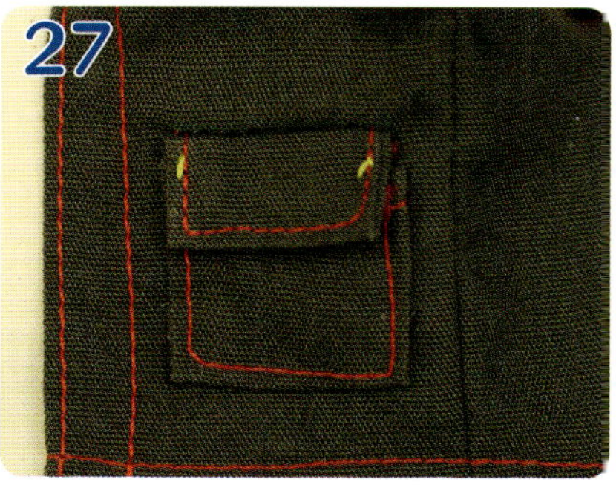

ポケットフラップを下に倒し、手縫いで留める。左右同様に留める。

指定位置に穴を開け、ハトメを打つ。左右同様につける。

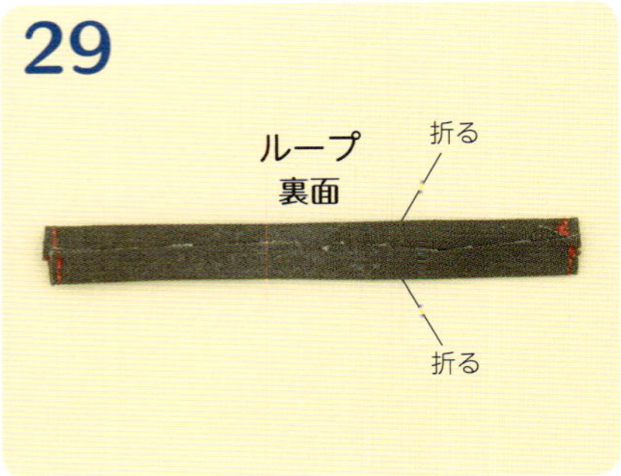

ループを作る。両端を折り返して縫ってから、アイロンで三つ折りにする。

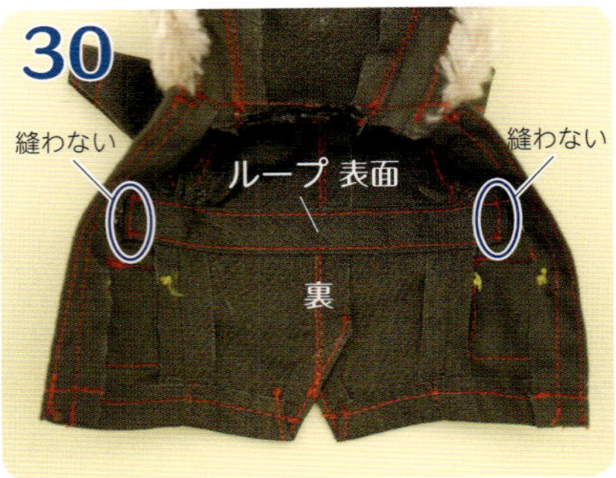

ループを身頃の裏側に縫い付ける。上下のみを縫う。あとでリリアンコードを通すので両端は縫わない。

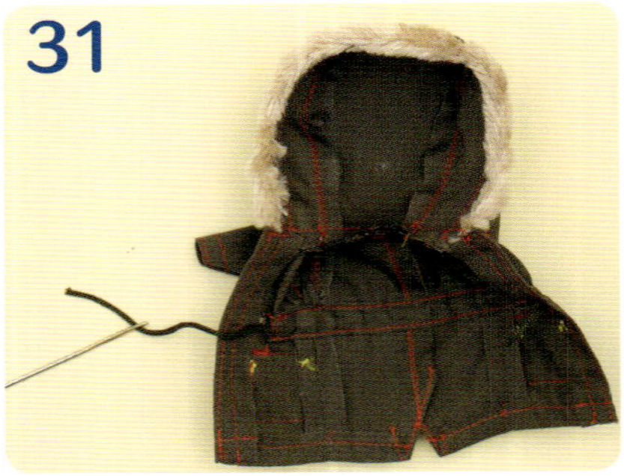

毛糸のとじ針などを使い、ループにリリアンコードを通す。

ハトメに通す。

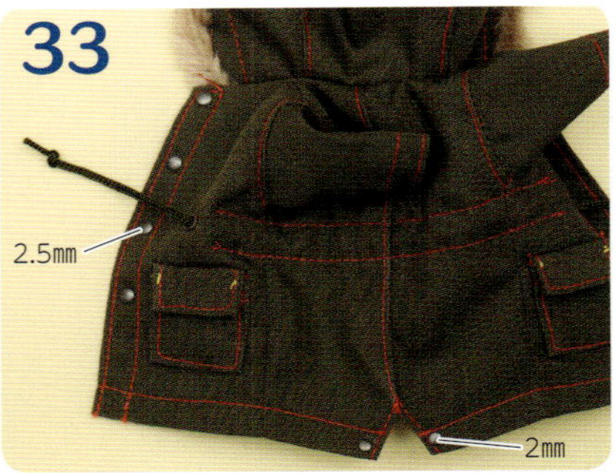

リリアンコードの先を結び、左前端と裾にホットフィットをつけて完成。

スリムパンツを作る

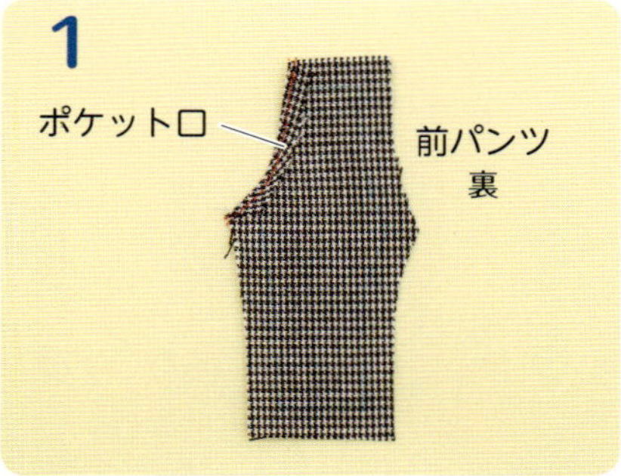

前パンツのポケット口のふちを折り、縫う。

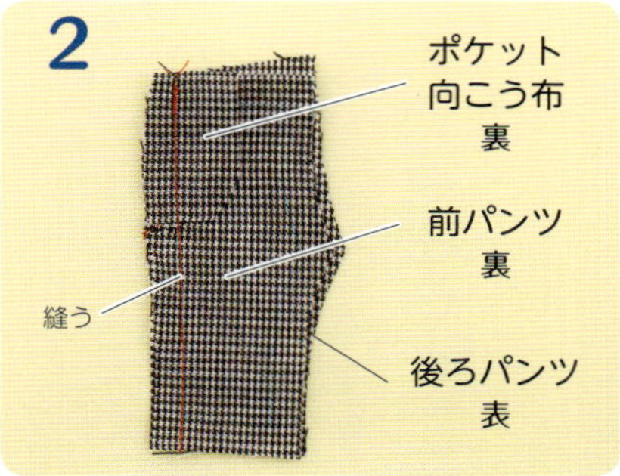

ポケット向こう布、前パンツ、後ろパンツを写真のように重ねて脇を縫う。

左右に開くとこのようになる。

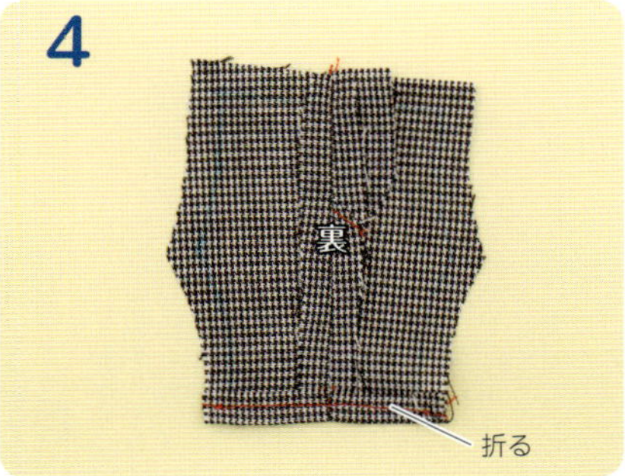

縫い代をアイロンで割り、裾を折って縫う。左右対称に、反対側のパーツも同様の工程（**1**～**4**）で作る。

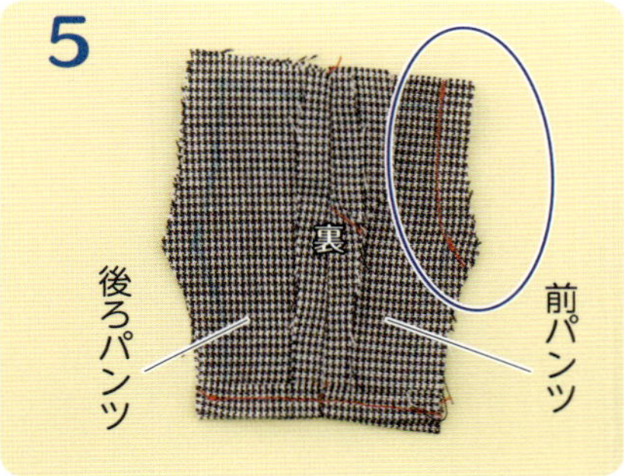

左右のパーツを中表に合わせ、前パンツの股上を縫う。

接着芯を表に重ねて縫う。接着面が上にくるようにする。縫い代を半分にカットする。

縫い代、接着芯を裏側に倒してアイロンをかけて接着する。

表から見たところ。

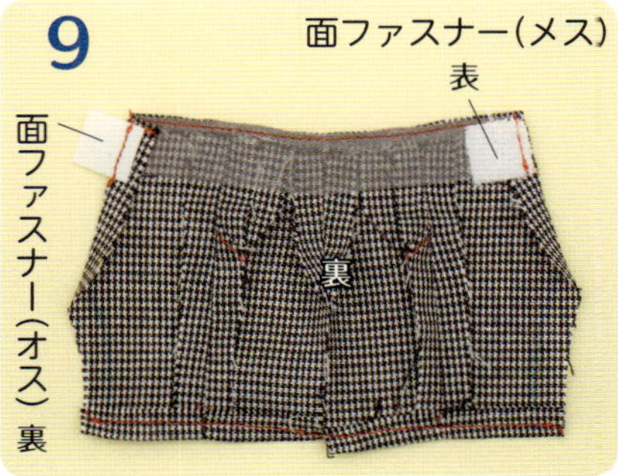

写真のように後ろパンツの両端を仕上がり線に合わせて内側に折り、面ファスナーをつける。

10

中表に合わせ、後ろパンツの股上を縫う。

11

10 を開き、股下を合わせて縫う。股下がつれないようにするため、縫い代は避けて縫う（p.21 参照）。表に返して完成。

✿ ハイネックシャツを作る

1

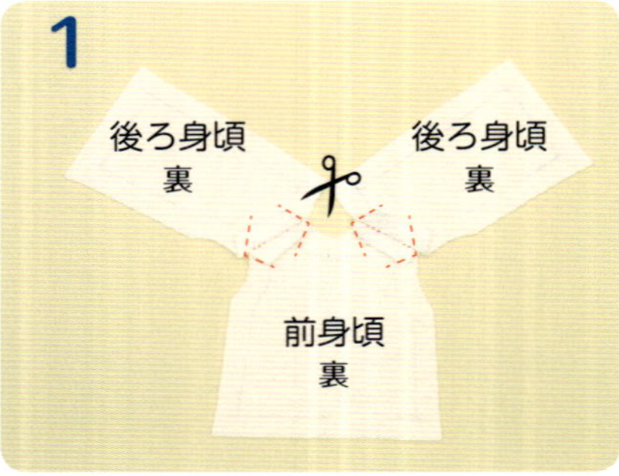

前後の身頃を中表に合わせ、肩を縫う。縫い代をアイロンで割り、縫い代の角をカットする。

2

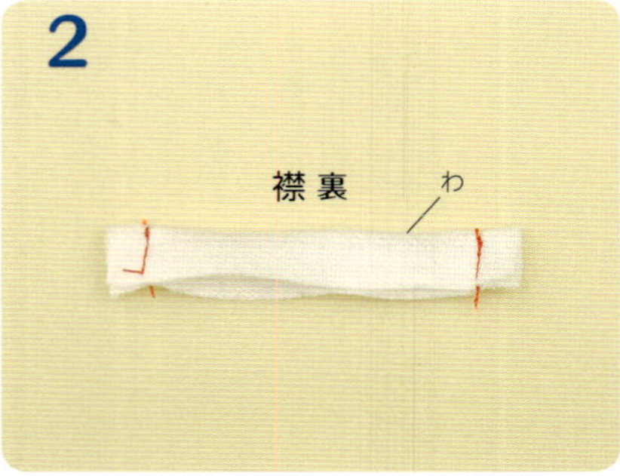

襟を作る。二つ折りにした生地の両端を縫う。

3

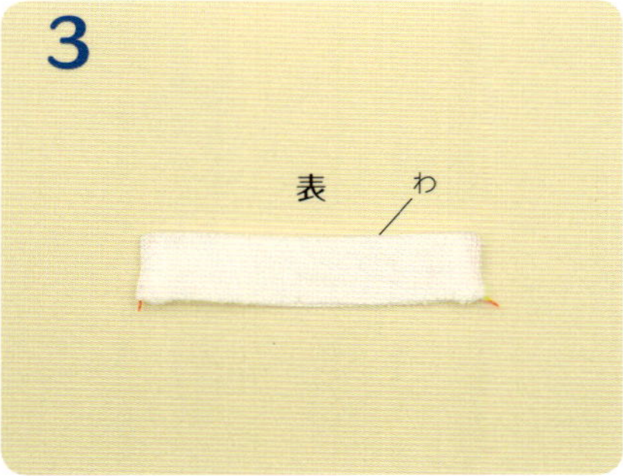

表に返し、アイロンで形を整える。

4

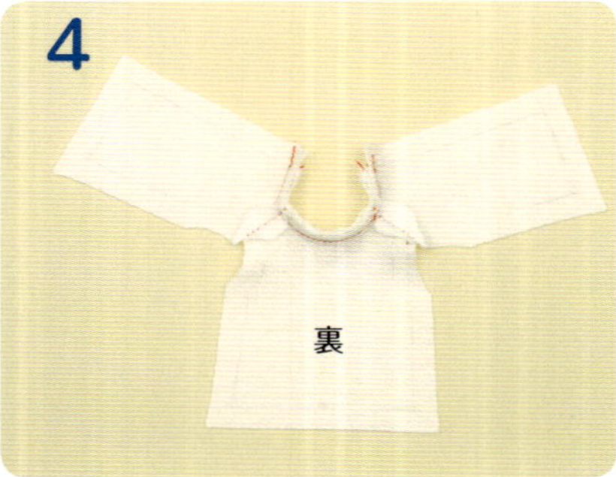

襟と身頃を中表に合わせて縫う。

5

表から見たところ。襟が立つように形を整える。

6

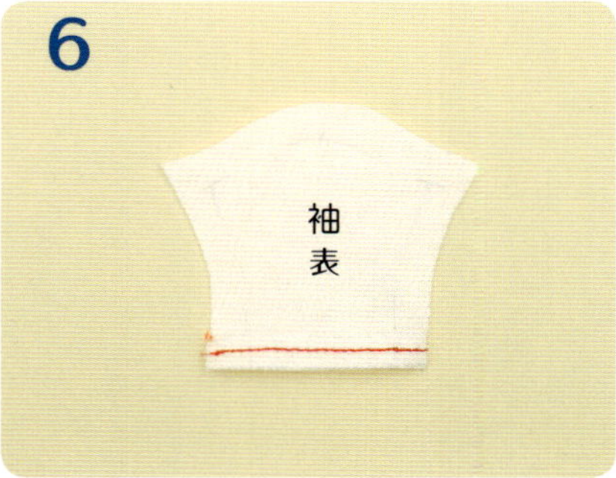

袖を作る。袖口を折り、縫う。

身頃と袖を中表に合わせ、袖ぐりを縫う。

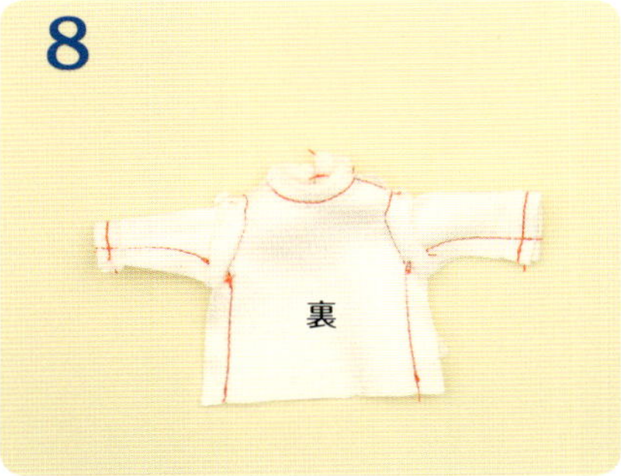

脇、袖下を縫う。脇がつれないようにするため、縫い代を避けて縫う（p.21 参照）。

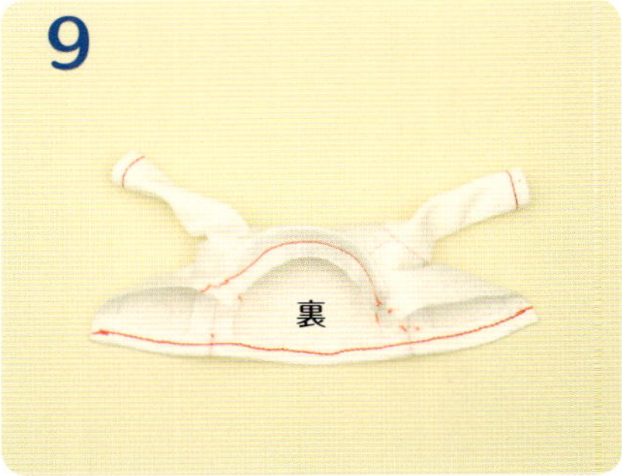

表に返し、裾を折って縫う。

後ろ身頃の両端を仕上がり線に合わせて折り、面ファスナーを写真のように縫い付けて完成。

13 コート ―Girl―

Photo → p.14
型紙 → p.126

ふわふわなファー襟が暖かそうな、冬にぴったりのケープ。袖を通す必要がないので、中には色々な衣装を着込めます。今回は、ギャザーをたっぷり寄せたロングワンピースでクラシカルな装いに。レースで作るスタンドカラーと、胸とカフスのビーズがポイントです。

ロングワンピース

Back

ファーケープ

Back

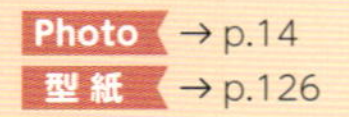

材料

ロングワンピース

- 綿ブロード（赤）…25×20㎝
- 綿ブロード（白）…８×３㎝
- 接着芯…５×５㎝
- 面ファスナー…0.8×４㎝
- ５㎜幅レース…５㎝
- ７㎜幅レース…2.5㎝
- 1.5㎜ビーズ…10個

ファーケープ

- コットンネル生地…15×８㎝
- 綿ボイル…15×13㎝
- ファー生地…８×５㎝
- 毛糸…20㎝
- 2.5㎜ビーズ…２個

ロングワンピースを作る

前身頃に７㎜幅のレースを縫いつける。

前後の身頃を中表に合わせ、肩を縫う。縫い代をアイロンで割り、角をカットする。襟ぐりに切り込みを入れる。

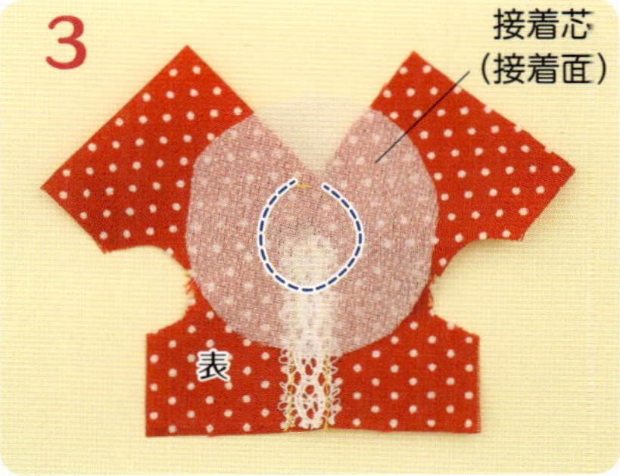

襟ぐりに接着芯をつける。まず、表側に丸く切った接着芯（接着面を上にする）をのせ、襟ぐりを縫う。

襟ぐりの縫い代と接着芯を一緒に、半分にカット。後ろ中心の余分な接着芯もカットする。

接着芯を裏に返し、アイロンで接着する。

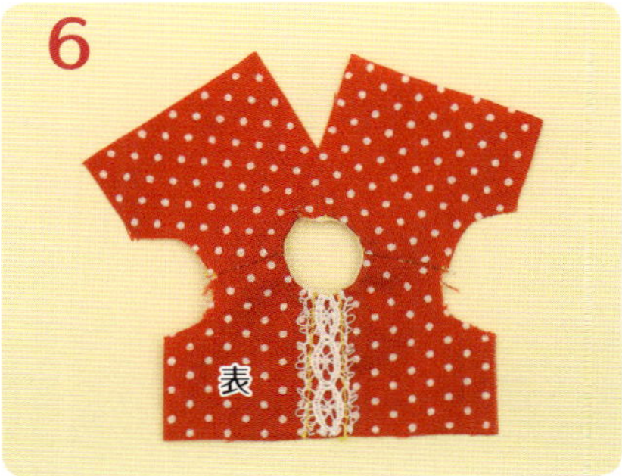

表から見たところ。

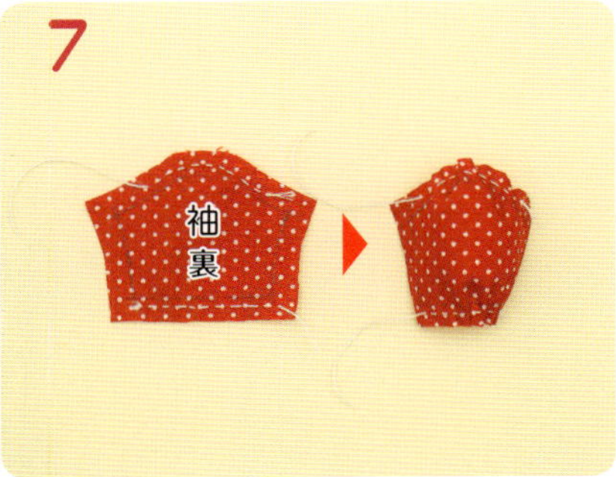

袖を作る。袖山と袖口側を手縫いで並縫いし、糸を引いてギャザーをよせる。

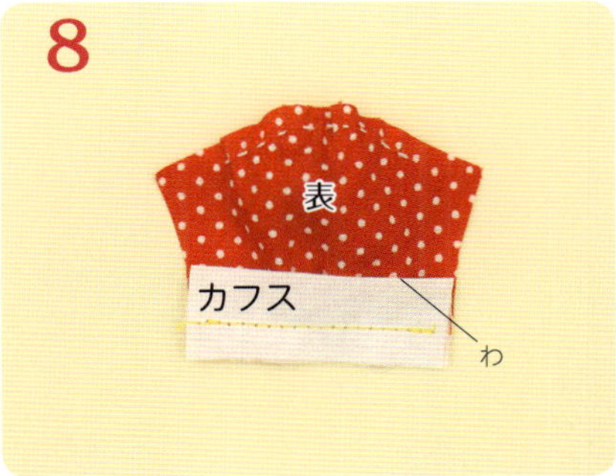

カフスを二つ折りにしてアイロンで押さえる。袖口と中表に合わせて縫う。

カフスを下に倒し、形を整える。もう片方の袖も、同様に作る。

身頃と袖を中表に合わせ、袖ぐりを縫う。

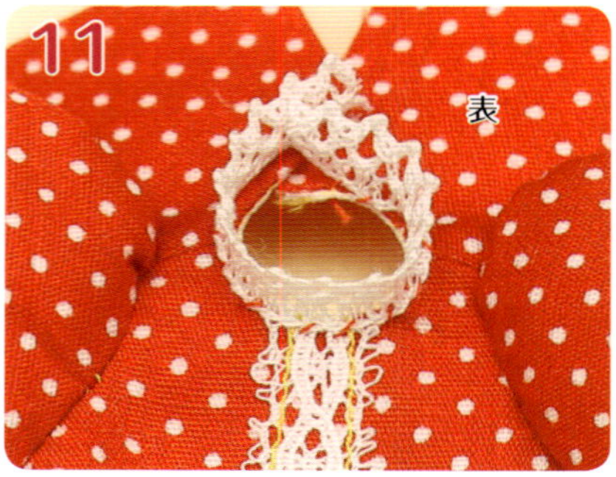

首元に、５㎜幅のレースを手縫いでつける。

身頃と袖を中表に合わせ、脇、袖下を縫う。このとき、脇がつれないようにするため縫い代は避けて縫う。(p.21 参照)

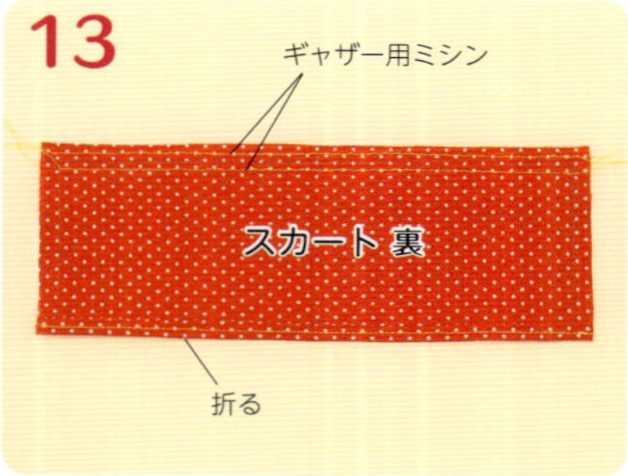

スカートを作る。スカートの裾を仕上がり線に合わせて折り、縫う。上にギャザー用のミシンを２本入れる。

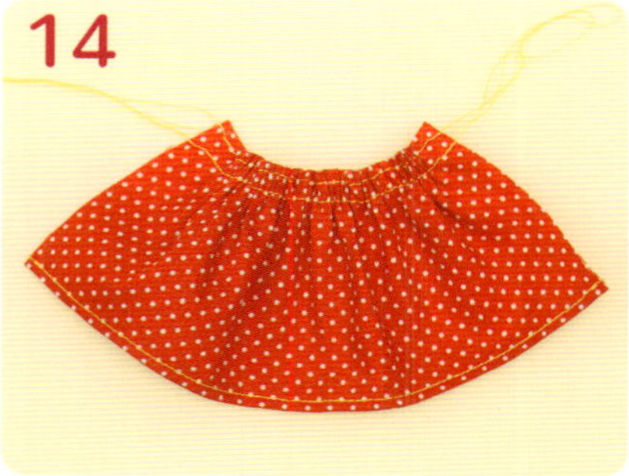

糸を引いてギャザーを寄せる。

スカートと身頃のウエスト部分を中表に合わせて縫う。縫い終わったら、ギャザー用の糸をほどく。

後ろ身頃の両端を仕上がり線に合わせて内側に折り、面ファスナーを写真のようにつける。

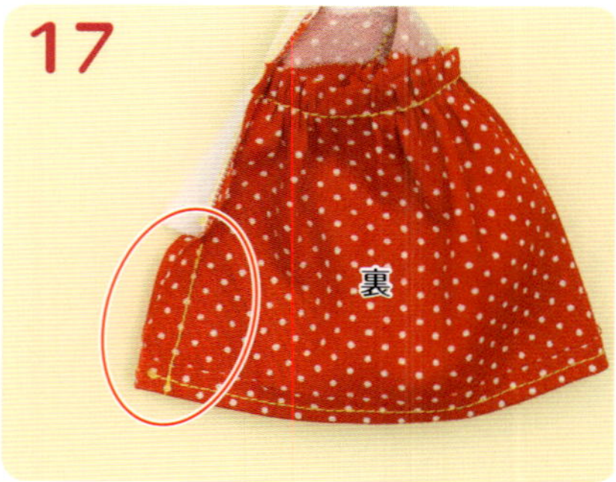

中表に合わせ、スカートのあき止まりから裾までを縫い合わせる。

前身頃、カフスにビーズを手縫いでつけて完成。

✿ ファーケープを作る

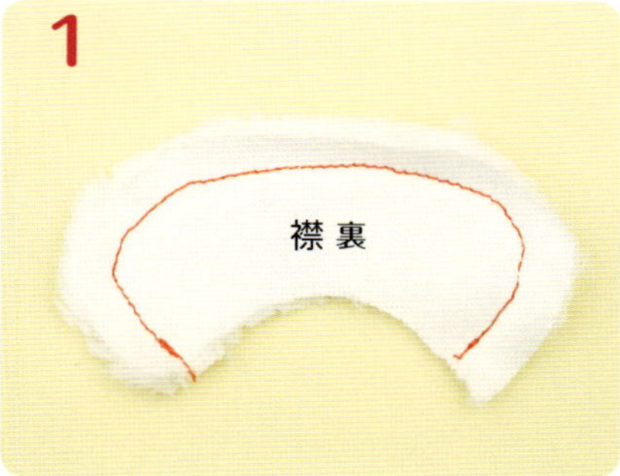

襟を作る。表地（ファー）と裏地（綿ボイル）を中表に合わせ、首付け位置を空けて縫う。

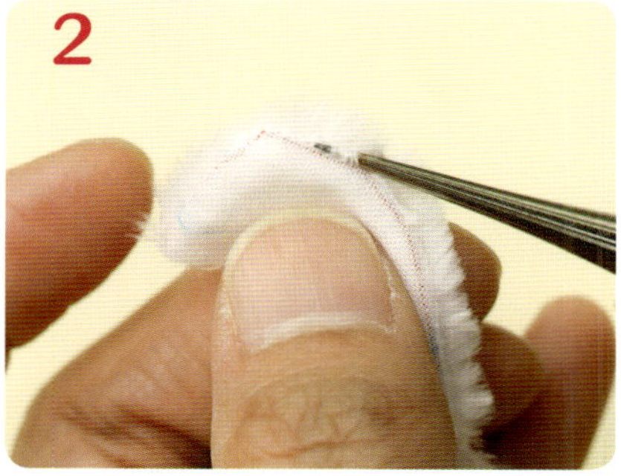

表に返して形を整える。縫い込まれてしまった毛足を目打ちで引き出してふわふわにする。

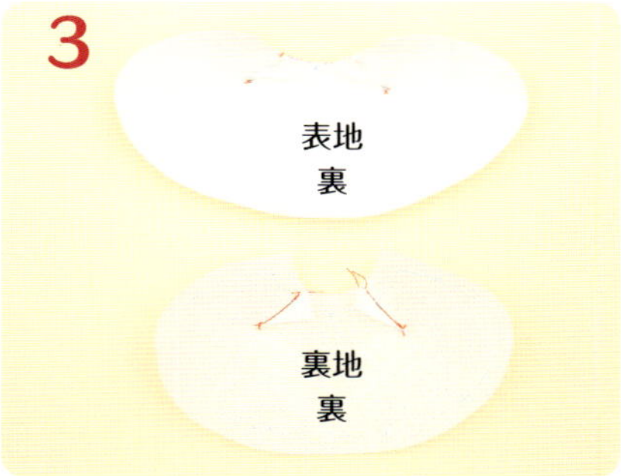

身頃の表地（コットンネル）、裏地（綿ボイル）のダーツを縫う。

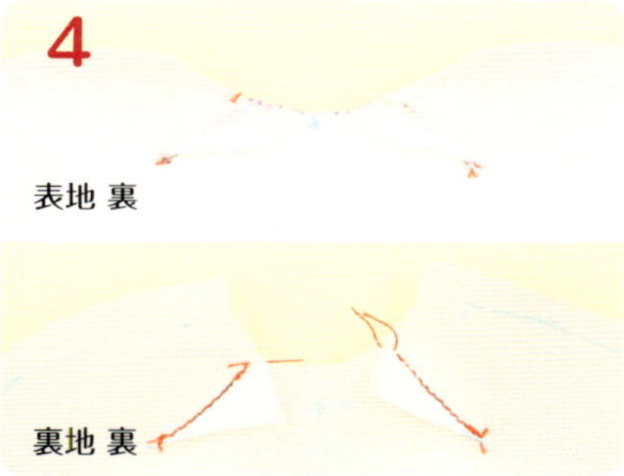

表地のダーツは中央の折り目でカットし、アイロンで割る。裏地のダーツはアイロンで中心側に倒す。

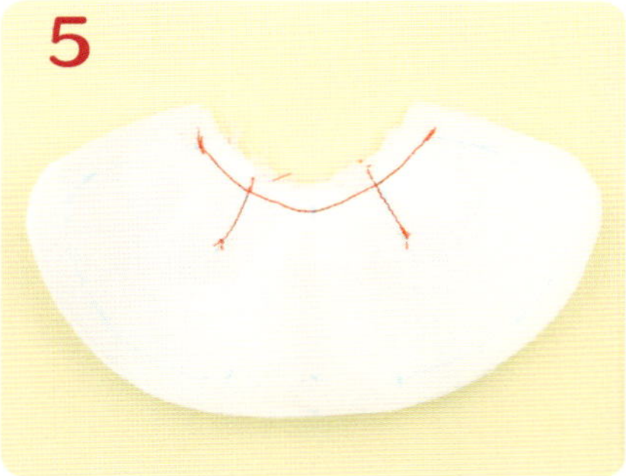

裏地と表地を中表に合わせ、襟（ファーが裏地側になるように重ねる）を間にはさんで襟ぐりを縫う。

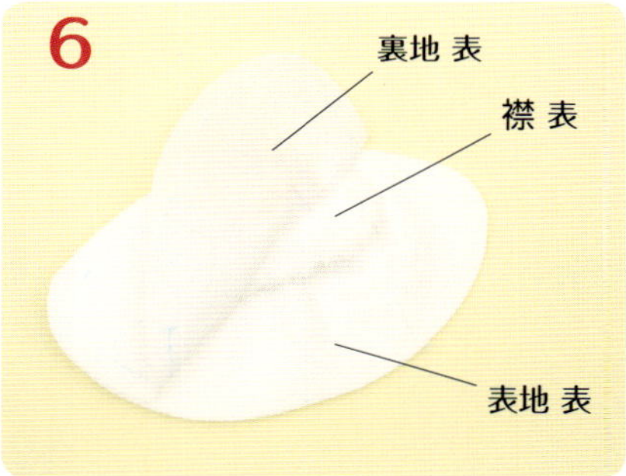

重ね方はこのようになる。

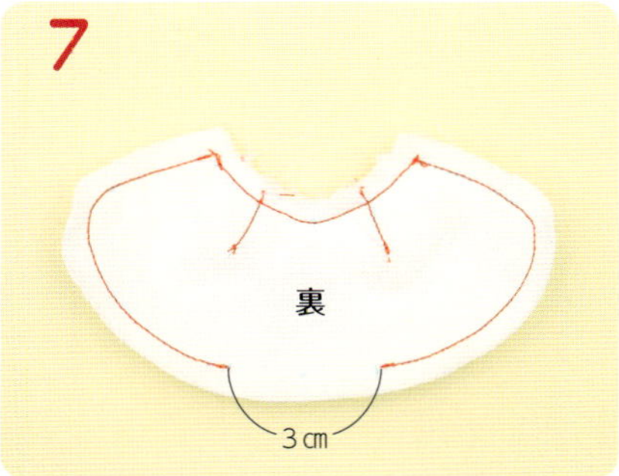

裾の中央を３㎝ほど、返し口をあけてまわりを縫う。

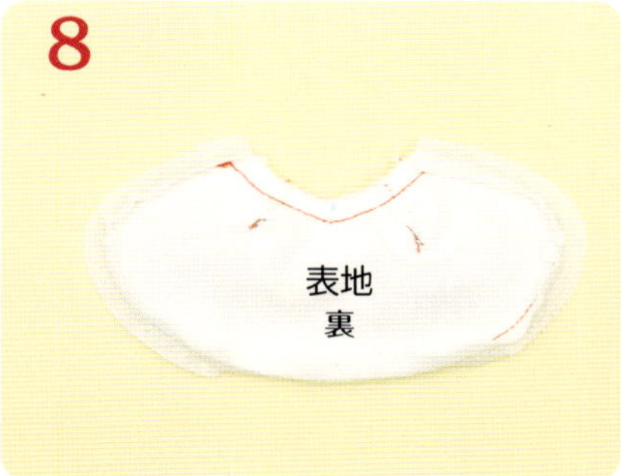

表地の縫い代をアイロンで内側に倒す。こうすることで、表に返したときに端がきれいに出る。

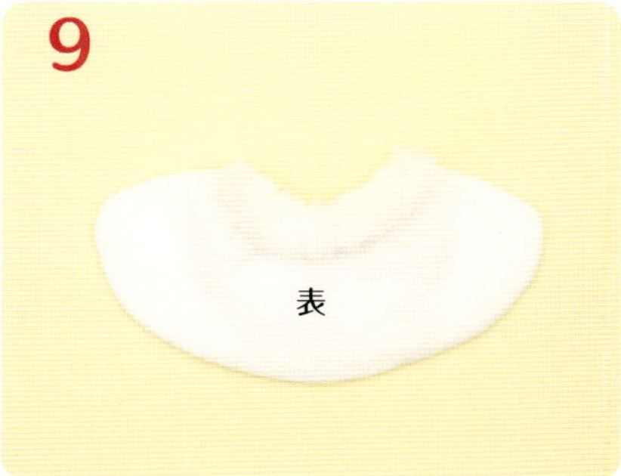

返し口から表に返す。目打ちとアイロンで形を整える。

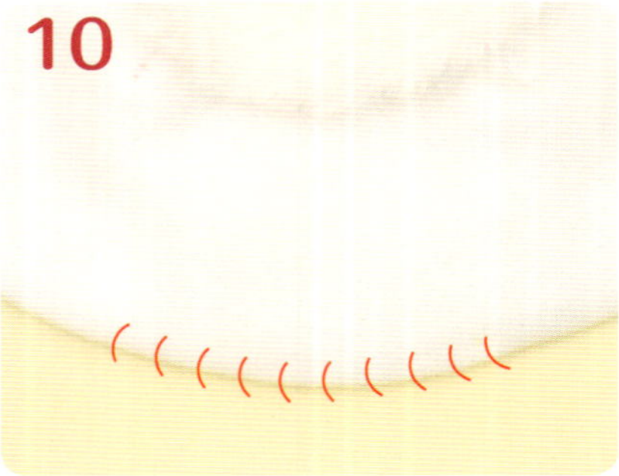

返し口をまつり縫いでとじる。

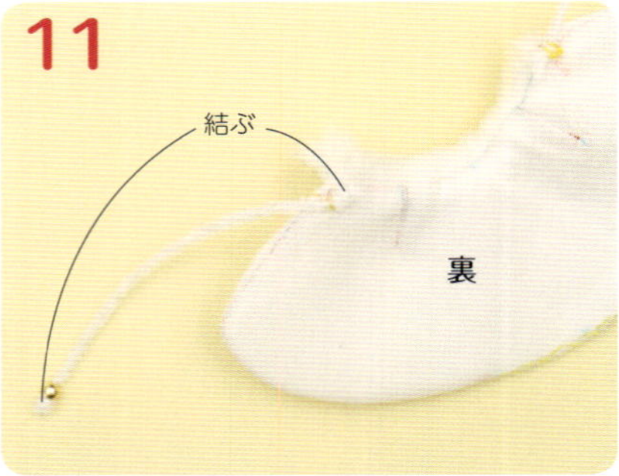

毛糸をビーズに通し、両端を結ぶ。ケープの襟元に手縫いでつけて、完成。

ソーイング用語集

この本に出てくるソーイングの用語を紹介します。
わからない用語が出てきたら、このページで確認してください。

あき
服を着るために必要な開口部分。

押さえミシン
縫い代や見返しなどが浮かないよう、表からミシンをかけること。

返し口
２枚の布を中表に合わせて縫った袋状のものを、表に返すために開けておくところ。

かがる
糸を巻き付けながら縫うこと。

型紙
布を裁つ形に製図された紙。この本の型紙は実物大で縫い代つきなので、コピーしてそのまま使うことができる。

ギャザー
布を縫い縮めること。ボリュームを出すことができる。

切り込み
布端に切れ目を入れること。

サテンリボン
光沢があり、ハリのあるリボン。衣装に使うと高級感のある仕上がりに。

刺繍用リボン
リボン刺繍に使われる、柔らかい素材のリボン。色数も豊富。

しつけ
ミシンで縫う前に、しつけ糸で縫い、仮留めすること。

スナップボタン
指で押し付けて留めるタイプのボタン。

接着芯
布が伸びるのを防いだり、補強したりする裏打ちの布。糊がついており、アイロンの熱で接着する。

ダーツ
布をつまんで縫い、立体的な形を作ること。

中表
2枚の布の表同士が内側になるように合わせること。

縫い代
布同士を縫い合わせるためにつける余分のこと。

縫い代を割る
縫い代を縫い目から両脇に広げてアイロンをかけておくこと。

バイヤス地
生地の目を斜め45度にして裁断された布のこと。

ハトメ
布の穴を縁取る、リング状の金具。

プリーツ
アイロンでしっかりと折り目をつけたヒダのこと。

ホットフィット
アイロンの熱で接着するラインストーンのこと。

まつる
表に縫い目が目立たないように縫うこと。p.69参照。

三つ折り
布を2回折り、布端を見えないように始末すること。

耳
布の幅の両端のこと。

面ファスナー
面的に着脱できるファスナーのこと。チクチクする方をオス、フワフワの方をメスと呼ぶ。

わ
二つ折りにしたとき布の折り目になった部分。

衣装 各部位の名称

衣装の各パーツの位置と説明です。解説の中で、どこの部分を作っているのかわからなくなったときは、こちらを参照してください。

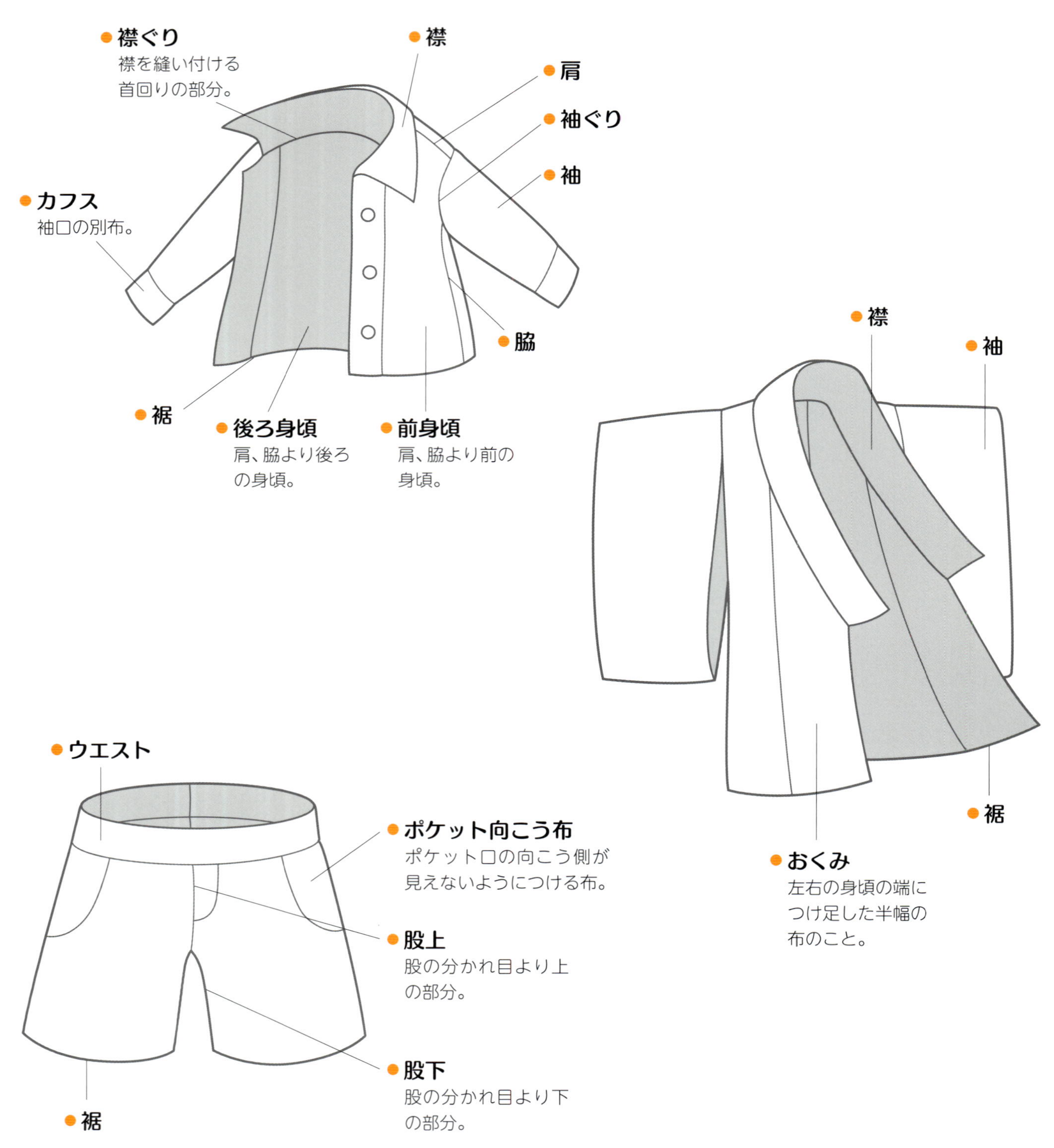

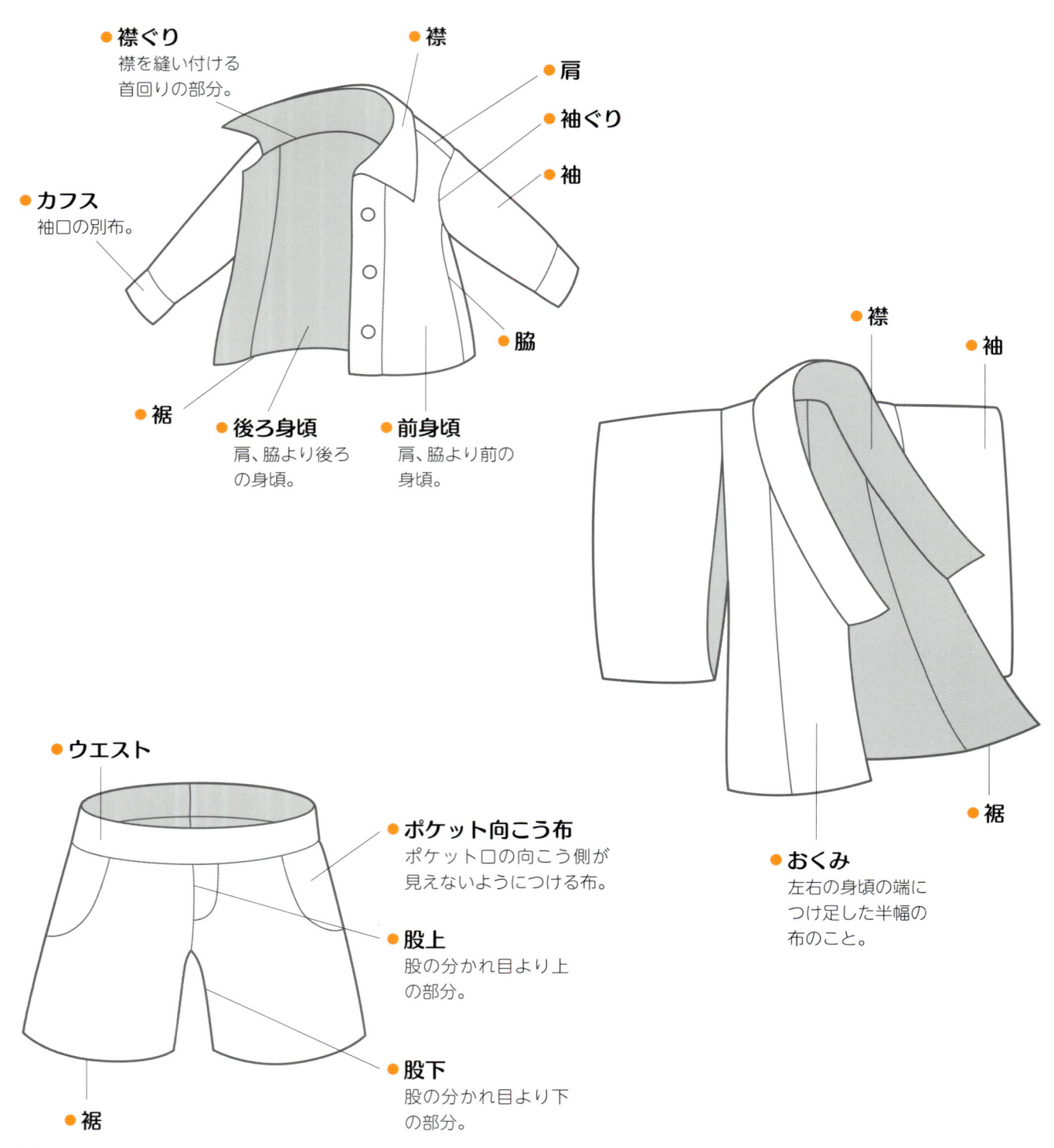

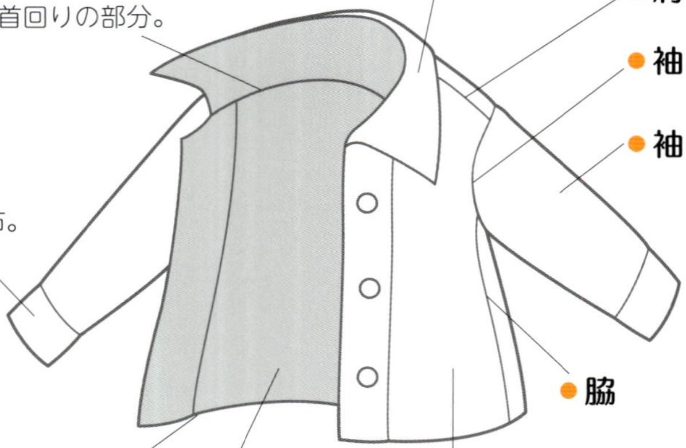

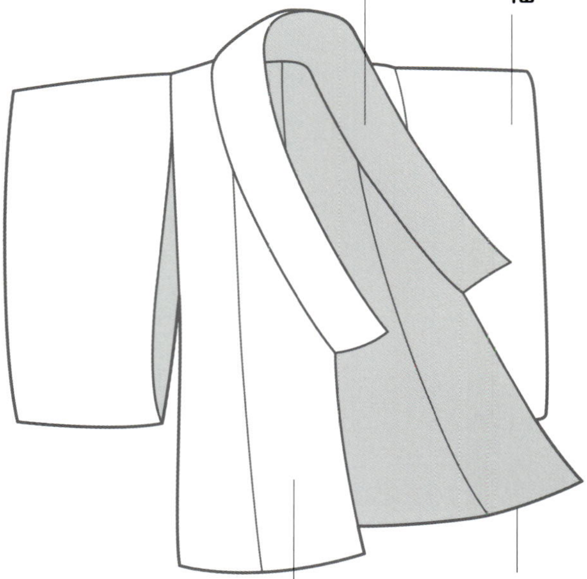

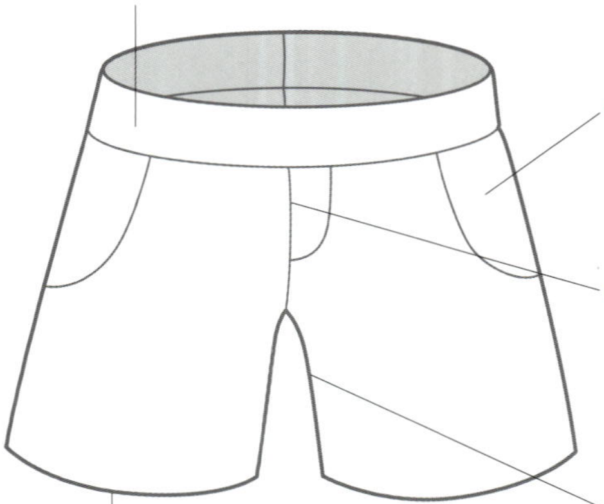

型紙

― Pattern ―

- この本の型紙は全身パターンになっています。
- 詳しい説明は p.18 を参照してください。
- 山折り、谷折りの線は下記の通りです。

山折り -

谷折り — — — — — — — — —

1 制服 －Boy－

Photo … p.4
How to make … p.22

✿シャツ

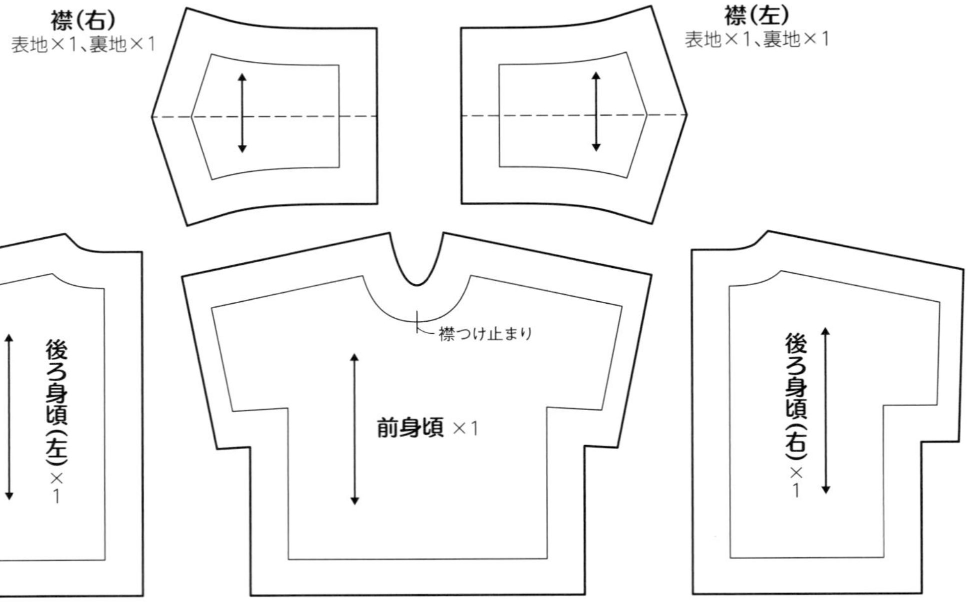

✿ベスト

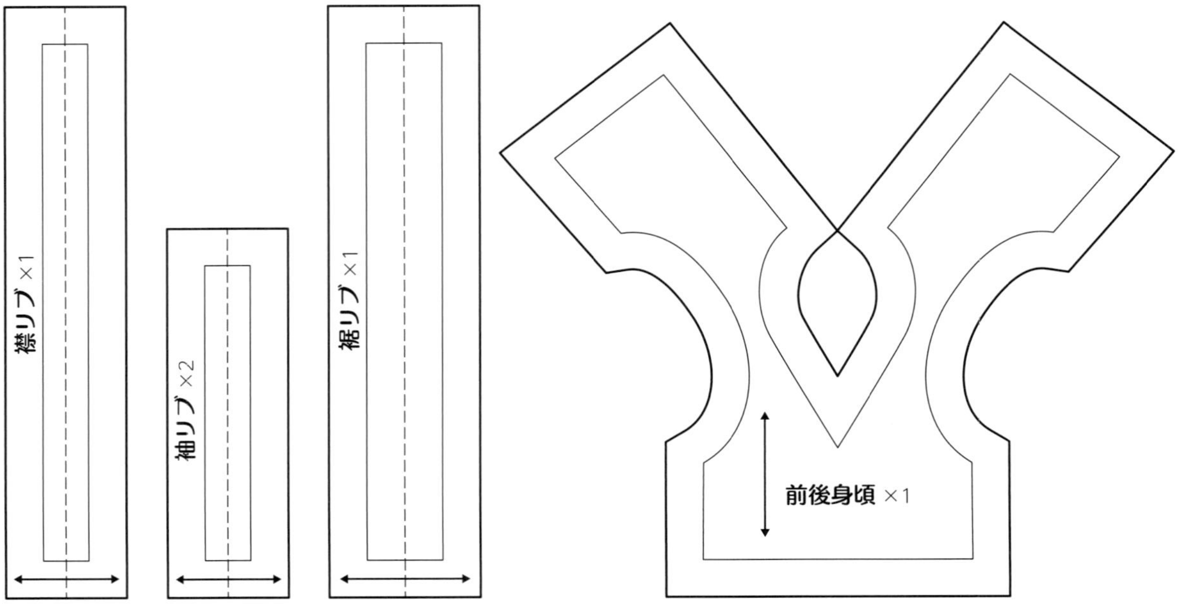

✿ブレザー

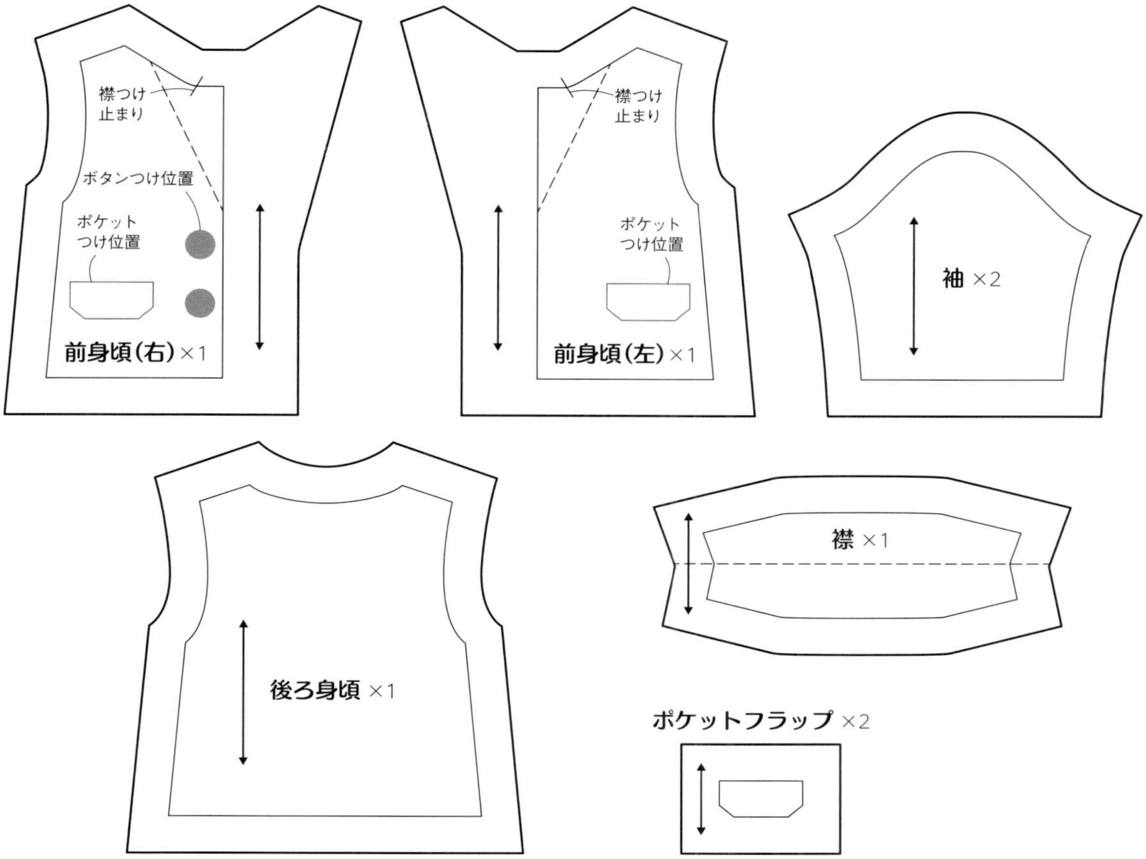
襟つけ止まり
ボタンつけ位置
ポケットつけ位置
前身頃(右)×1
襟つけ止まり
ポケットつけ位置
前身頃(左)×1
袖×2
後ろ身頃×1
襟×1
ポケットフラップ×2

✿靴下

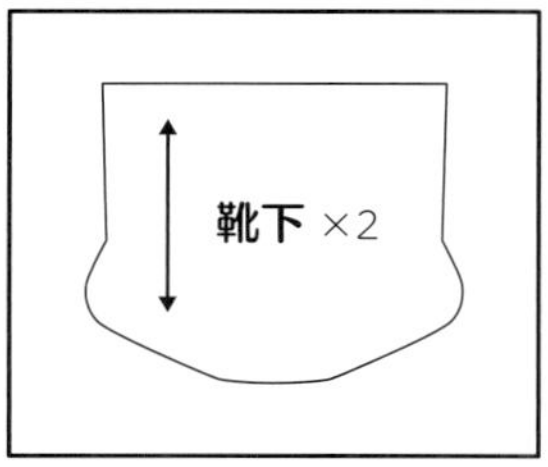
靴下×2

✿パンツ

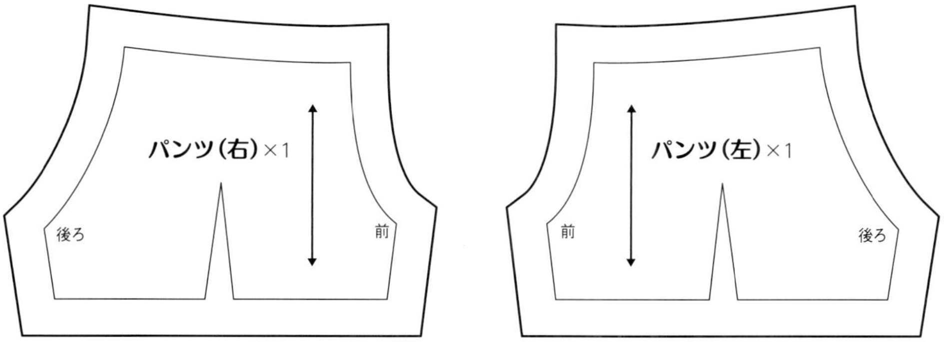
パンツ(右)×1
後ろ
前
パンツ(左)×1
前
後ろ

2 制服 ― Girl ―

Photo … p.4
How to make … p.30

✿ シャツ

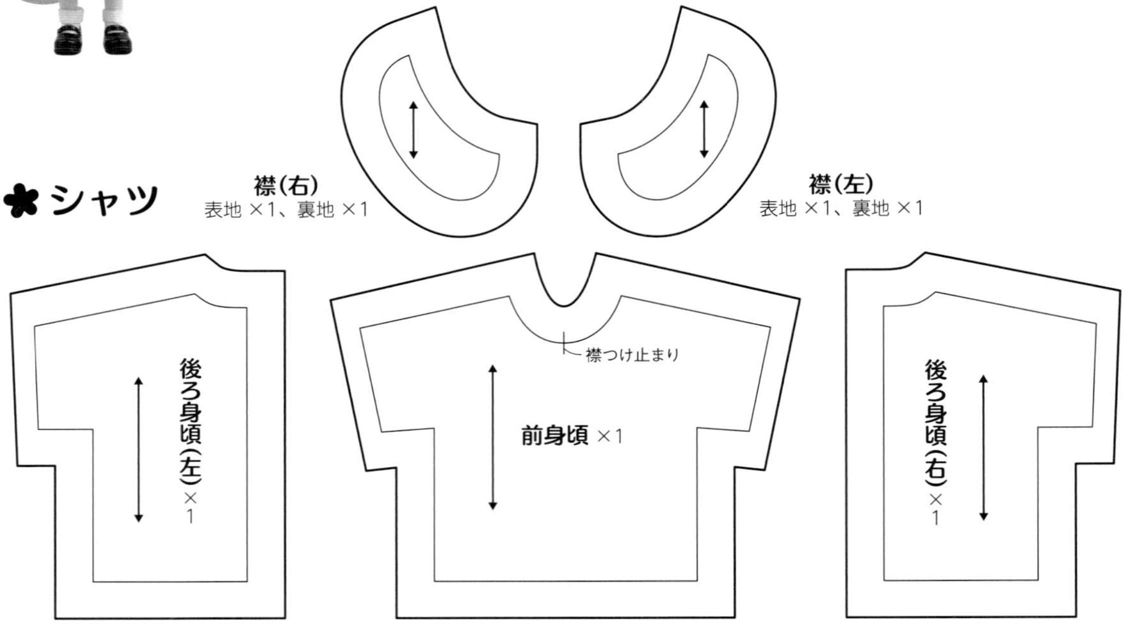

✿ カーディガン

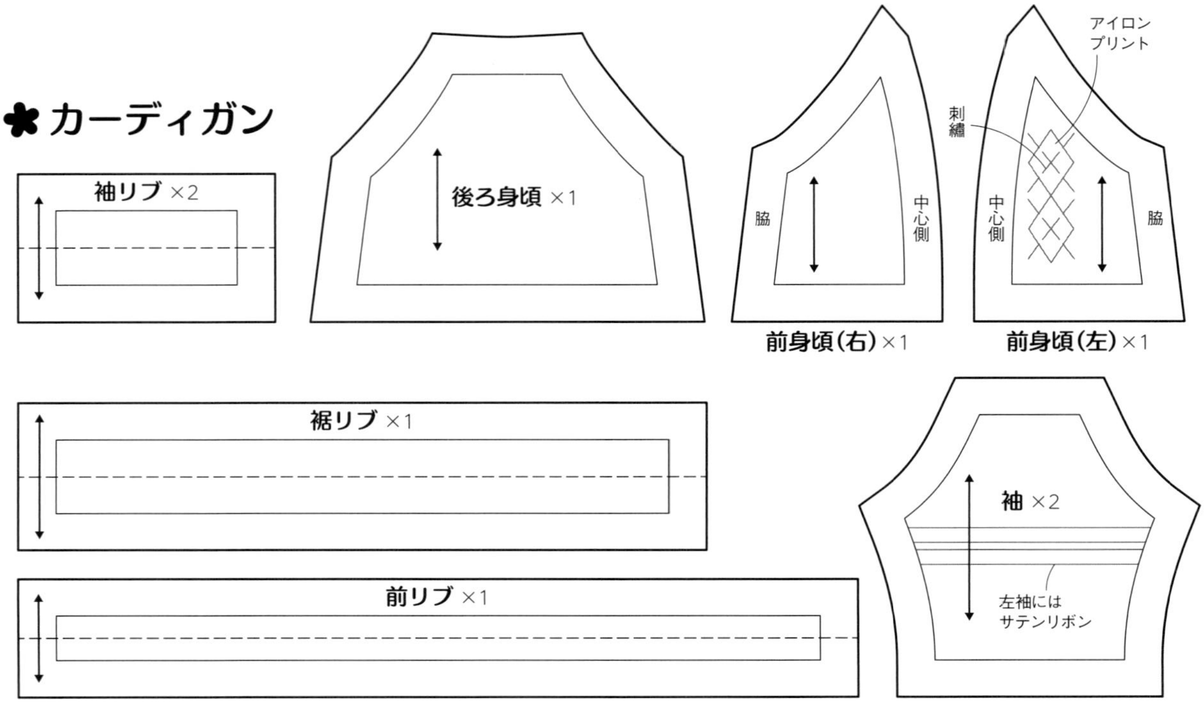

ジャンパースカート

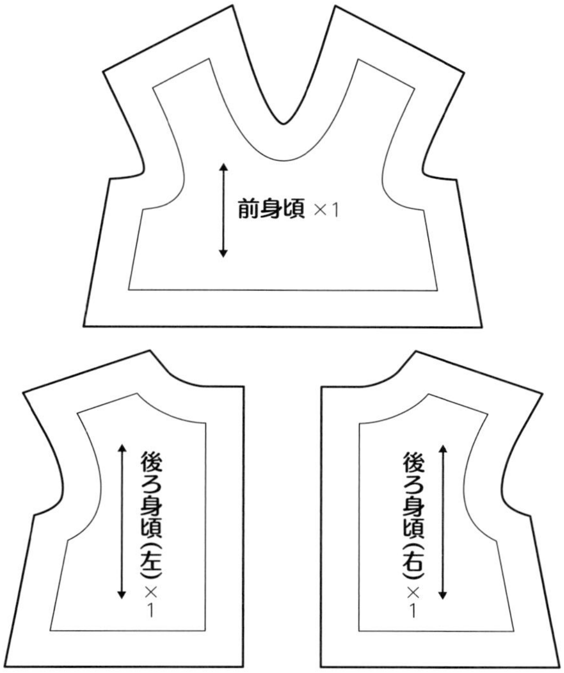

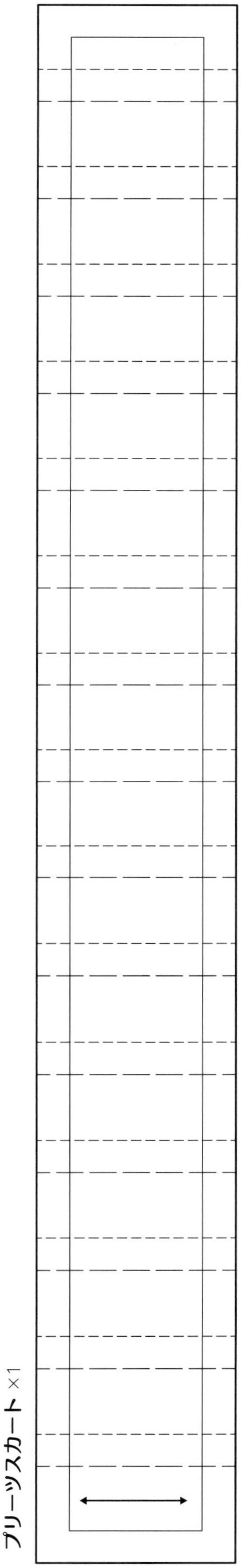

ベレー帽

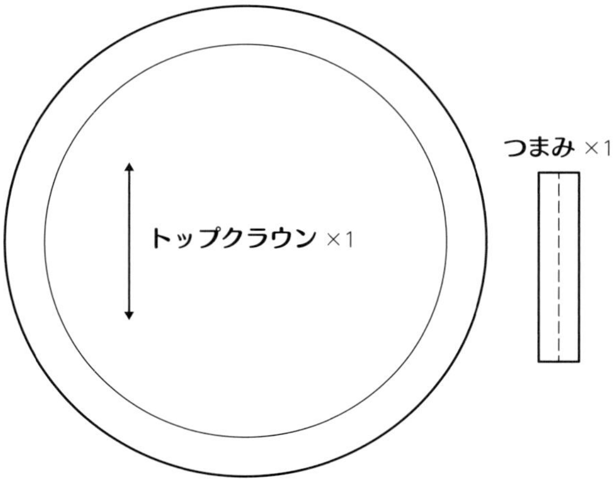

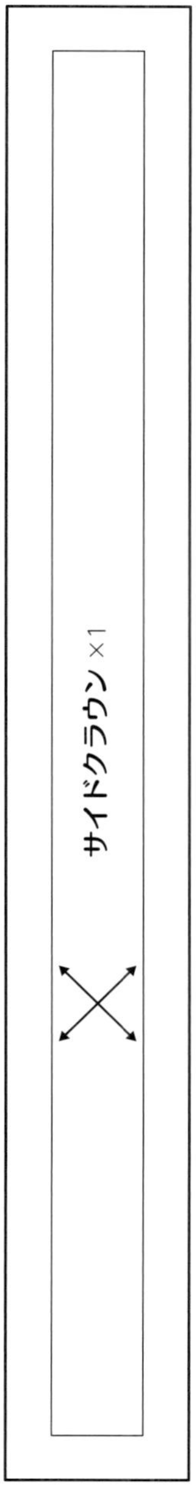

三つ折り靴下

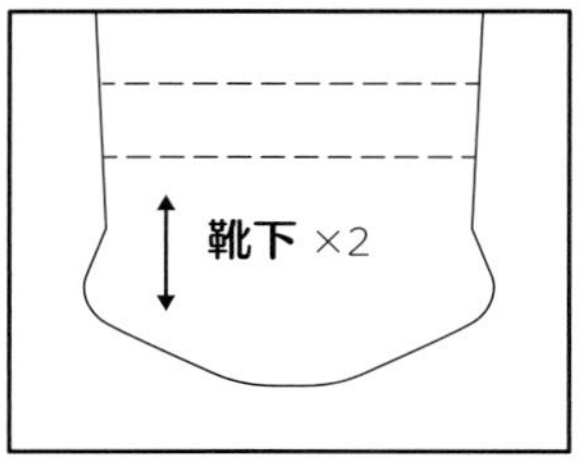

3 セーラー服 ―Boy―

Photo … p.6
How to make … p.38

✿ セーラートップス

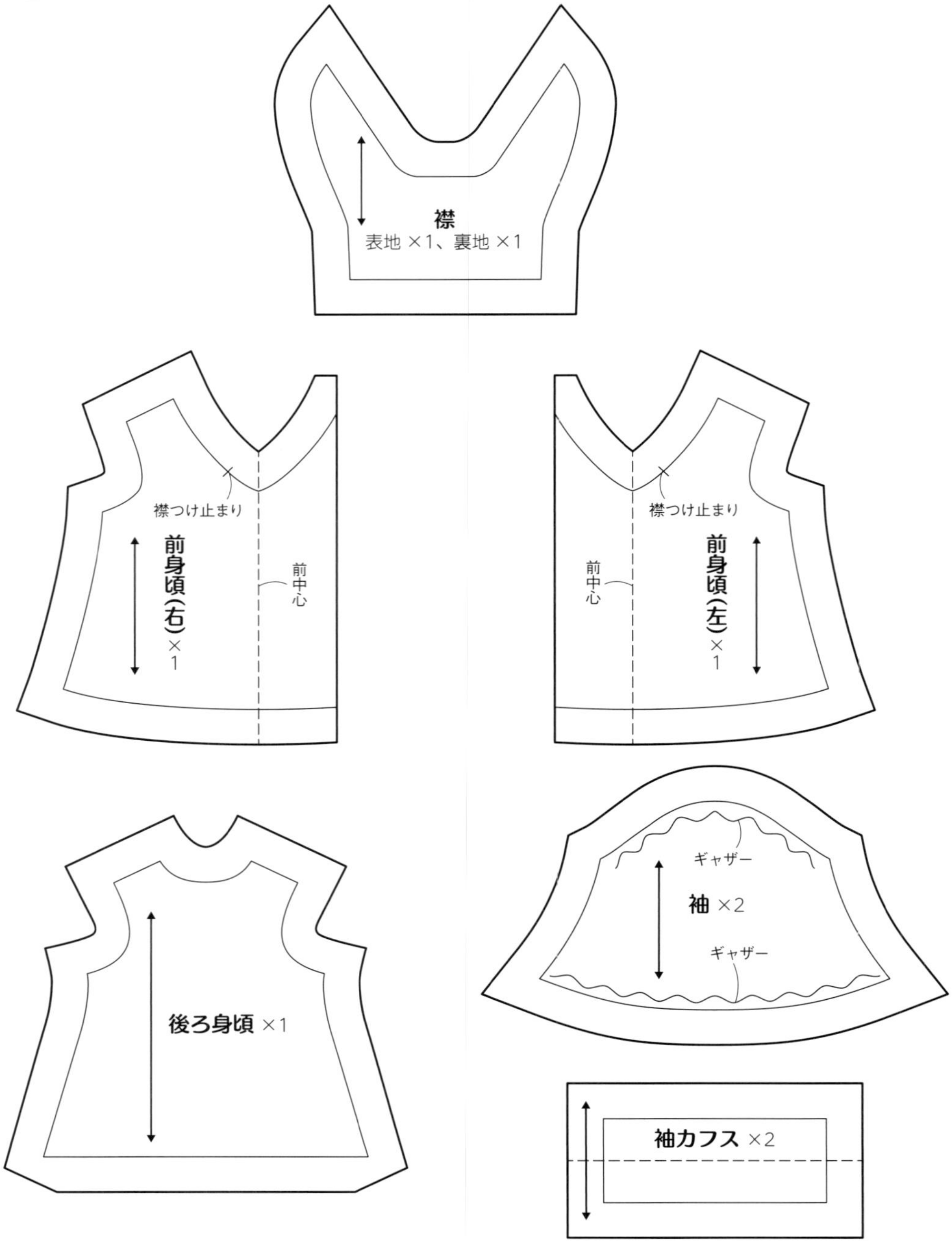

✿ ハーフパンツ

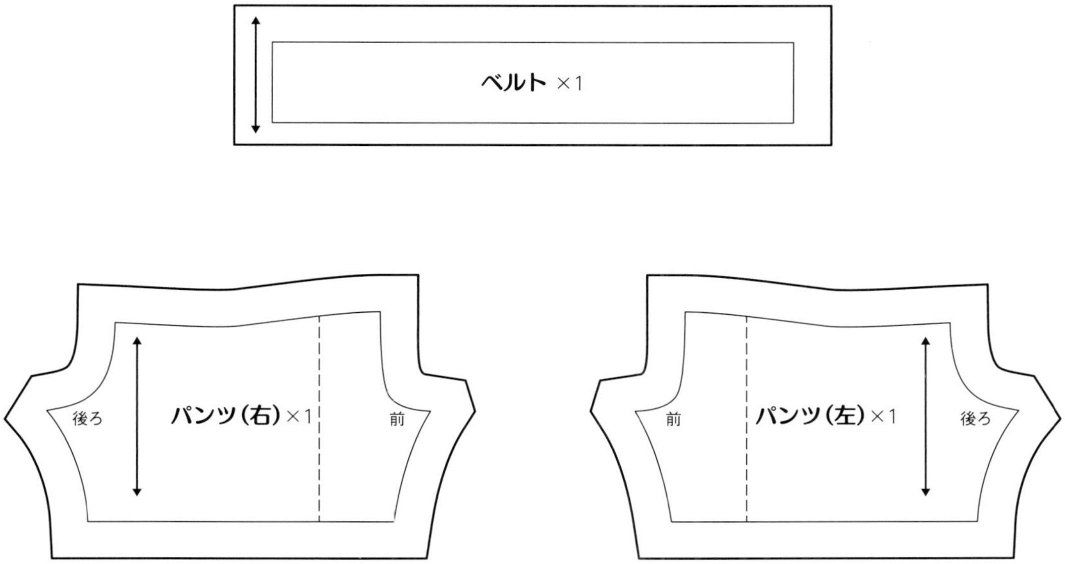
ベルト ×1
後ろ
パンツ（右）×1
前
前
パンツ（左）×1
後ろ

✿ 靴下

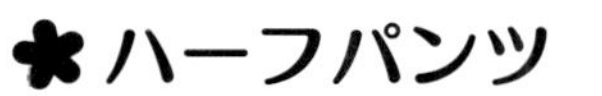

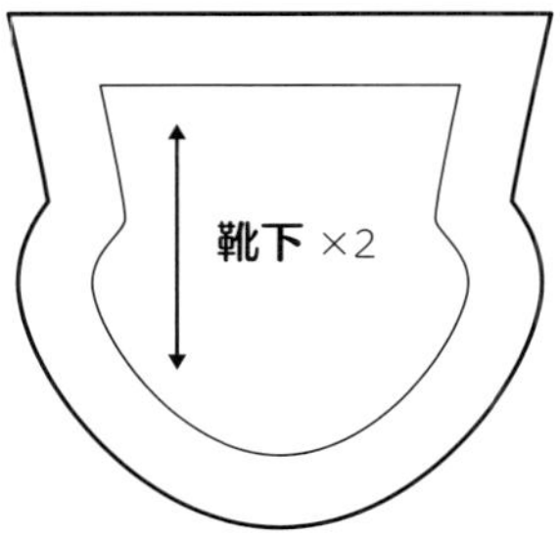
靴下 ×2

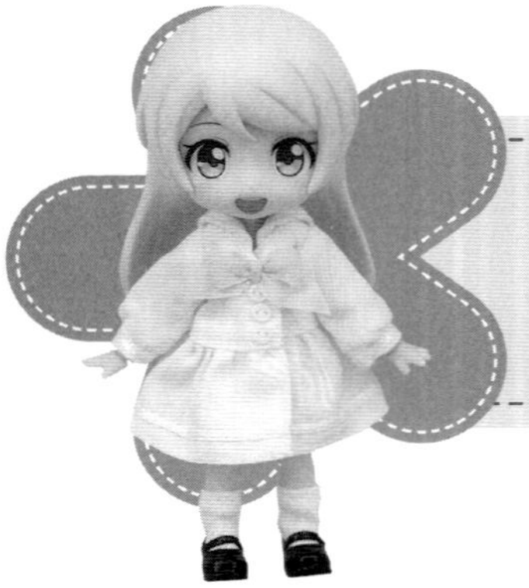

4 セーラー服 ― Girl ―

Photo … p.6
How to make … p.44

✿ セーラーワンピース

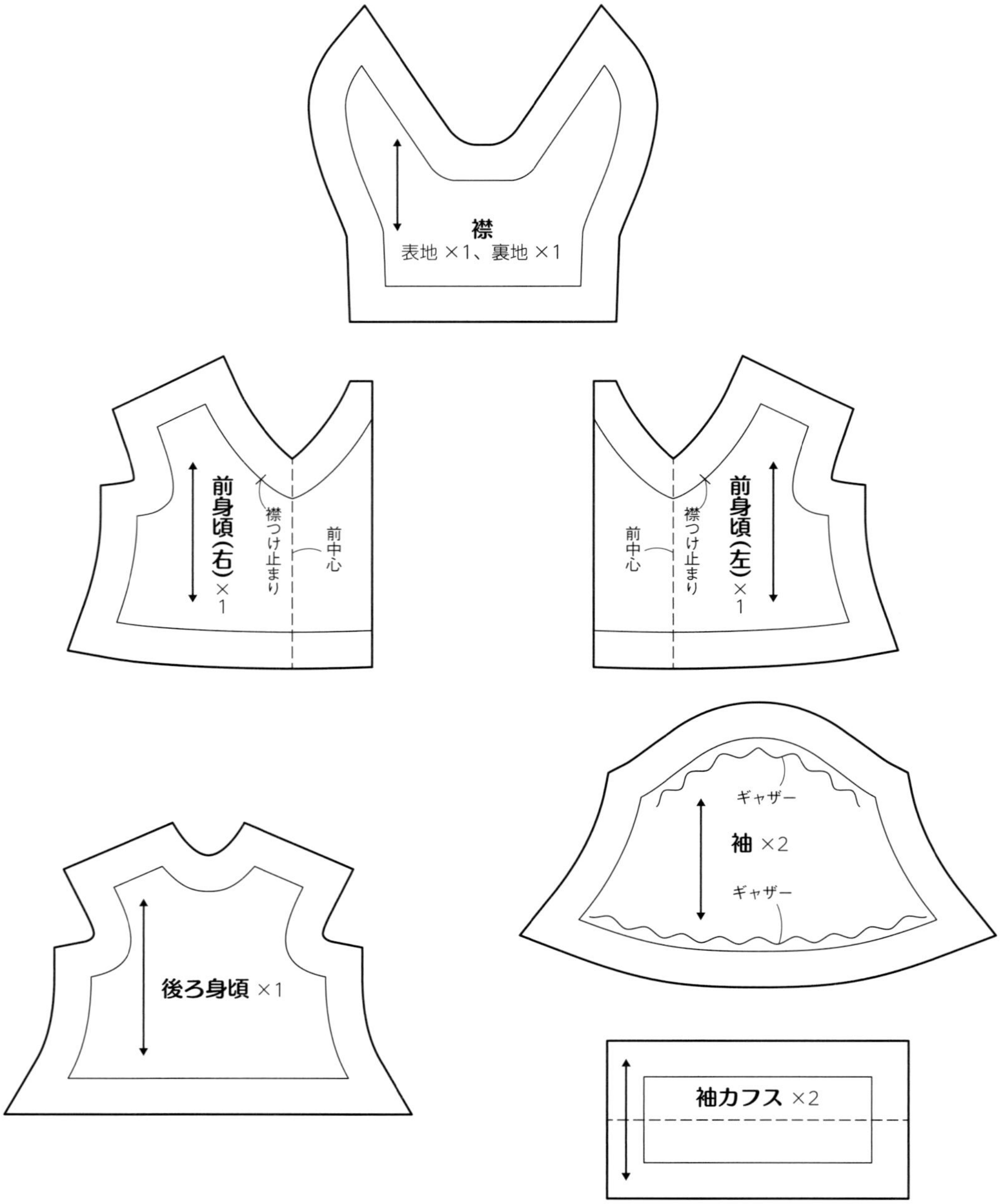

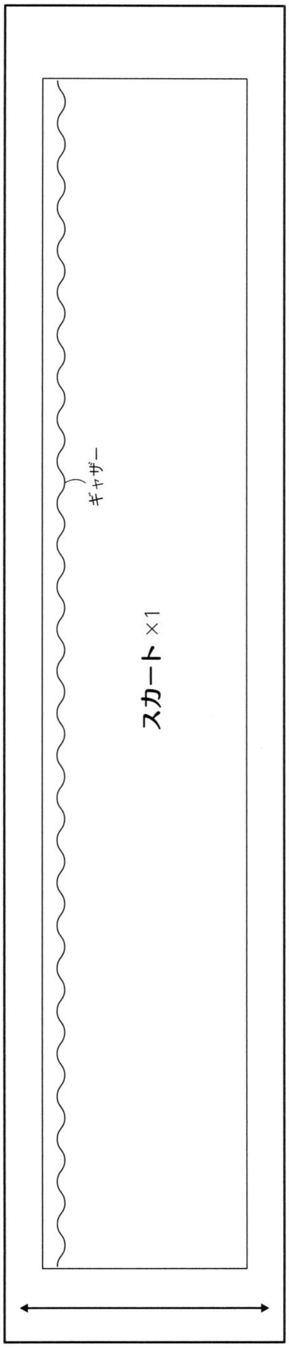

靴下

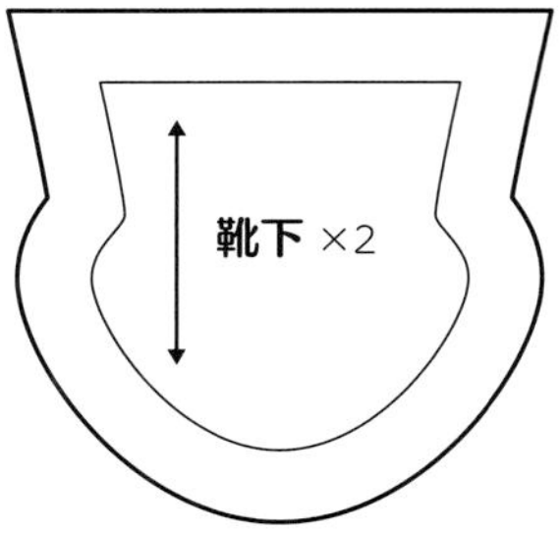

5 ゴシックロリータ －Boy－

Photo … p.8
How to make … p.46

✿ ブラウス

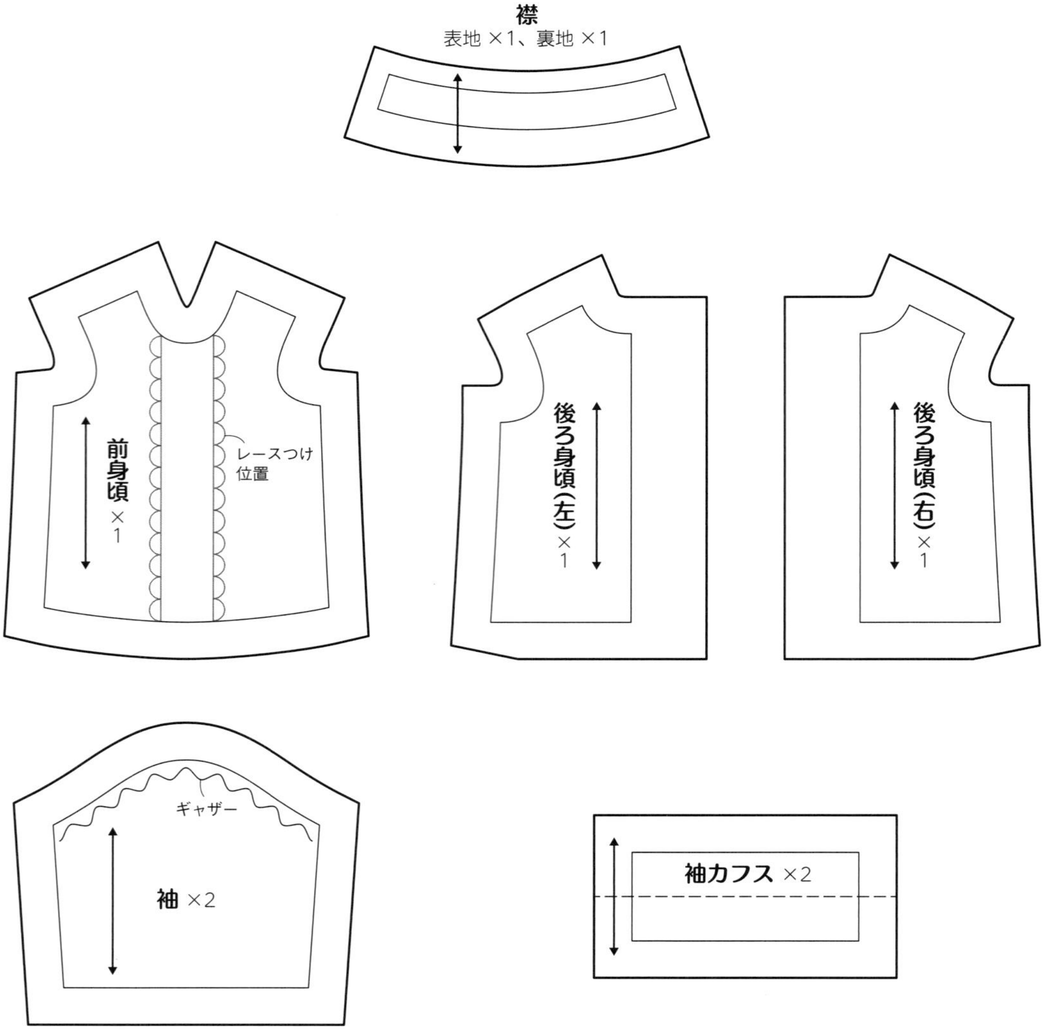

✿ ベスト 表地×1、裏地×1

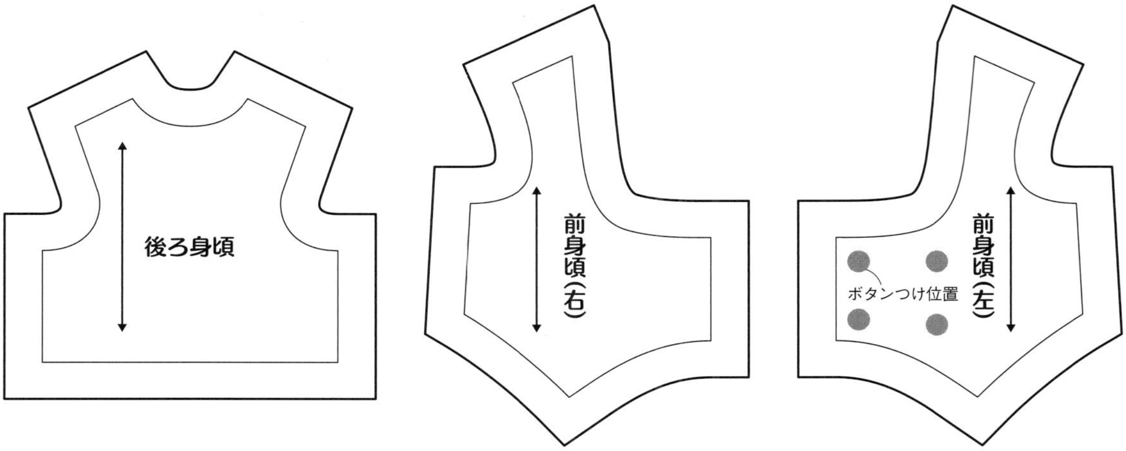

✿ パンツ

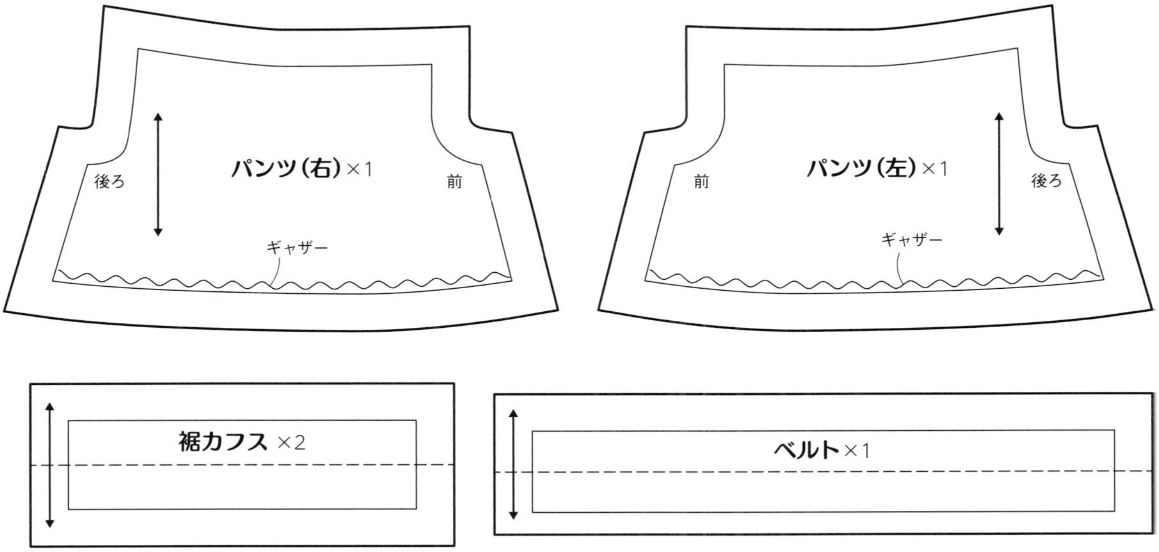

✿ 靴下

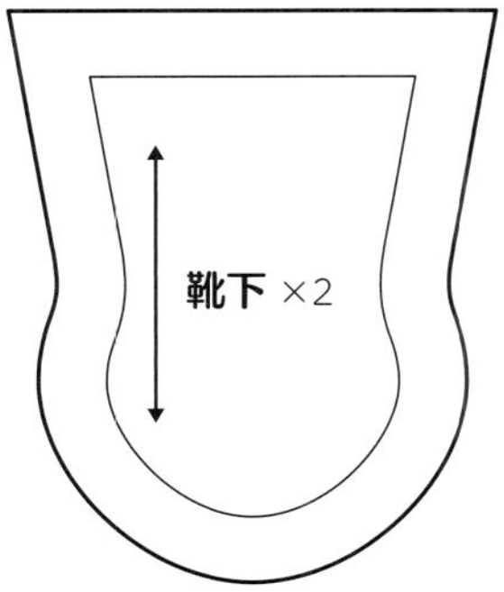

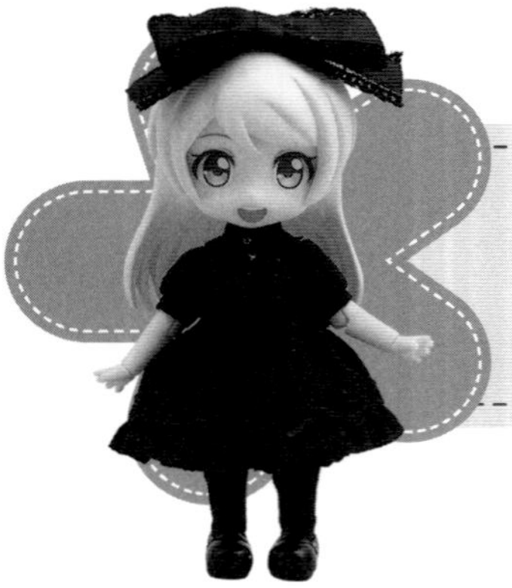

6 ゴシックロリータ －Girl－

Photo … p.8
How to make … p.52

✿ ワンピース

襟
表地 ×1、裏地 ×1

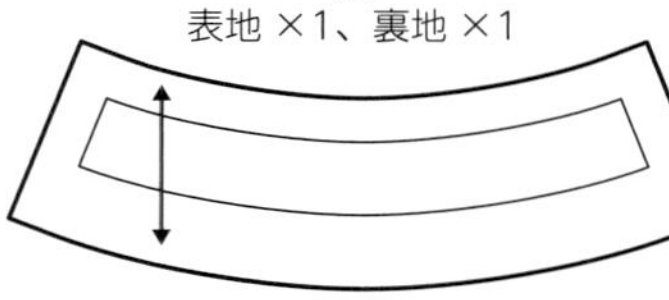

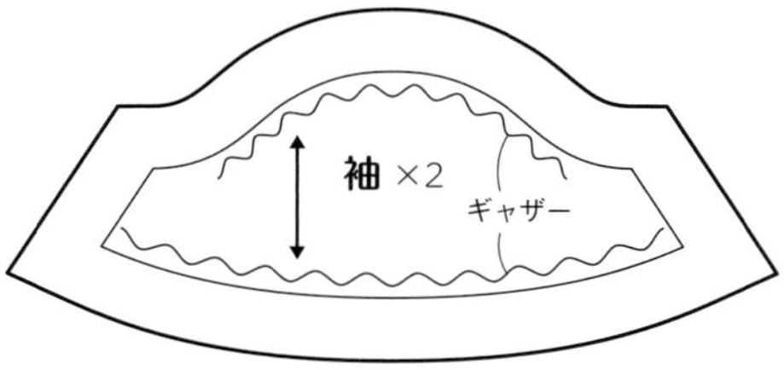

前身頃 ×1

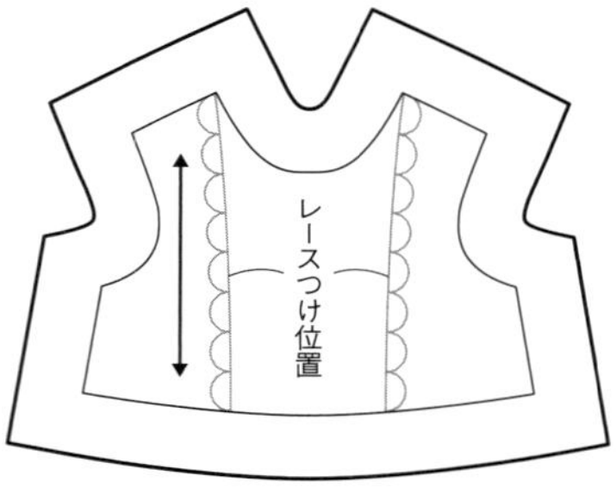

袖カフス ×2

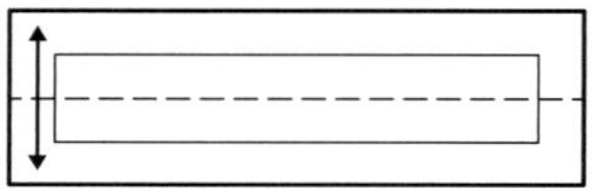

後ろ身頃（左）×1

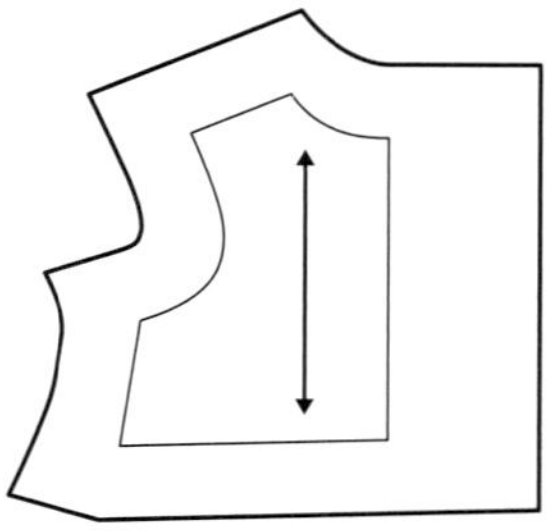

後ろ身頃（右）×1

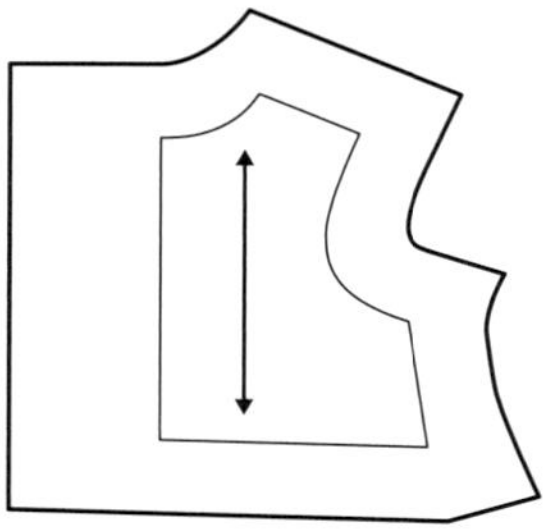

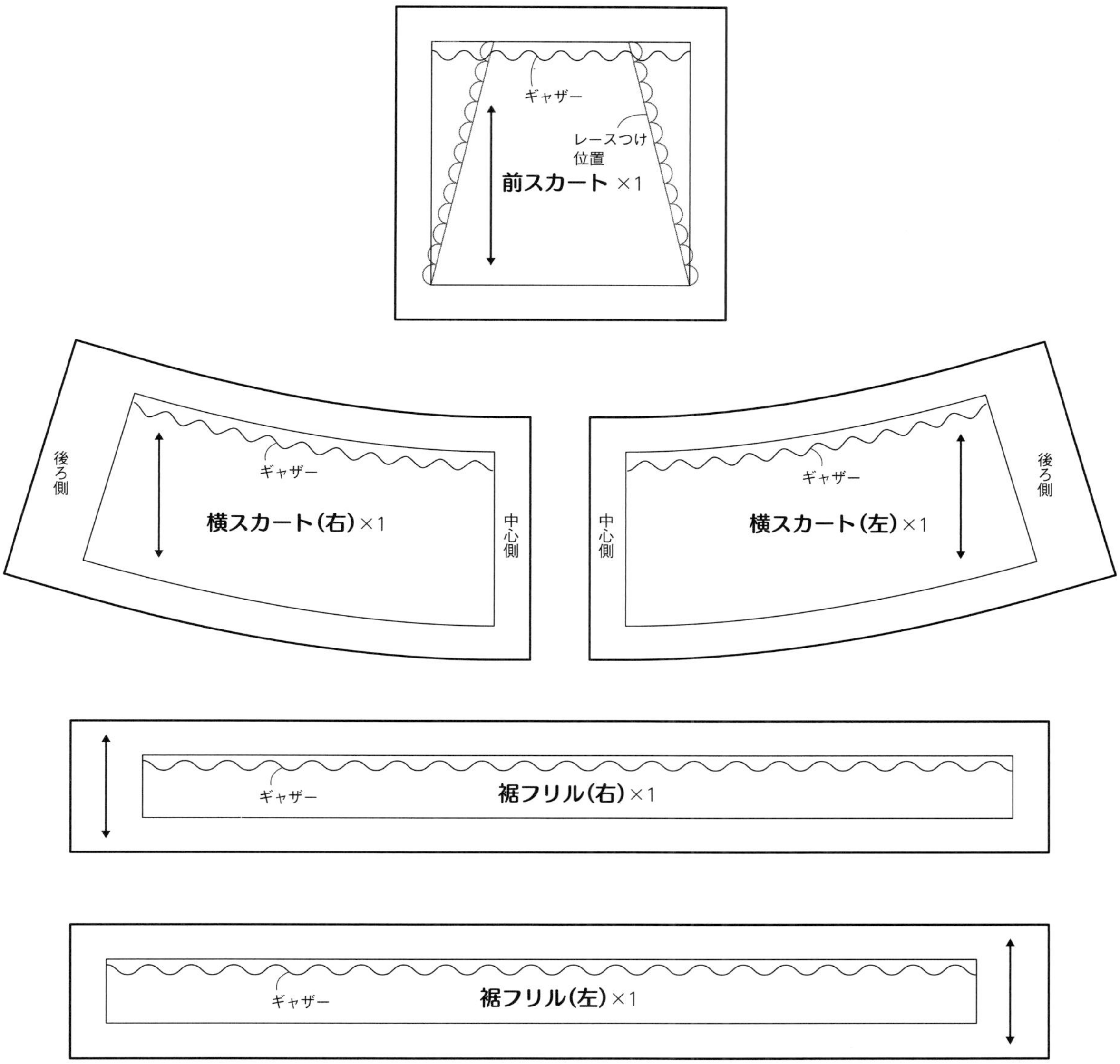
ギャザー
レースつけ位置
前スカート ×1
後ろ側
ギャザー
横スカート（右）×1
中心側
中心側
ギャザー
横スカート（左）×1
後ろ側
ギャザー
裾フリル（右）×1
ギャザー
裾フリル（左）×1

✿ ドロワーズ

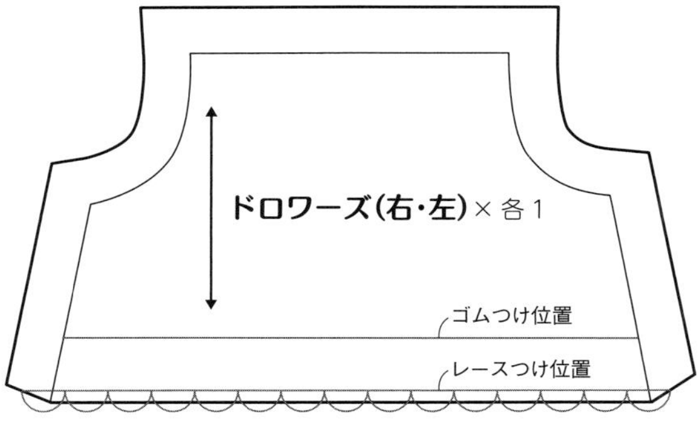
ドロワーズ（右・左）× 各1
ゴムつけ位置
レースつけ位置

✿ 靴下

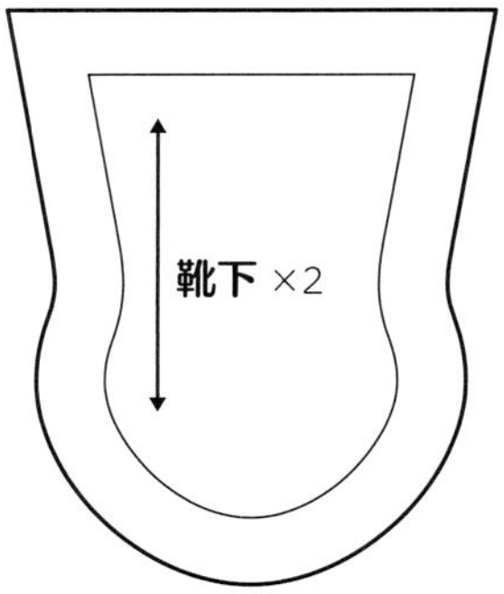
靴下 ×2

7 巫女

Photo … p.10
How to make … p.58

✿上衣

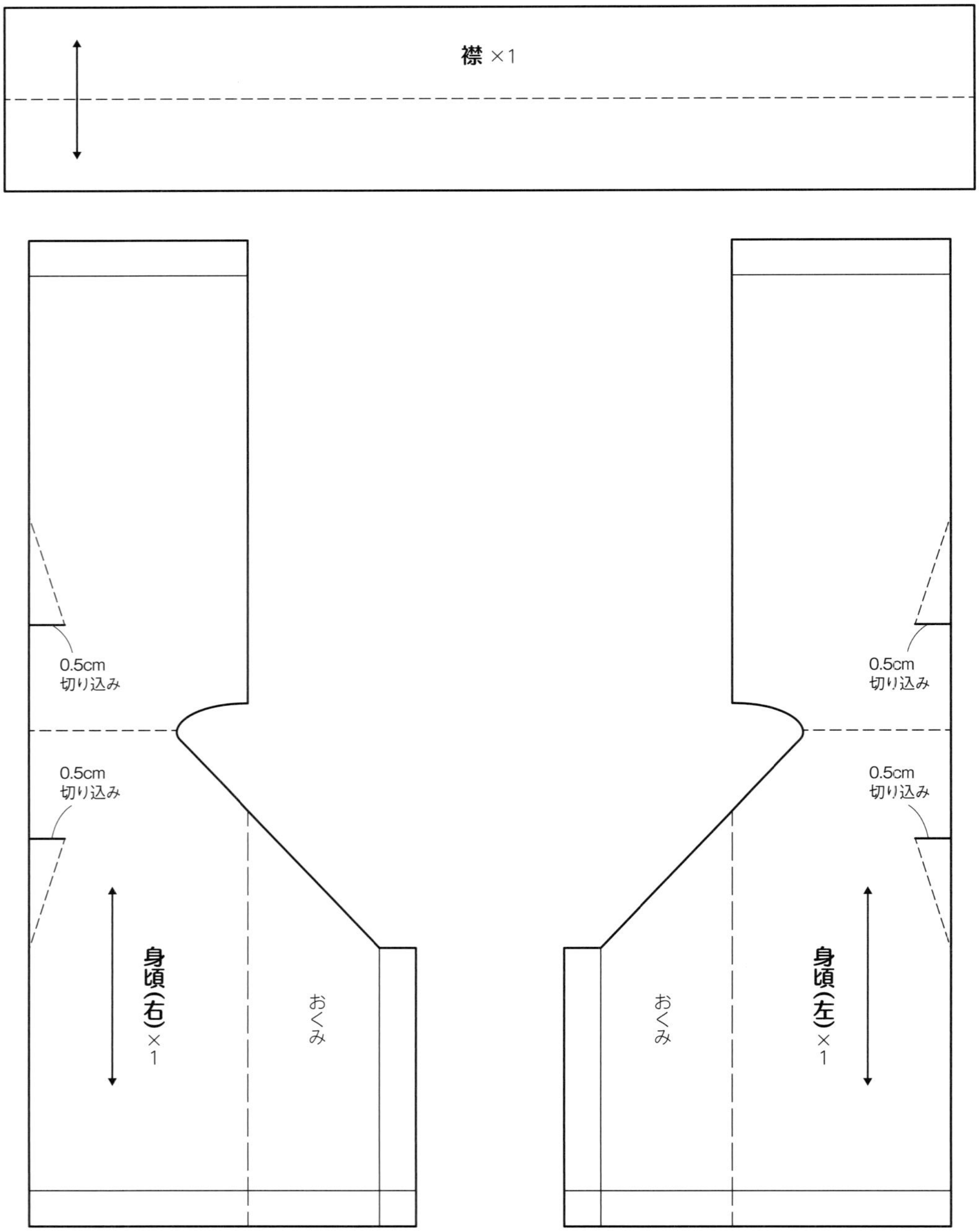

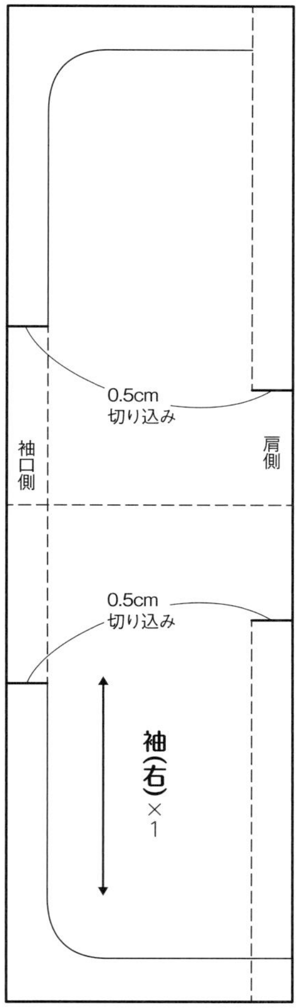
0.5cm
切り込み
袖口側
肩側
0.5cm
切り込み
袖(右)×1

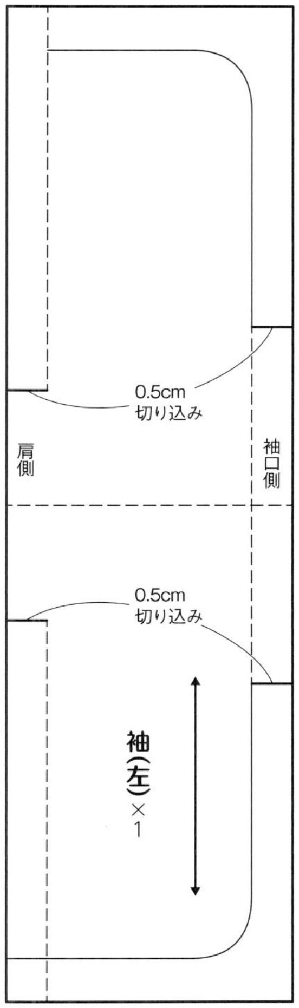
0.5cm
切り込み
肩側
袖口側
0.5cm
切り込み
袖(左)×1

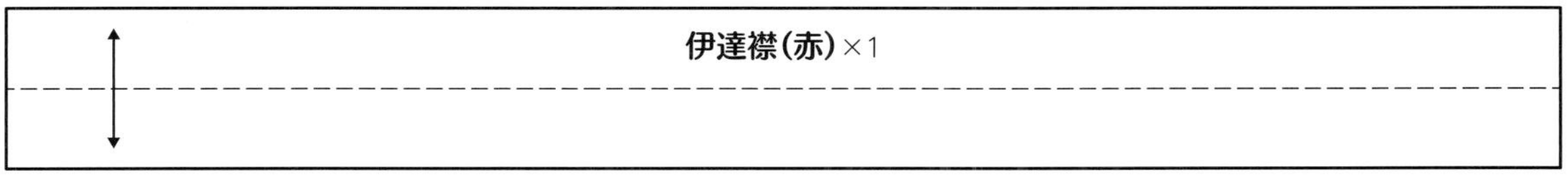
伊達襟(赤)×1

✿ 長じゅばん襟

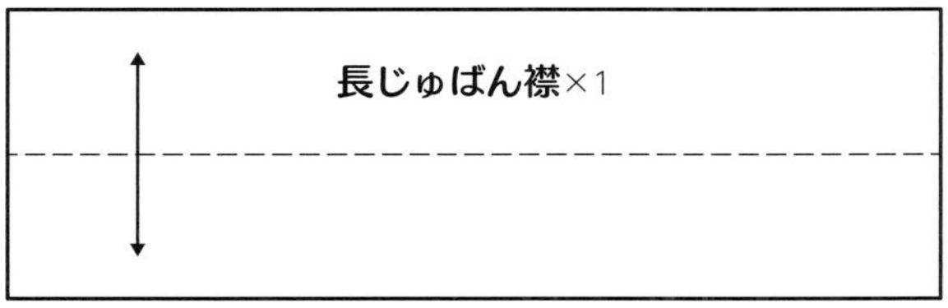
長じゅばん襟×1

✿ 緋袴

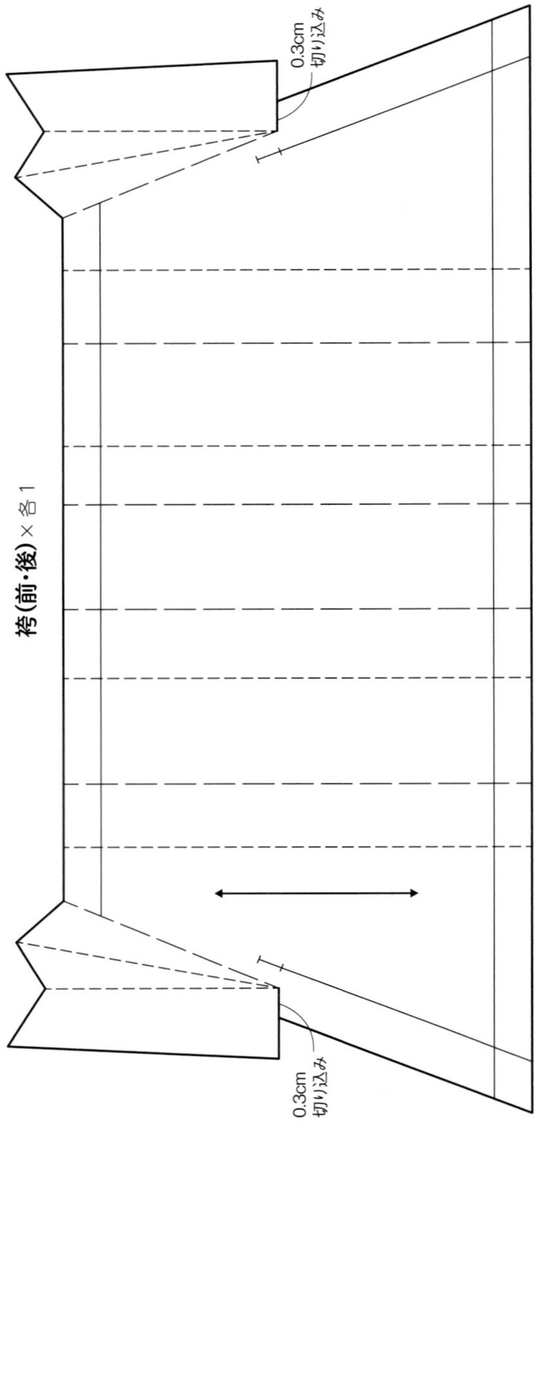
0.3cm
切り込み
袴(前・後)×各1
0.3cm
切り込み

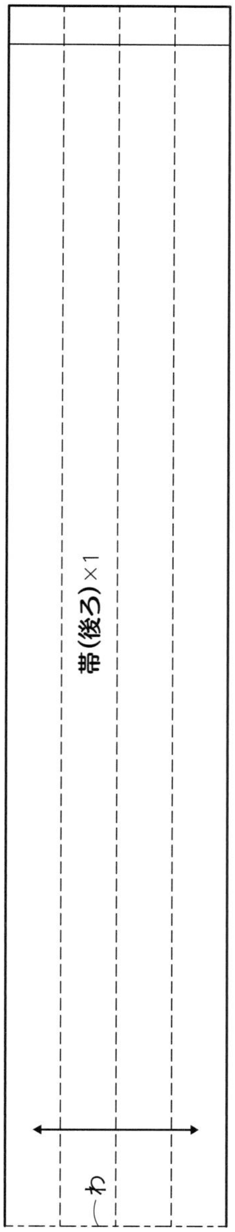
帯(後ろ)×1
わ

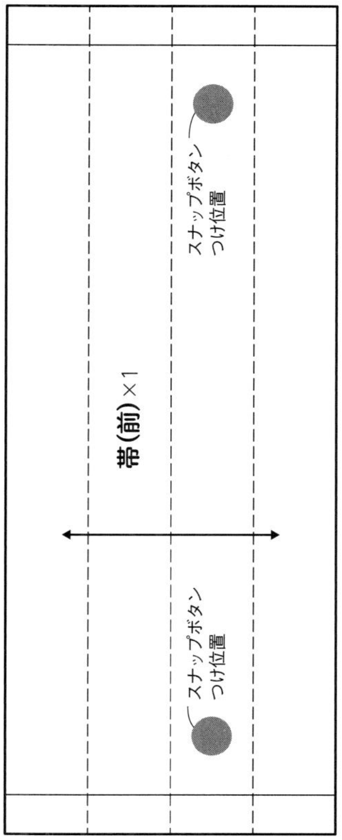
スナップボタン
つけ位置
帯(前)×1
スナップボタン
つけ位置

8 着物 ―Boy―

Photo … p.10
How to make … p.62

✿着 物

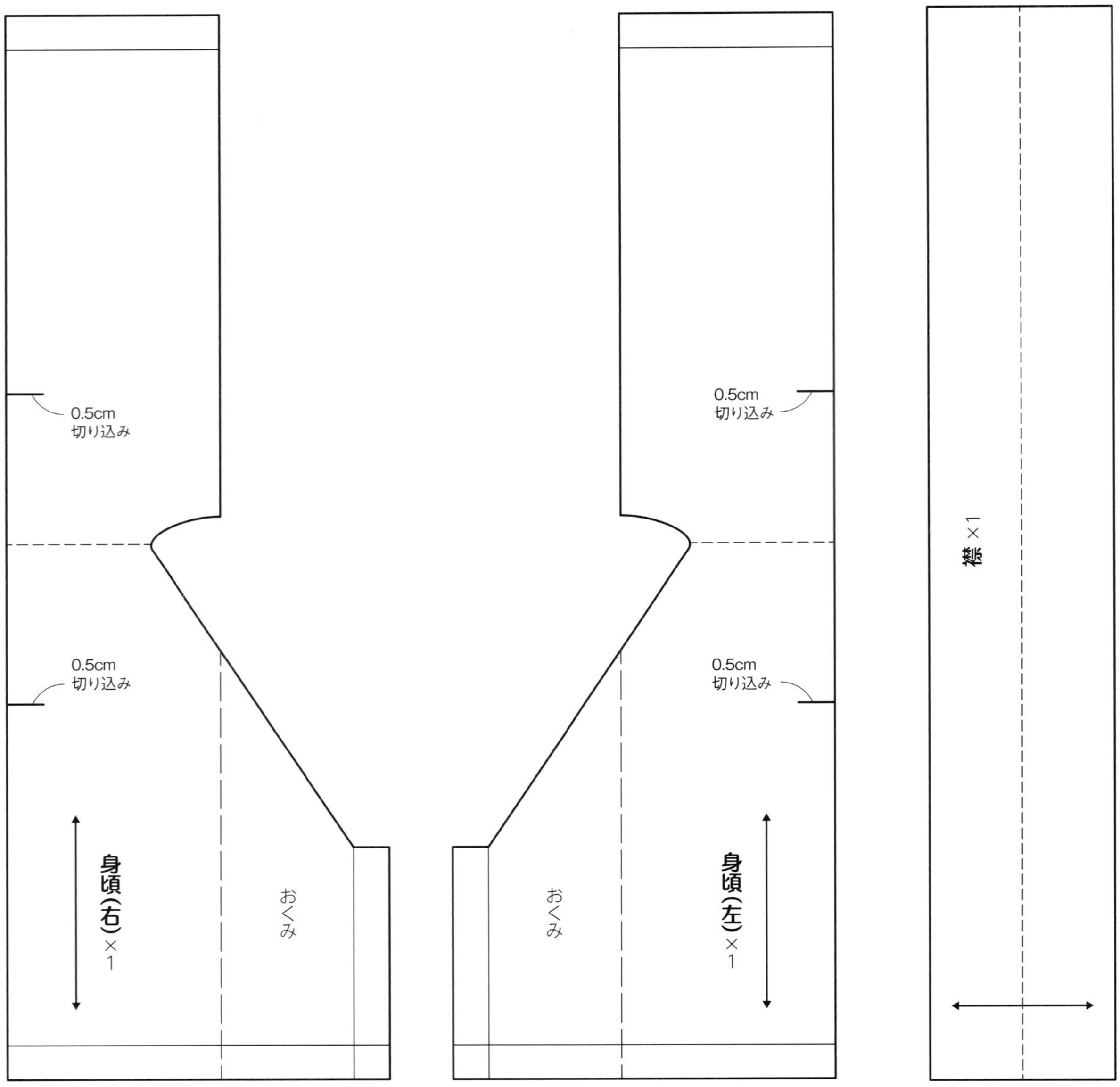

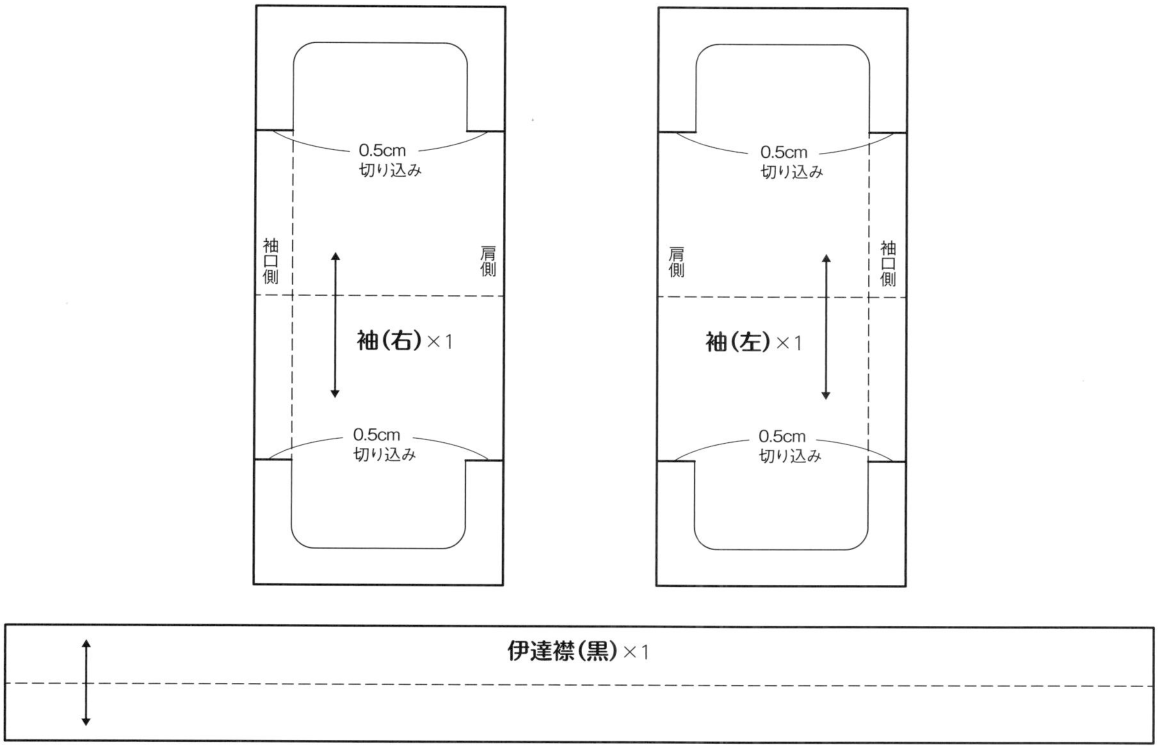

✿帯

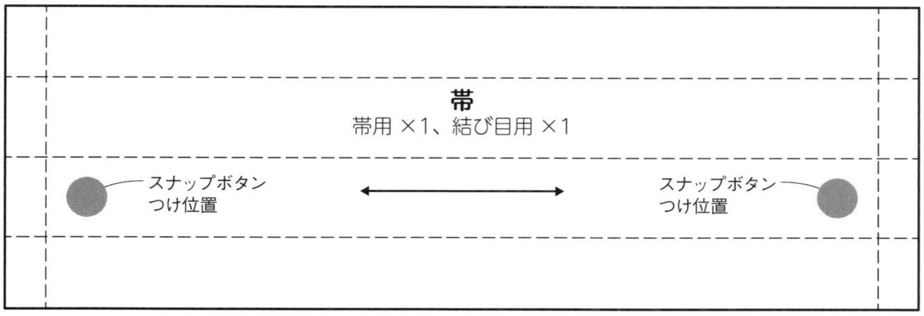

✿長じゅばん襟

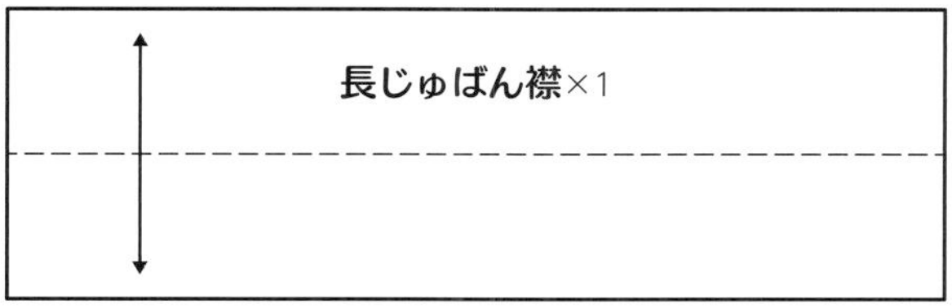

✿着つけ用腹まき

9 着物 ー Girl ー

Photo … p.10
How to make … p.66

✿ 帯

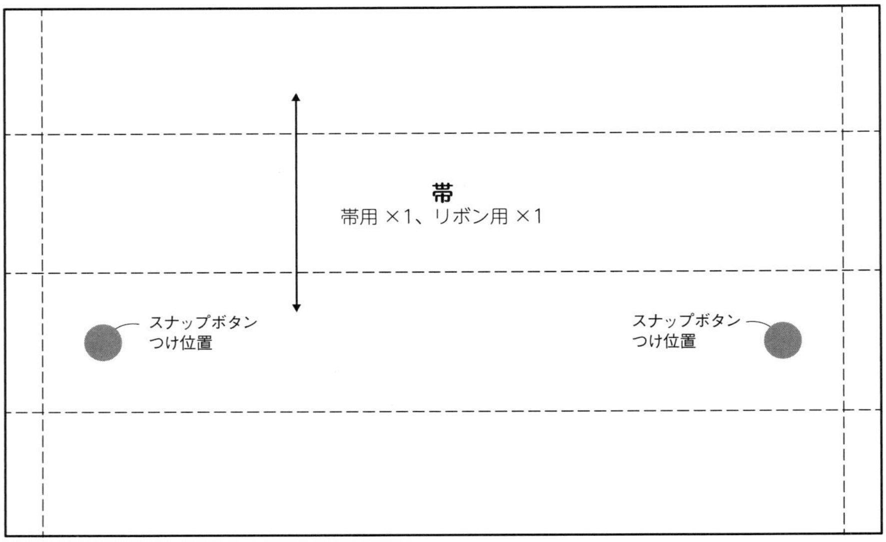

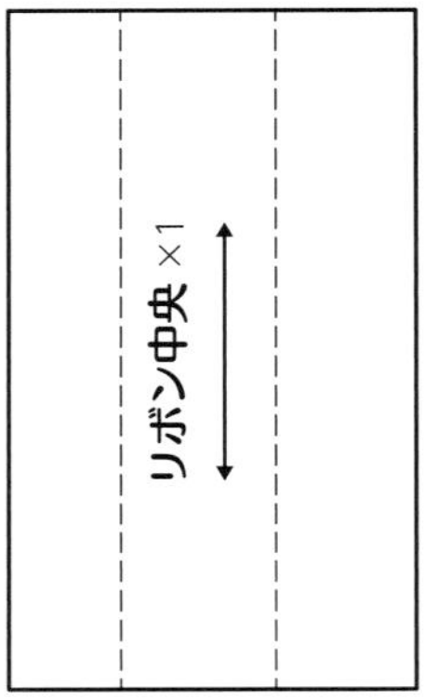

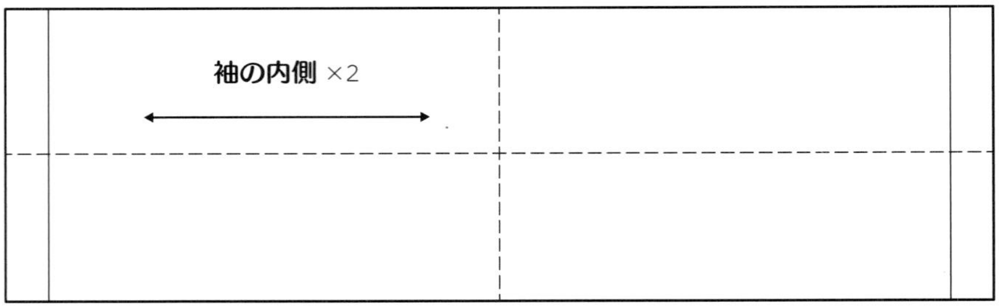

✿ 長じゅばん襟

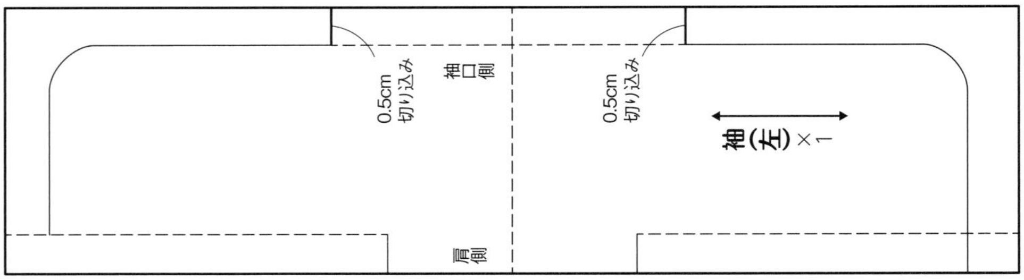

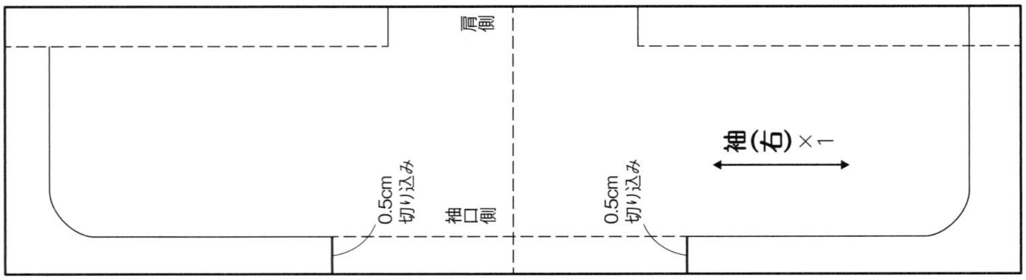

✿振袖

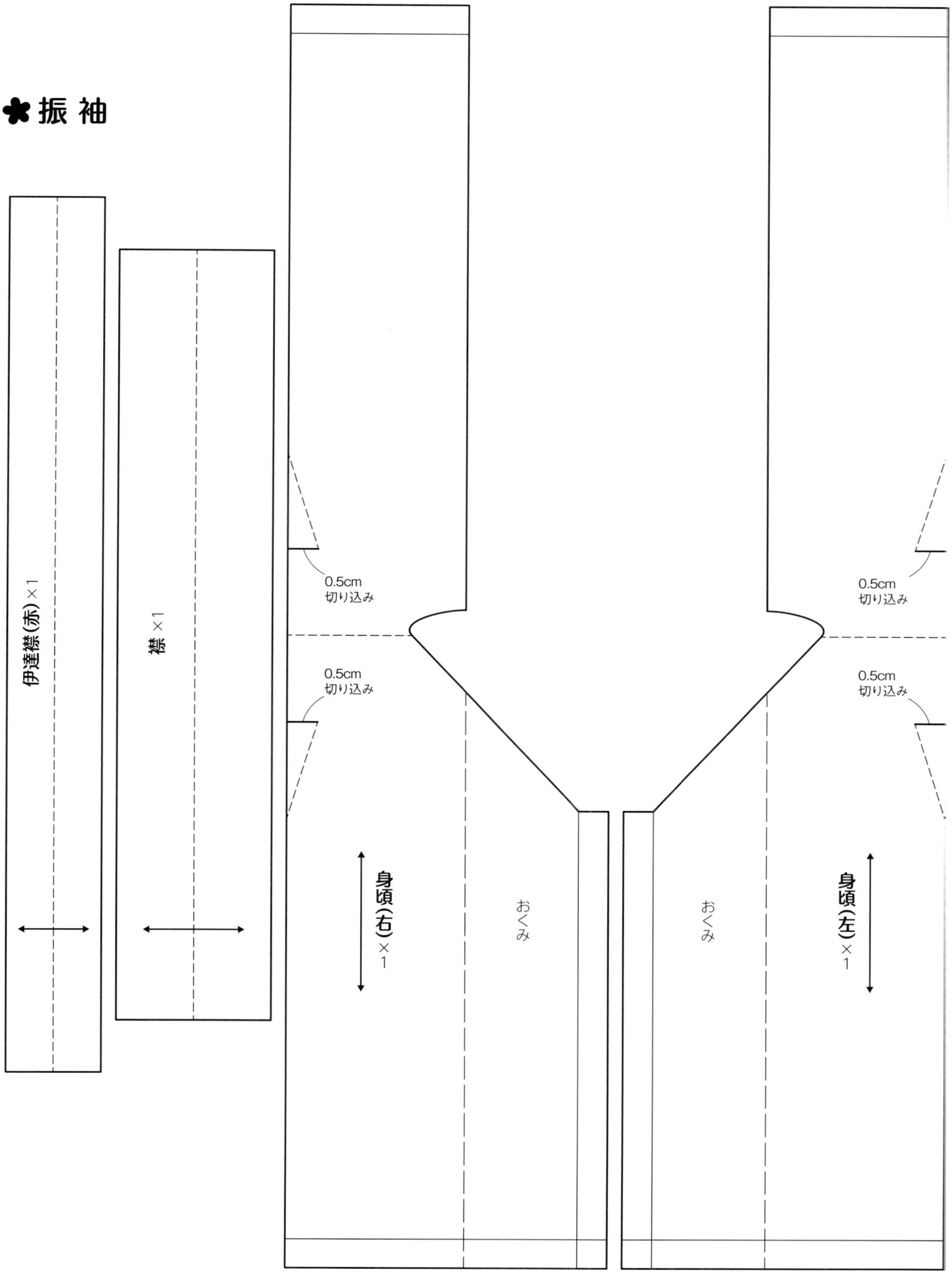
伊達襟(赤)×1
衿×1
0.5cm
切り込み
0.5cm
切り込み
0.5cm
切り込み
0.5cm
切り込み
身頃(右)×1
おくみ
おくみ
身頃(左)×1

10 デニムスタイル －Boy－

Photo … p.13
How to make … p.70

✿ オーバーオール

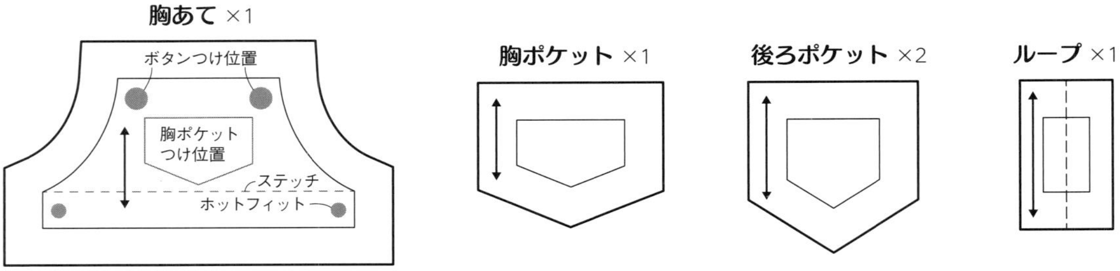

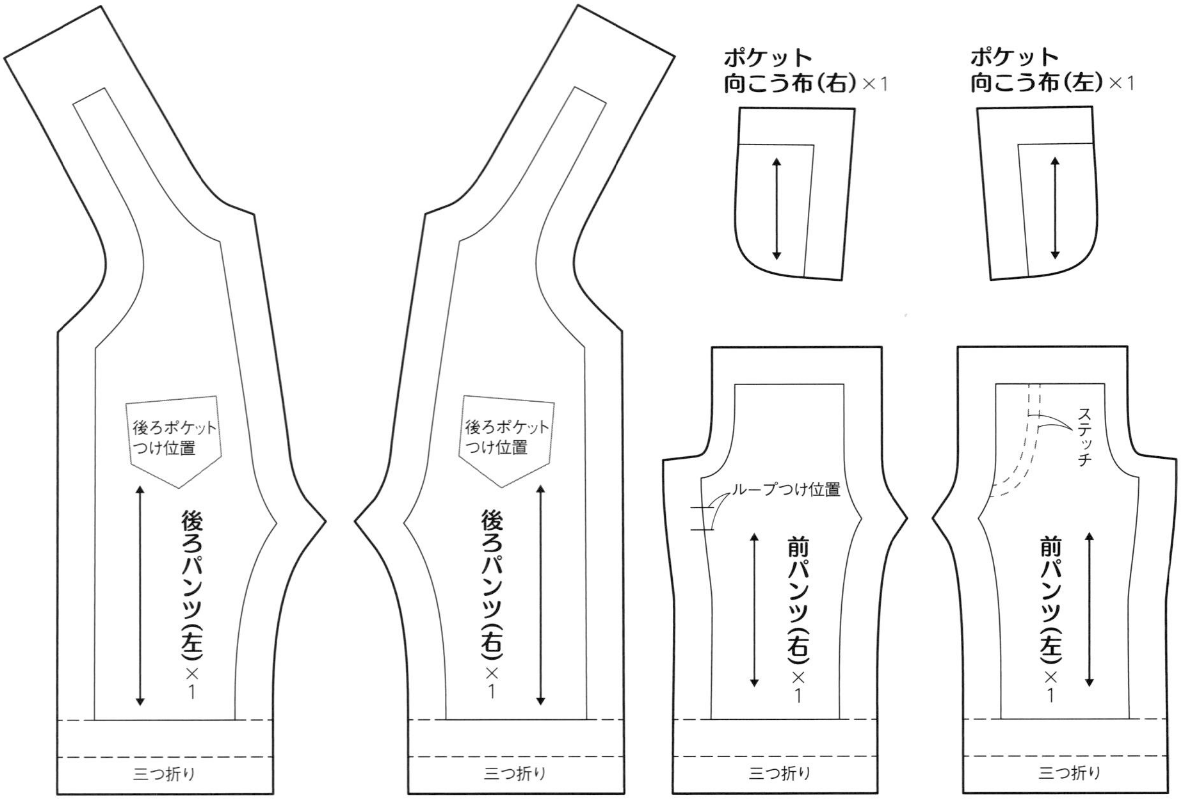

✿キャップ帽

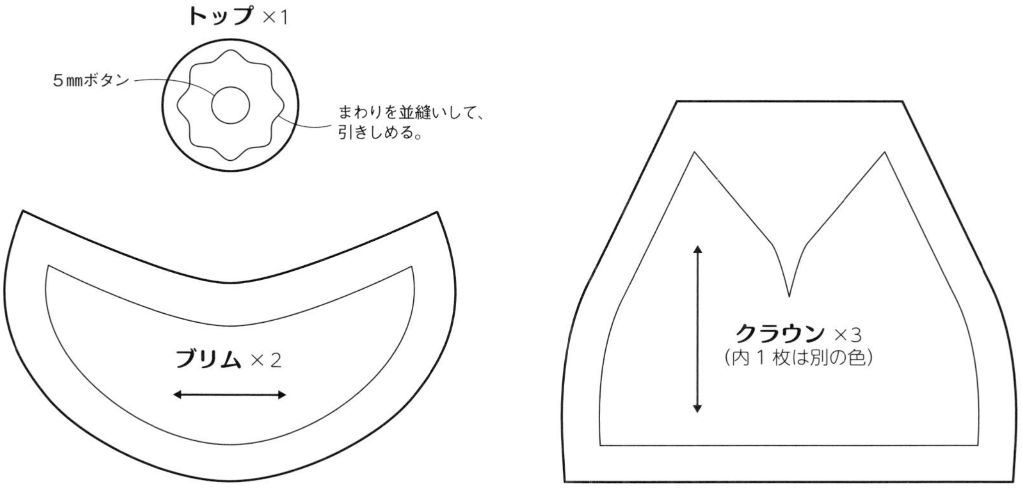

✿ラグラン T シャツ

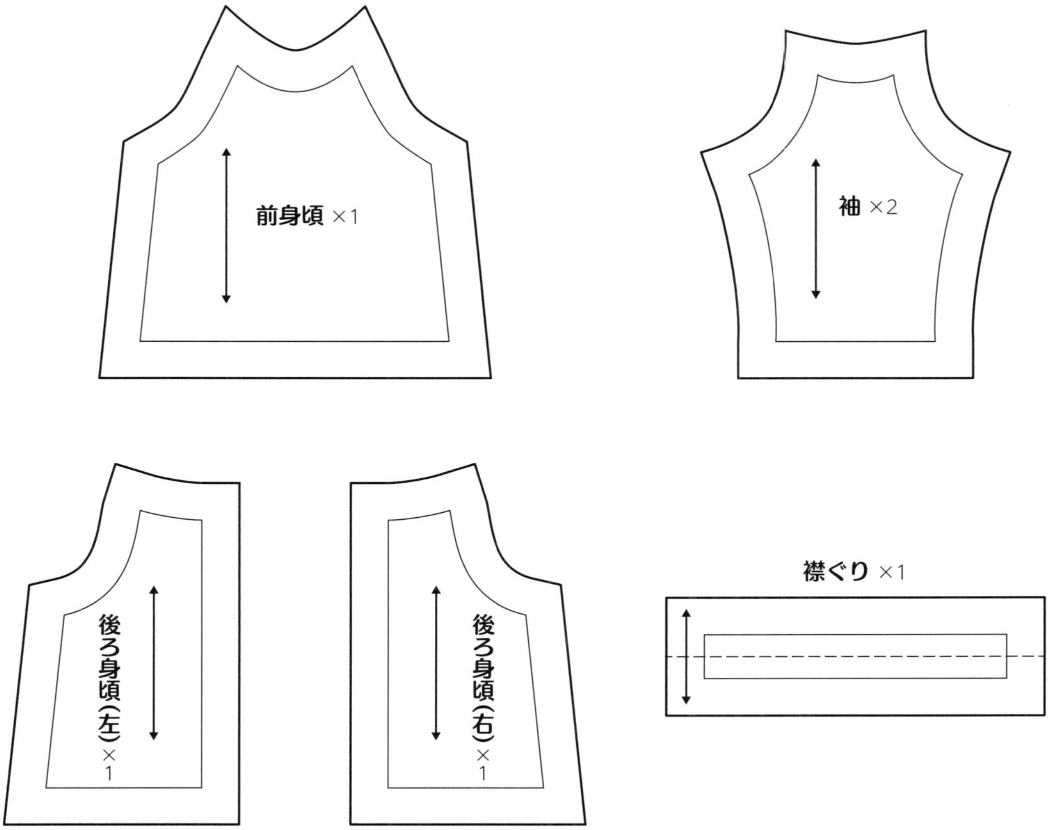

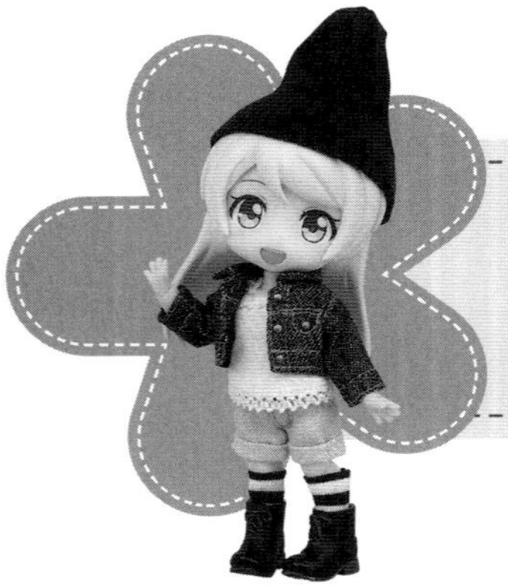

11 デニムスタイル ―Girl―

Photo … p.12
How to make … p.76

✿デニムジャケット

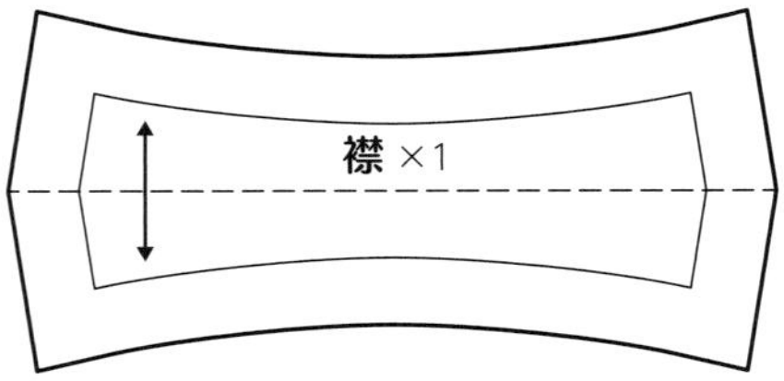

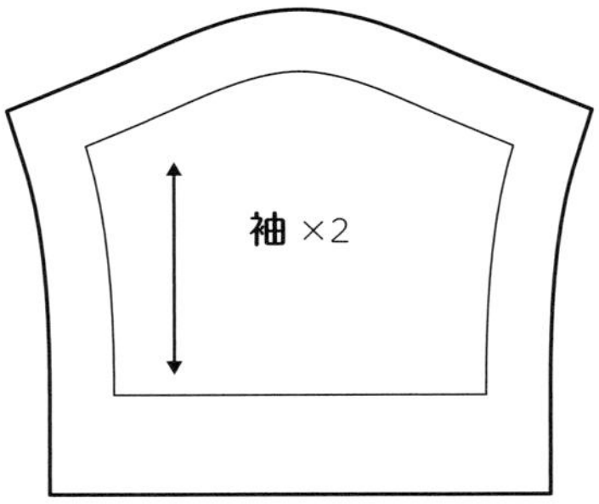

前身頃(右)×1

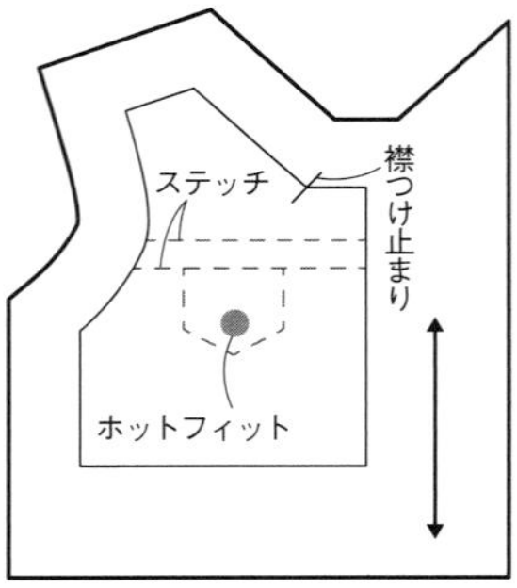

前身頃(左)×1

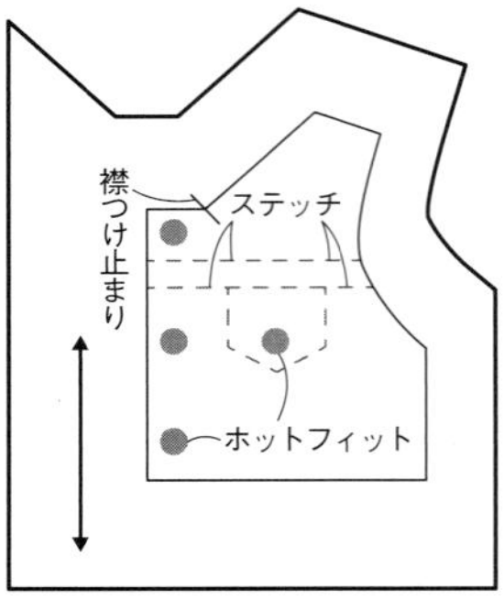

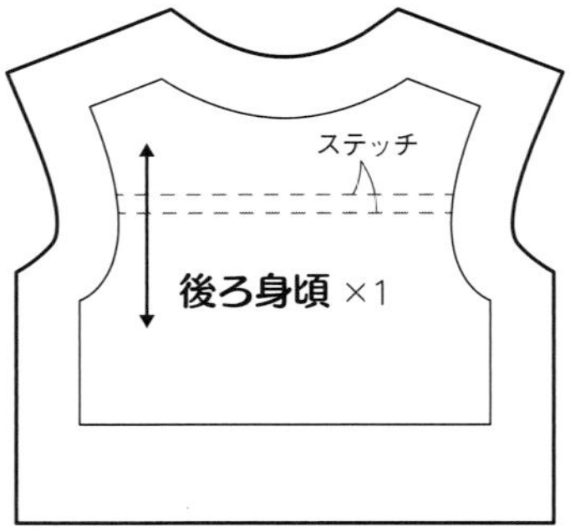

✿キャミソール

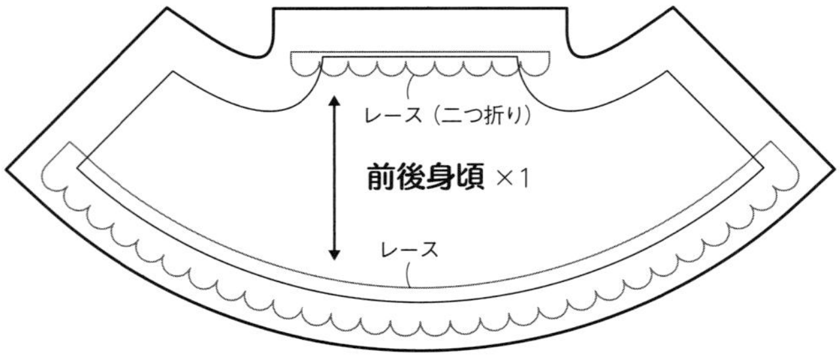

✿ニット帽

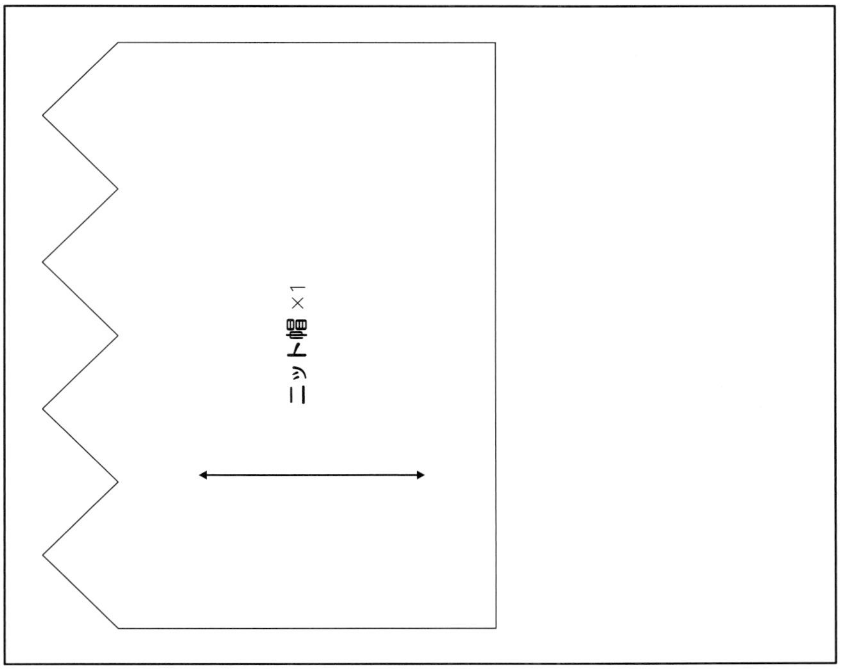

✿ショートパンツ

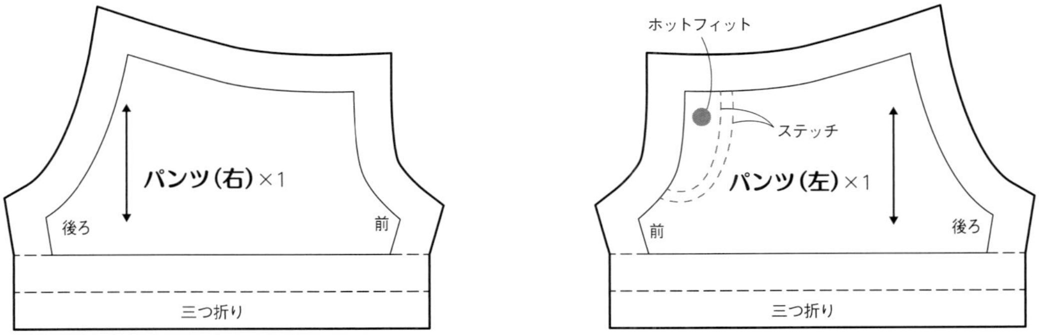

✿ニーハイソックス

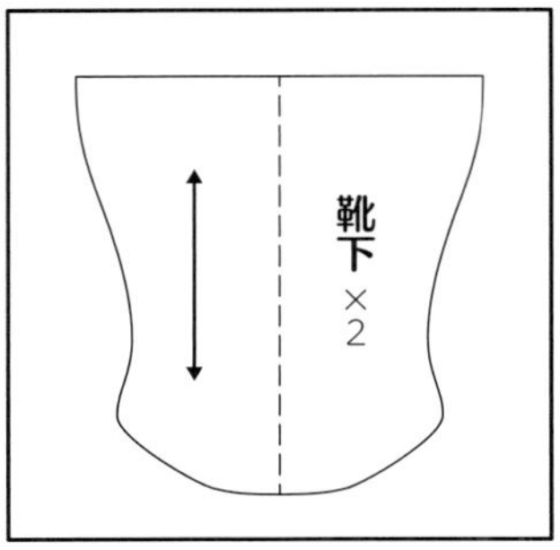

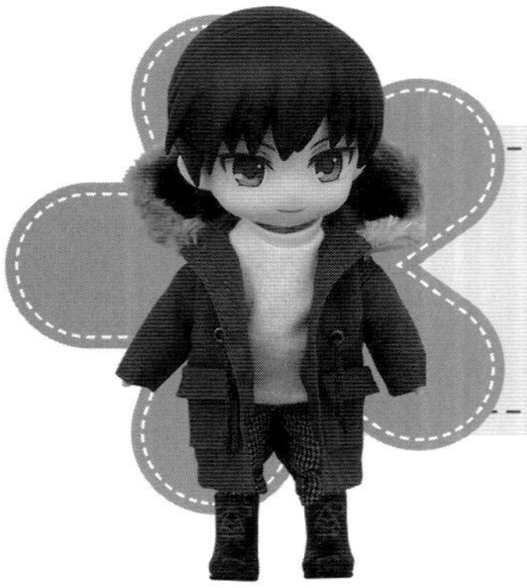

12 コート －Boy－

Photo … p.14
How to make … p.82

✿ モッズコート

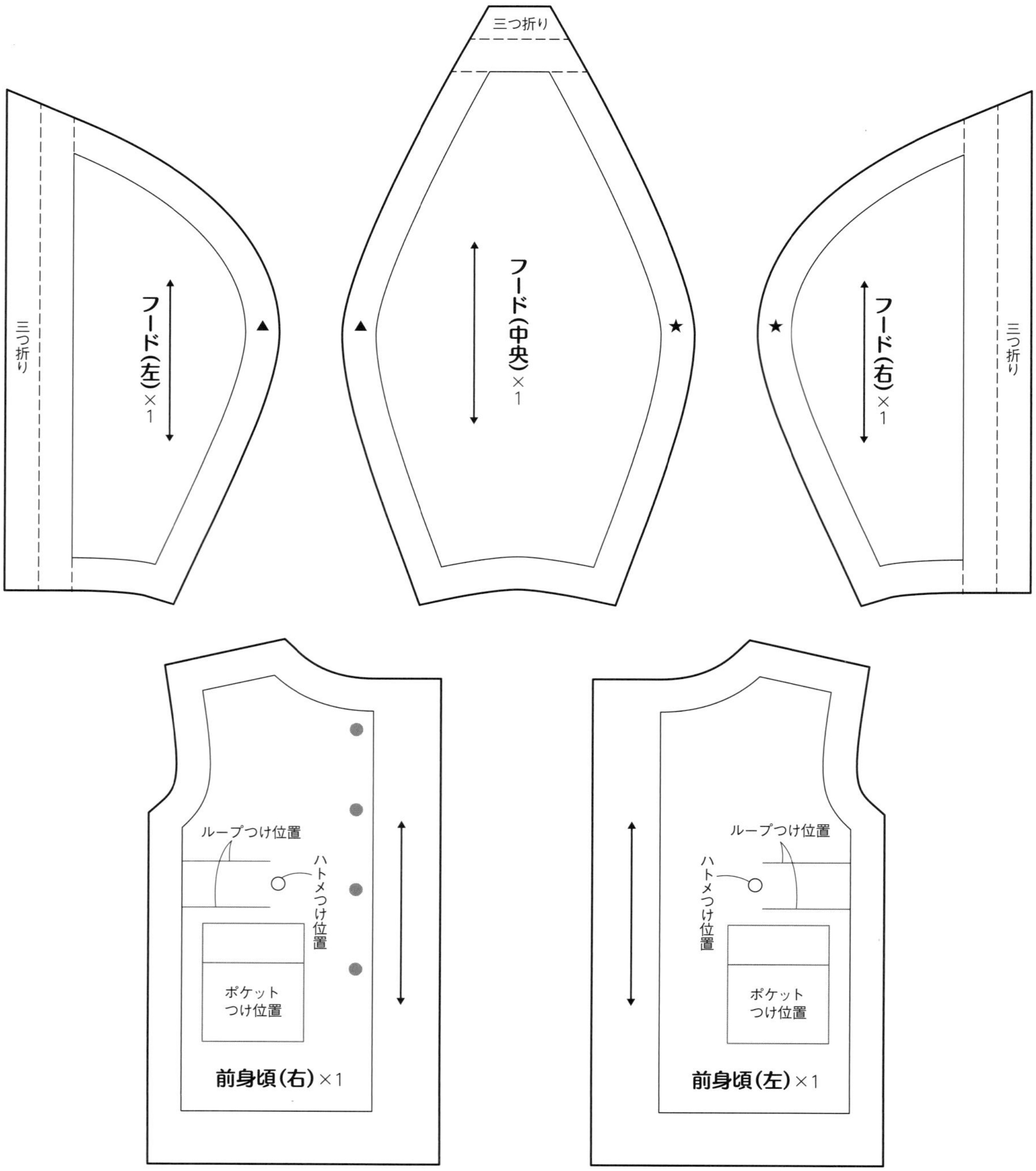

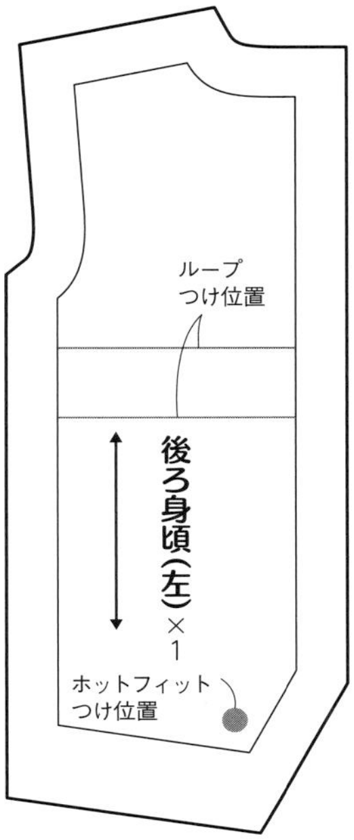
ループ
つけ位置
後ろ身頃(左)×1
ホットフィット
つけ位置

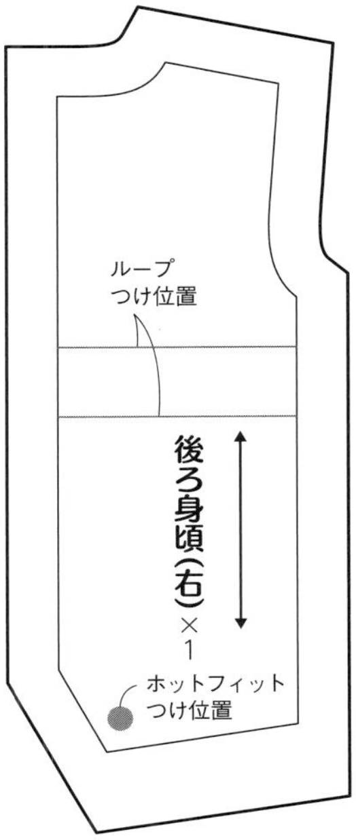
ループ
つけ位置
後ろ身頃(右)×1
ホットフィット
つけ位置

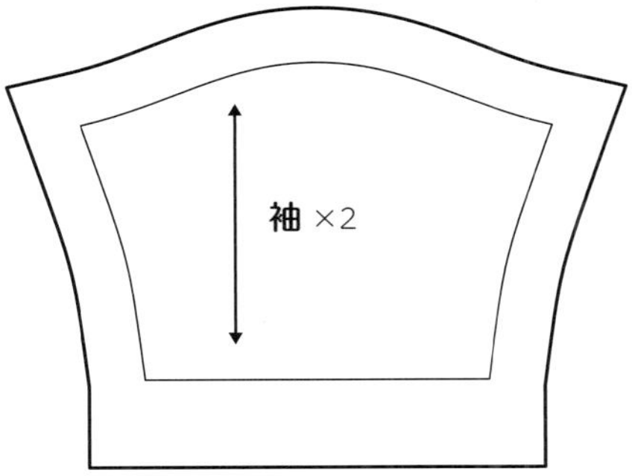
袖 ×2

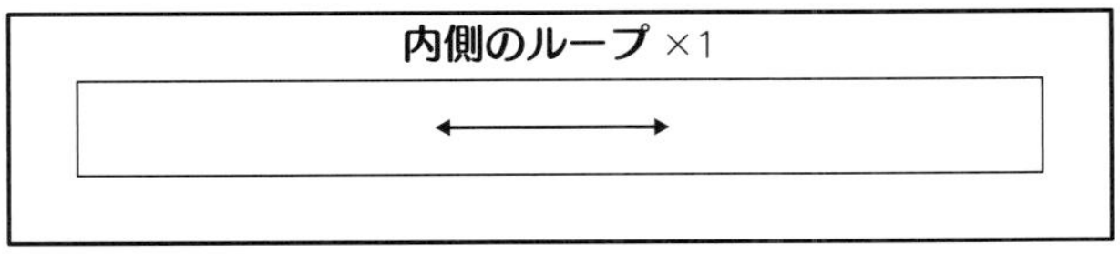
内側のループ ×1

ポケット ×2

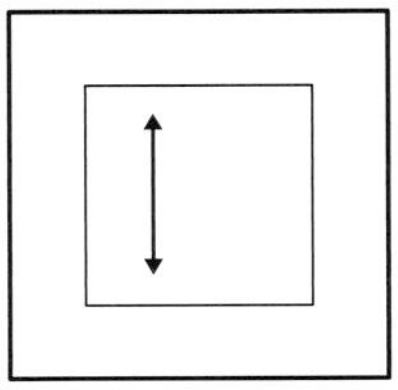

ポケットフラップ ×2

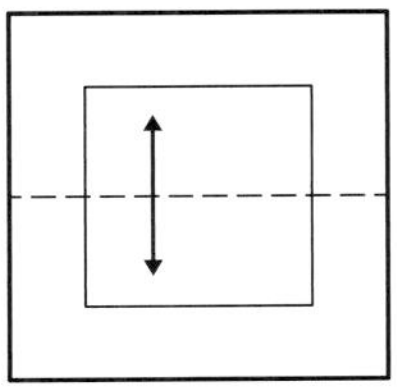

✿ハイネックシャツ

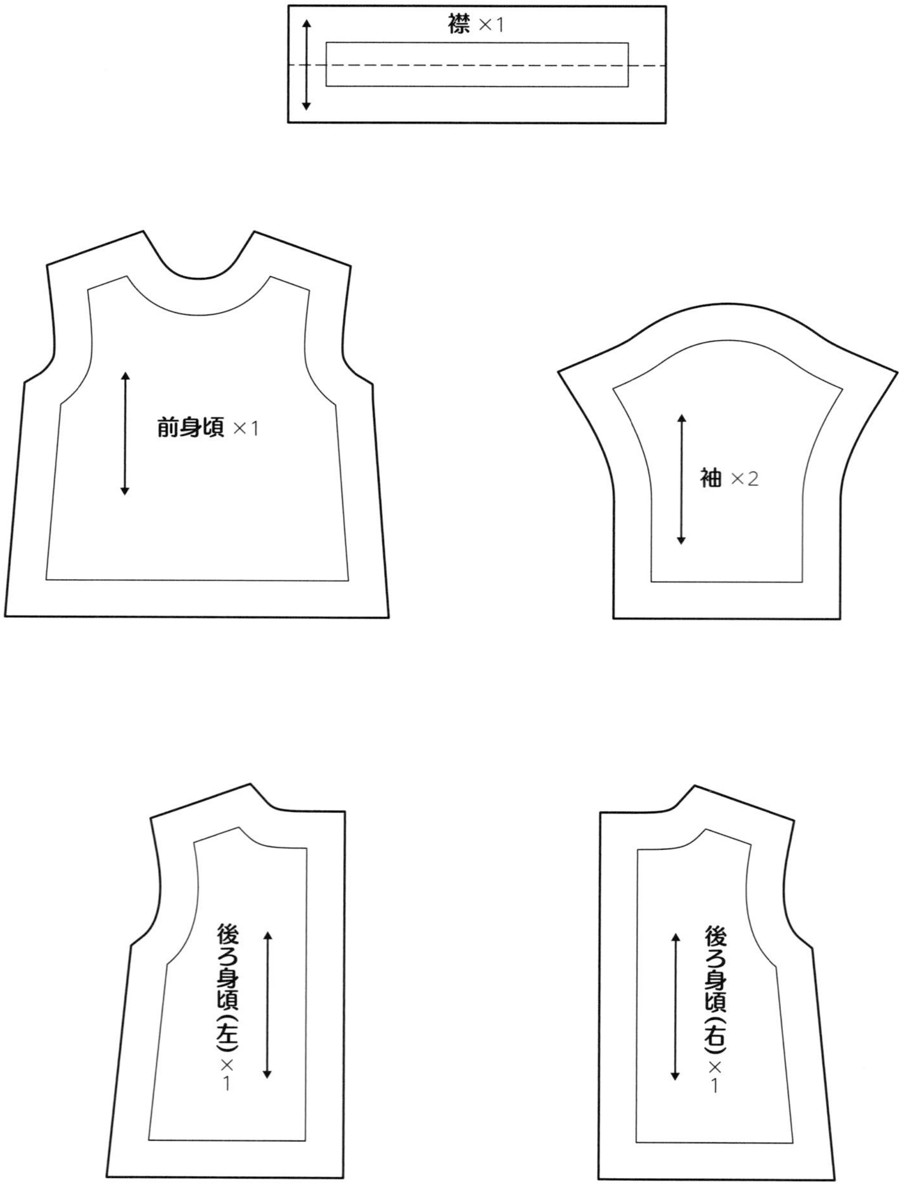
襟 ×1
前身頃 ×1
袖 ×2
後ろ身頃(左)×1
後ろ身頃(右)×1

✿スリムパンツ

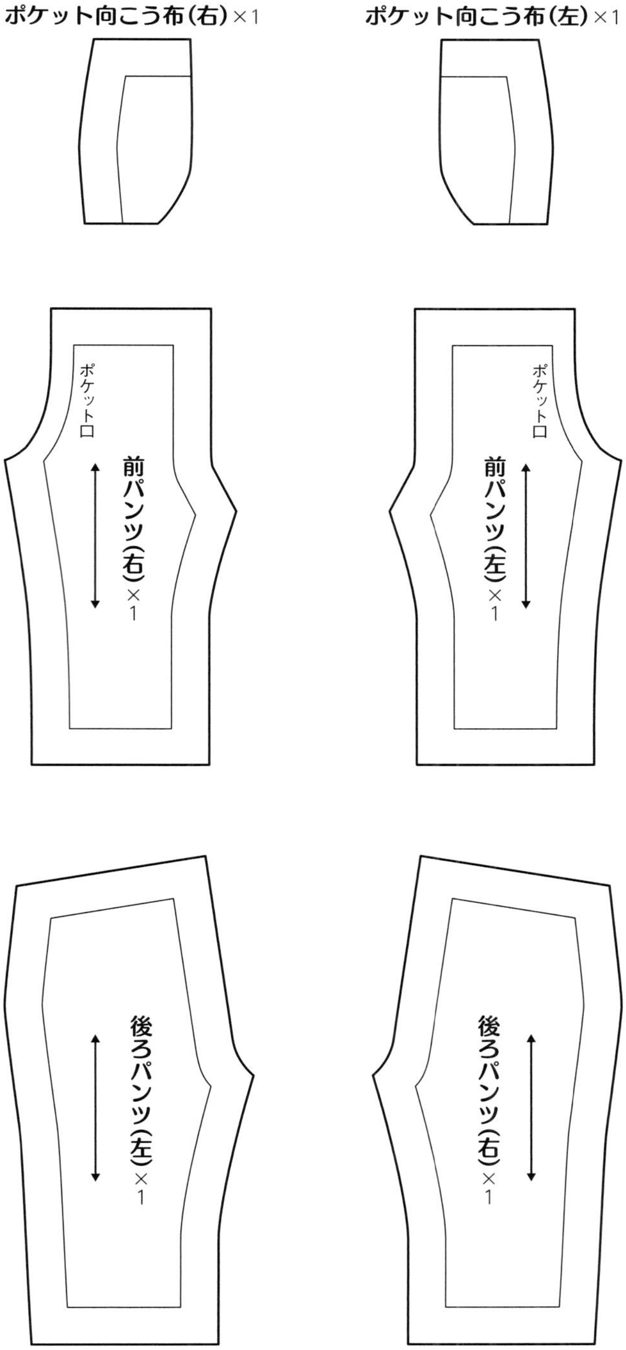
ポケット向こう布(右)×1
ポケット向こう布(左)×1
ポケット口
前パンツ(右)×1
ポケット口
前パンツ(左)×1
後ろパンツ(左)×1
後ろパンツ(右)×1

13 コート ─Girl─

Photo … p.14
How to make … p.90

✿ファーケープ

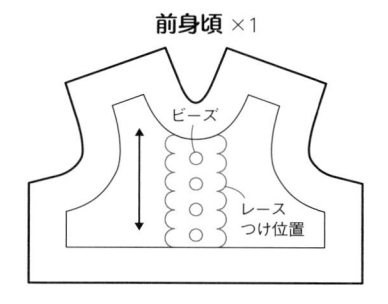

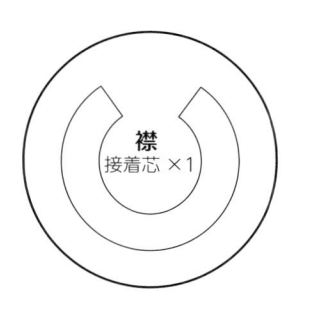

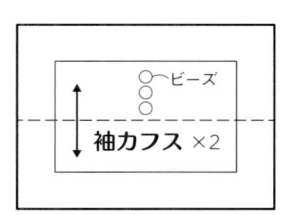

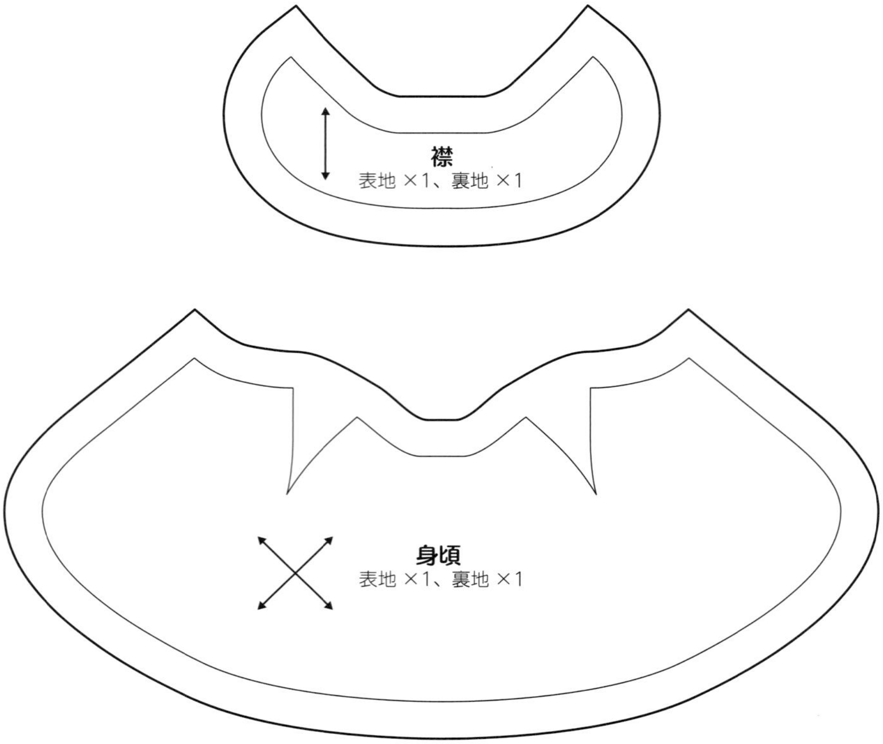

✿ロングワンピース

襟
接着芯 ×1
前身頃 ×1
ビーズ
レース
つけ位置
後ろ身頃(左)×1
後ろ身頃(右)×1
ギャザー
袖 ×2
ビーズ
袖カフス ×2
ギャザー
スカート ×1

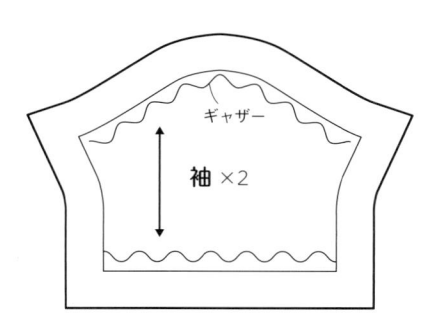

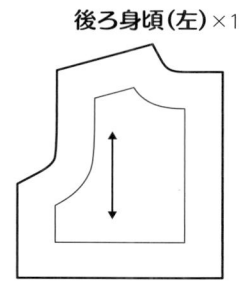

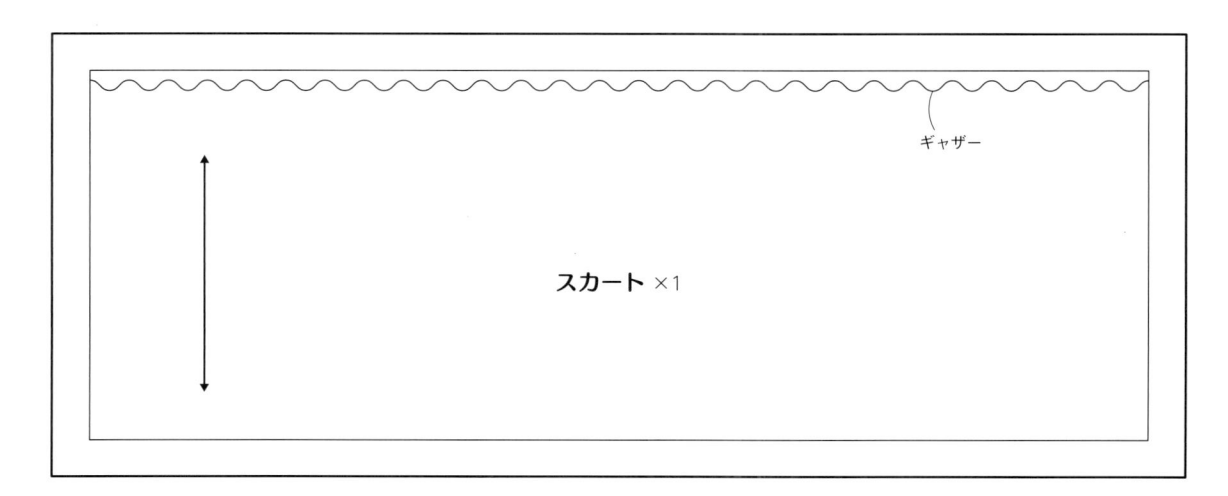

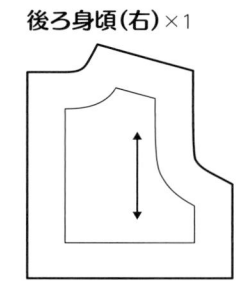

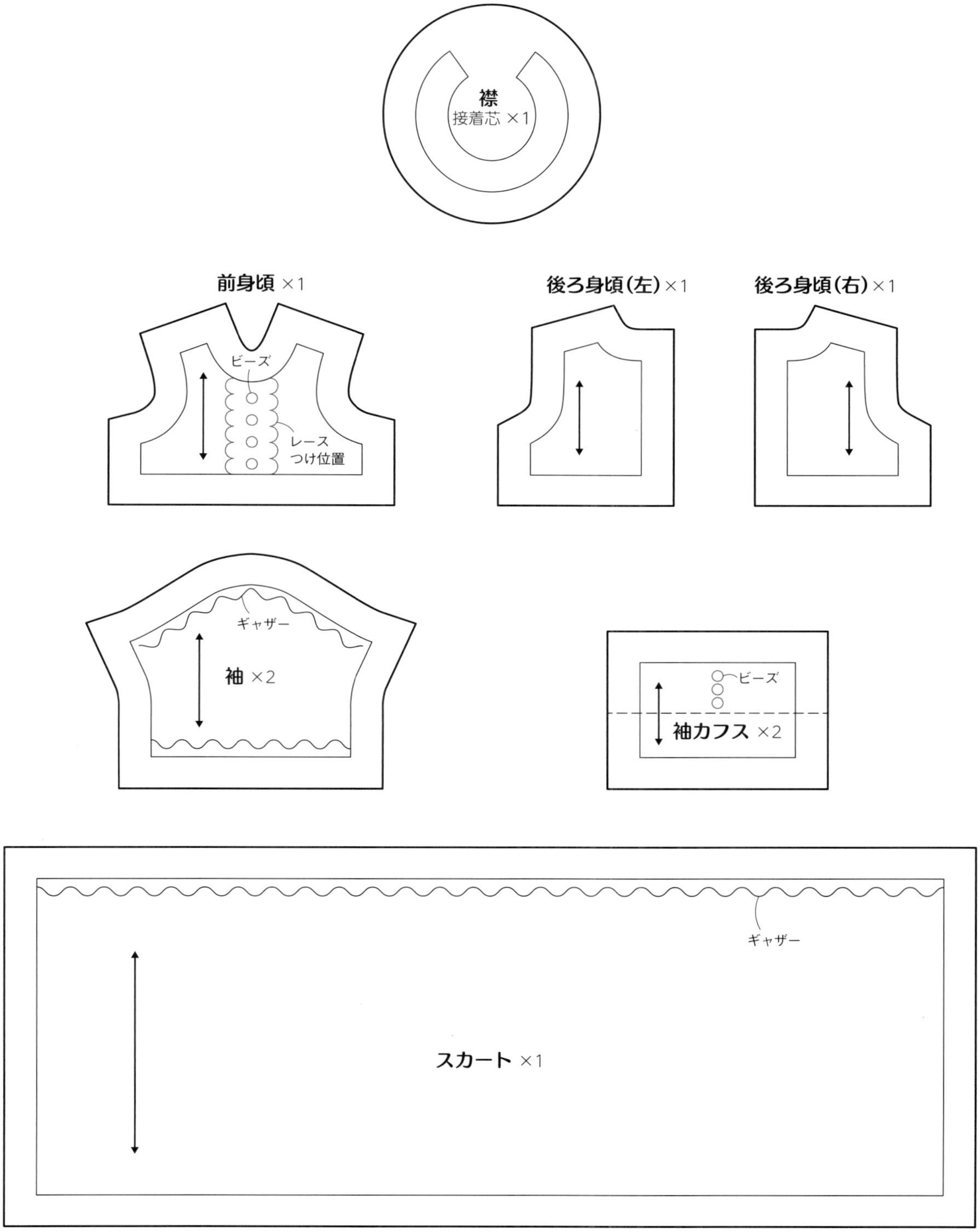

監　修　グッドスマイルカンパニー
フィギュア・玩具・アクセサリーを中心とした企画、制作、製造を主な業務として展開。企画制作製造のみならず、宣伝広告、営業といった関連業務にもエキスパートを配置し、万全の体制で商品を送り出す。近年は、ジャパニーズホビーの海外展開や海外アーティストとのコラボレーション企画、カフェの運営も展開中。

作　家　QP（岡 和美）
M・D・C（思い当たる）
蛍の森工房（尾園 一代）

Staff　撮影…小林キユウ / 内田祐介
ブックデザイン…稲村 穣（株式会社ウエイド 手芸制作部）
トレース…森崎達也、高堂 望（株式会社ウエイド 手芸制作部）

協　力　グッドスマイルカンパニー　企画部 / 製造部 / 広報宣伝部 / 営業部
撮影協力…竹むら / LECURIO / jardin nostalgique

ねんどろいどどーるサイズが作(つく)れる
はじめてのどーる 布服(ぬのふく)レシピ 第(だい)2版(はん)　NDC594

2019年　6月20日　第1版　発　行
2022年　5月10日　　　　　第5刷
2025年　4月26日　第2版　発　行

監　修　グッドスマイルカンパニー
編　者　誠文堂新光社(せいぶんどうしんこうしゃ)
発行者　小川雄一
発行所　株式会社　誠文堂新光社
〒113-0033　東京都文京区本郷 3-3-11
https://www.seibundo-shinkosha.net/
印刷・製本　TOPPAN クロレ 株式会社

ISBN978-4-416-52509-8